고전문학과 여성

고전문학과 여성

古典文學 女性

이월영

전북대학교출판문화원

저자의 말

『고전문학과 여성』으로 책 제목을 결정하면서 못내 석연치 않은 마음이 있었다. 단순한 이유는 제목이 너무 투박하고 세련되지 않아서였지만, 더 심층적인 복잡한 이유는 머리말에서도 썼듯이 고전문학과 여성은 악연에 가까웠고, 고전문학에서 여성은 도외시된 대상이었으며 주체적인 작가로 행사한 적이 거의 없기 때문이었다. 그래서 이 불편한 마음을 지인에게 표현했더니 그는 그래서 오히려 적합한 제목이라고 조언하는 것이었다. 맞는 말이었다. 고전문학과 여성은 참으로 불편한 관계였으며, 이를 정면으로 드러내 보이고 싶었던 것이 필자의 진정한 속셈이었다.

필자가 여성문학에 대해 관심을 가지기 시작한 것은 1990년 박사학위를 받고 후배와 함께 J. 도너번의 *Feminist Theory*(1993년 문예출판사에서 『페미니즘 이론』으로 번역 출간되었음)라는 페미니즘 개론서를 읽으면서부터였다. 그 내용은 필자에게 충격적이었다. 학위논문을 준비하면서 노장老莊적인 사유와 세계관에 경도되어 있던 터여서 제도권에 대해서 무관심과 혐오의 감정을 가짐과 동시에 노장적인 상대주의적 사유를 나의 세계관으로 접수하고 있었다. 하지만 그 세계관을 성별에 대한 문제로까지 확대하여 적용할 생각은 전혀 하지 못하고 있었다. 위 책과의 인연은 가부장제사회의 불평등한 교육 속에서 성장하여 여성인 내가 받아온 차별조차도 무심하게 당연한 것으로 간주해 왔던 과거의 나를 반성하고 각성하는 계기가 되었다. 한 권의 페미니즘 책이 내 몸을 관통하고서 나는 여성으로서의 내 존재를 새삼 인식하게 된 것이다.

이후로는 조선조 여성 작가들, 고전문학 속에 등장하는 여성 인물들, 당대의 칭송을 받던 열녀들의 존재 의미가 다르게 다가오기 시작했다. 그간 내가 교육받고 당연한 것으로 인지해 온 앎의 내용들이 달리 해석되어야 한다는 생각을 하게 된 것이다. 너무도 명백하고 단순한 사실을 깨닫는 데 이처럼 오랜 시간이 걸렸으며 동시에 한 권의 책으로 관점의 전면적인 혁신이 일어날 수 있다는 것을 그때 알았다. 한 권의 책이 차안에서 피안으로 돈오頓悟의 강을 건너게 하는 괴력을 발휘할 수 있는 것이다.

본 저서는 그간 필자가 다룬 여성 관련 논의들을 정리하고 보충하여 낸 결과물이다. 남성 중심적인 관점과 해석, 욕망이 자리 잡고 있는 가부장제 사회의 문학적인 산물들을 여성적인 관점으로 재해석해 본 것이 이 책의 근간임을 밝히며, 아울러 이 책을 읽는 누군가도 고전문학 속의 여성들을 소환해 보고 필자와 공감할 수 있기를 기대한다.

2020. 1. 31.

저자 씀

차례

1장 • 머리말

1 고전문학과 여성, 무엇이 문제인가

고전문학과 여성은 거리가 멀다. 특히 작가로서의 여성 존재는 고전문학에서 더욱 희소하다. 조선조의 여성은 공식적으로 교육받을 기회를 가질 수 없었고 대 사회적인 활동이 금지되어 있었기에 집필을 통해서 사회에 어떠한 말을 거는 것도 거의 불가능했기 때문이다.

따라서 가부장제 시대에 언어와 문필은 남성이 장악하고 있어 작가는 거의 모두가 남성이었고 여성은 그 틈에 끼어드는 것이 제도적으로도 사회적으로도 불가능했다. 작가도 남성이었고 문학을 향유하는 층도 주로 남성이었고 문학을 평하는 자도 남성일 수밖에 없었다.

심지어는 시 작품의 여성화자도 여성으로 가장한 남성이 많았다. 연군 시·연군 가사에서 상대 남성에게 절절한 애정을 표현하는 여장남성들은 왕에게 애정을 갈구하는 사대부 남성이었다. 이런 현상을 두고 첩부자의전통妾婦自擬傳統이라고 명명한다. 남성 중심적 계급사회에서 남성들은 자신보다 고귀한 자 앞에서는 스스로 첩부로 자처하는 것이 당연한 일이었다. 여성은 이처럼 남성에 의해서 굴종하는 존재의 표상으로 소비되었다.

여성이 문학 속에서는 많이 다뤄졌다. 가장 긍정적으로 다뤄진 여성상은 열녀와 효녀였다. 가장 부정적인 여성상은 질투심이 강하거나 음란한 여성이었다. 여성을 칭찬하는 것도 꾸짖는 것도 모두 남성의 관점에 의거했다. 오직 남성들만의 리그에서 여성은 주체성이 완전히 제거된 종자從者·대상으로만 취급되었을 뿐이다. 극단적으로 말해서 여성은 성적으로 불감증인 성녀(열녀)이거나, 성적으로 추악한 악녀(창녀)였다. 열녀는 성적인 욕망이 거세된 여성이어야 했고, 성적인 욕망을 드러내는 여성은, 공적인 창녀를 제외하고는, 마녀사냥의 대상이 되었다.

그러기에 현대 여성의 관점으로 고전문학 속에서 다뤄진 여성을 보면 사대부 남성의 욕망이 투사된 편파적인 시점으로 왜곡되어 있어 여성의 실체와 동떨어진 경우가 많다. 조선조에서는 문화·사회·정치를 일부 남성들이 완전히 장악하고 독식하였기 때문에 그들의 몸을 통해 나온 문학은 철저히 그들 중심이었다. 여성은 어떻게 다뤄져도 불만을 토로할 수 있는 문필적인 통로가 없었다. 사대부 남성이 원하는 방식으로 표현되었고 그렇게 점차 길들여졌을 뿐이다.

그렇다면 그 당시 소설을 쓴 남성 작가들은 여성을 어떻게 이해하고 표현했을까? 이러한 의문을 제기하는 이유는, 조선조에서 이름이 전하는 소설[1]작가는 기본적으로 그 당시 지배이념에서 어느 정도 일

---

1 이곳에서 사용하는 '소설' 개념은 현대 문학 장르인 소설 개념도 포함하지만 그 보다는 더 포괄적인 개념이다. 우리 동양 한자 문화권에서 사용하는 '소설' 개념에 더 근접하며 그러기에 허구적인 다양한 산문들을 다 포괄하는 의미로 사용한다.

탈한 인물이어야 가능했기 때문이다. 그렇지 않고서는 성리학을 교육받아 그 이념을 신봉하고 사는 지식인 남성이 '하찮은 허구적인' 소설을 창작한다는 것이 쉽지 않았기 때문이다. 김시습, 허균, 유몽인, 김만중, 박지원, 이옥 그리고 소화집류의 작가들을 그 예로 제시할 수 있다.

김시습은 그 당시의 체제를 벗어나 출가하여 방외인적인 중의 신분으로 살았기에 사생을 초월한 남녀의 사랑을 그린 명혼 소설을 창작하는 것이 가능했다. 허균은 그의 논설적인 글 〈호민론〉, 〈유재론〉을 써서 그의 정치사상을 표현한 것처럼, 서얼금고법에 대한 무한의 반항 의식과 정치를 잘 못하는 위정자는 징치 받아야 한다는 민중봉기 사상이 없었다면 〈홍길동전〉을 창작할 수 없었을 것이다. 유몽인은 상대주의적인 세계관을 지니고 있었기에 그런 그의 세계관을 설파하기 위해 『어우야담』을 저작한 것으로 판단된다. 김만중은 불가적 세계관에 오히려 기울어져 있었기에 불가적 세계관이 유가적 공명주의를 극복한 〈구운몽〉을 창작할 수 있었다. 박지원과 이옥은 정조 문체반정의 주요 표적이었던 만큼 그들이 일정 정도 탈 성리학적 세계관을 지니고 있었던 사실은 그들의 작품에서 분명하게 확인할 수 있다. 소화집은 성리학이 지배한 경직된 사대부 사회의 틈을 비집고 이완된 웃음을 제기한 것으로 평가된다.

이처럼 위에서 언급한 작가들은 일단 교조주의적인 성리학적 세계관을 일정 정도 탈피해 있거나 거부한 것으로 판단된다. 그런데 일탈적인 소설 작가들이 보편적으로 지니고 있었던 사고의 개방성 및 상대주의적 세계관에 견주어볼 때 여성존재에 대한 인식은 개인에 따라 많은 차이를 보이지만, 여성에 대한 부정적인 편견에서 벗어나지 못한 것이 일반적이다. 그 자세한 실정을 한 사람 한 사람 살펴보자.

20세 초반에 이루어진 김시습의 출가와 그 후 행적은 유가적 이념에 정면으로 위배되는 삶[2]이었다. 말하자면 이단에 투신한 것이었고 그 투신은 유가의 기본인 삼강오륜을 위배한 처신이었다. 그의 소설 집필도 유학자의 입장에서 본다면 공자가 언급하지 말라고 지시한 '괴력난신'을 다룬 것으로 옳지 못한 처사였다. 『금오신화』 소재 작품 중에서 남녀 간의 사랑을 이야기한 작품은 〈만복사저포기〉와 〈이생규장전〉이다. 이들 작품 안에서 남성주인공들은 당시의 예법도 가족관계도 염두에 두지 않은 애정지상주의적인 인물들이다. 사랑하는 여성이 혼령인 줄 알면서도 그 사랑의 줄을 놓지 않았으며 종국에는 그들의 사랑이 여혼들을 해원解冤해줘 저승으로 안착하게 했으나 자신들은 다시 현실세계로 되돌아갈 수 없었다. 그래서 〈만복사저포기〉의 양생은 입산부지소종入山不知所終하였으며, 〈이생규장전〉의 이생은 시름시름 앓다가 세상을 등졌다. 여혼과의 사랑은 그들에게 현실을 희생하는 결과를 가져다 줬지만 그들은 끝까지 상대 여성과의 사랑을 절대적인 의미로 받아들였고 저버리지 않았던 것이다.[3] 이들 남녀 사이에 존재하는 힘은 오직 사랑일 뿐이다. 이들의 사랑에 남녀 사이의 도리나 예의는 끼어들 여지가 없었다. 이 같은 김시

---

2 출가한 승으로서의 그의 자취를 '양광佯狂', '도진세逃塵世'로 이해하고 군신간의 의리를 지키기 위한 개결한 유학자로서의 처신으로 해석하기도 한다. 그럼에도 불구하고 출세간은 일단 부모도 임금도 저버린 이단적인 처신이었으며, 그러므로 김시습을 이단으로 보는 관점도 적지 않았다.

3 이월영, 『꿈과 고전문학』, 태학사, 2011, pp.179－193 참고.

습의 작품에서는 적어도 남녀차별적인 관계는 없다. 위기에 봉착했을 때 오히려 여성이 승부수를 던지며 남성은 그에 맞춰 호응한다. 이들 소설 속의 남녀는 죽음마저도 초월하는 지고지순한 사랑의 힘을 보여준다. 김시습이 자신의 여성관을 언급한 글을 쓰지는 않았지만 그의 행적과 소설작품들을 통해 볼 때, 성리학적 세계관이 그의 인생을 지배하지는 못했으며 그의 소설 또한 그러한 그의 인식을 잘 반영하고 있다.

허균은 여러 가지 면에서 문제적인 인물이었다. 그는 뛰어난 문장가였으며 동시에 남다른 정치사상을 지닌 정치가였다. 그의 정치사상을 드러낸 글 〈호민론〉에서 위정자가 두려워해야 할 바는 백성이니 위정자가 정치를 잘못하면 호민이 주도하는 민중 봉기가 일어날 수 있다며, 통치자 입장이 아닌 피치자의 입장에서 혁명 사상을 표현했다. 그의 정치사상을 표현한 또 다른 글 〈유재론〉에서는, 역사상 세계 어느 곳에도 존재한 적이 없는 조선의 서얼금고법을 하늘의 이치[天理]를 위배하는 악법이라고 맹공격하였다. 그리고 소설 〈홍길동전〉에서는 위 두 논설적인 글에서 설파한 두 사상을 수용하여 활빈당의 홍길동이라는 인물을 창조하였다. 실로 인간 평등을 지향하는 혁신적인 정치사상을 지닌 정치가였다고 평가할 수 있다.

허균은 종교와 사생활 문제에서도 성리학을 신봉하는 일반 사대부들의 처신과는 달랐다. 그는 심지어 가사를 입고 예불했다가 발각되어 영불佞佛했다는 죄목으로 파직당하고 감금된 적이 있었다. 그 이후 〈주흘옹몽기〉를 지어 교조주의적인 예교의 독단성이 초래할 수 있는 상대적인 위험성을 예견했으니, 만약 불교가 지배하는 세계가 도래한다면 마찬가지 방식으로 유교 숭배자들이 핍박을 받을 것이라고 경고한 것이었다.[4] 허균은 또 황해도 도사였을 때 서울의 창녀들과 놀아나고 무뢰배들의 청탁을 받아들여 도민들의 비웃음을 사 파직된 적이 있었다. 그는 그때도 "남녀의 정욕은 천리요, 분별에 기초한 윤리 기강은 성인의 가르침이다. 하늘이 성인보다 높으니, 차라리 성인을 위배할지언정 감히 하늘로부터 부여받은 본성은 거스를 수 없다"[5]라고, 유가의 논리[6]를 빌어 유가의 도덕률은 반박하며 문학적으로 대응하였다. 여하간 유가의 교조주의적 차원의 예교에 대해서는 문학을 통해 적극 항변했음을 알 수 있다.

그러나 허균의 피치자 위주의 정치사상 및 평등사상은 남성을 대상으로 한 범주를 넘어서지 않았다. 남녀 문제에 대해서는 정욕을 인간 본연의 천리로 역설하였지만 이는 남성 위주의 남성만을 염두에 둔 발언이었다. 남성 벼슬아치로서 지켜야 할 최소한의 윤리심도 없는 성적 방종을 문제 삼자 억지스런 역설로 천리·성인을 끌어들여 말한 것일 뿐이다. 〈홍길동전〉에서도 사정은 마찬가지이다. 홍길동의 부친이 용꿈을 꾸고 대낮에 아내에게 동침할 것을 요구하다, "지체 높으신 분이 연소한 경박자의 비루함을 행하고자 하시느냐"라는 면박을 당하고서 멋쩍어 나오다가 우연히 마주친 시비 춘섬을 범하였는데 나이 어린 여성을 범하면서도 일말의 주저도 거리낌도 없었

---

4 이월영, 앞의 책, pp.160-166 참고.

5 男女情欲天 分別倫紀 聖人之敎也 天尊於聖人 寧違於聖人不敢違天稟之本性也(안정복安鼎福, 『순암선생문집順菴先生文集』17권, 〈천학문답(天學問答)〉).

6 이곳에서 의미하는 유가의 논리는, 인도(人道)의 규범이 되는 것은 천도(天道)이며 천도와 인도가 합치하는 천인계합지경天人契合之境에 도달한 자를 성인으로 규정하는 논리를 의미한다.

다. 그 후 서출로 태어난 홍길동의 존재만이 적서차별상에서 문제되었을 뿐이며, 홍길동도 종국에는 두 아내를 거느리고 산다. 물론 그 당시 가부장제 사회에서 남성이 축첩을 하거나 계집종을 성적으로 소유하는 것 등은 문제될 일이 아니었지만 오늘날 여성의 관점으로 볼 때는 용납하기 어려운 수위의 여성 차별인 것이다. 평등이니 위민 정치니 하는 정의감 피력에서 그 대상이 된 것은 단지 남성일 뿐이었다.

소설가로서의 유몽인은 『어우야담』 작가로서의 유몽인을 의미한다. 『어우야담』은 야담집 출현의 단초를 열어준 최초의 야담집으로, 새로운 유형의 저작을 세상에 처음 낸 것만으로도 유몽인은 선진적이다. '야담'은 도청도설道聽塗說을 소재로 한다. 즉 항간에 전하는 이야기인 야담을 모아놓은 것이 야담집일진데 그것을 저작으로 취급할 수 있는가 하는 의문을 제기할 수 있다. 그러나 유몽인의 『어우야담』은 최초의 야담집이어서 그럴 수 있겠지만, 유몽인 자신의 사적인 이야기는 물론이고 가족과 관련된 이야기들도 다수 실려 있으며 시를 담론한 시화詩話도 많이 실려 있다. 게다가 『어우야담』에서 주를 이루는 전해들은 이야기[傳聞談]들에도 유몽인 개인의 세계관과 가치관이 반영되어 있어 단순한 전문일 수만은 없는 의미로 읽힌다. 유몽인 특유의 사유망을 통과하여 재해석된 이야기들인 것이다. 그러므로 『어우야담』을 총체적으로 평가할 때 이 야담집은 채록 수준의 야담집이 아니라 야담 속에도 유몽인의 가치관과 저술목적을 깊숙이 갈무리한 개인의 저작으로 볼 수 있다.

유몽인은 여러 점에서 허균과 비견될 수 있다. 우선 허균과 동시대를 산 인물이고 뛰어난 문재로 당대를 풍미했다. 그러나 인목대비 폐모 사건에서 그 둘은 정반대의 입장을 선택했다. 허균은 이이첨의 편에 서서 인목대비 폐모론에 앞장섰으며 유몽인은 인목대비 폐모론에 반대하면서 대북 편 사람들에게 반역자로 지목되었기 때문이다. 『어우야담』을 보면 허균에 대한 언급이 나오는데 둘 사이에는 개인적인 어떤 친분도 없었지만 유몽인은 허균의 위인에 대해 무척 부정적인 관점을 가지고 있었다.[7] 그러나 엇갈린 처지에서도 그들이 맞이한 결말은 유사했으니, 허균이 이이첨에게 역모죄로 몰려 처단되었듯이 유몽인 또한 인조반정에 가담하라는 권유를 거부한 것으로 인해 인조반정 후 역모죄로 처단되는 최후를 맞이하였다. 문벌가 집안의 자손인 점도 유사하다. 그리고 탈 성리학적인 성향이 가장 큰 유사점이다.

그런데 유몽인은 사유의 개방성 측면에서 허균보다 한층 더 나아간 인물로 여겨진다. 그는 기본적으로 명·실관계의 자의성을 강조하며 여하한 종류의 규정도 이데아도 거부하는 태도를 취한 강력한 상대주의자였다.[8] 불가에서 육식을 금하니 작고 흰 물고기를 초식草食[9]이라 명명하며 그 물고기를 마음껏 먹어대는 것이 북관 사찰에서 볼 수 있는 현상이라고 소개한다. 이처럼 명명의 규정성을 이용해 자의적으로 사용하면 얼마든지 사기와 폭력을 조장할 수 있으니 명·실관계의 규정은 오히려 불편한 목적을 위해 이용될 수 있다고 보았다.

---

7 이월영 역, 〈역적 허균의 기지〉(『어우야담』2, 달섬세계고전 011, 2019.10, p.303).

8 이월영, 「유몽인의 명실론과 그 문학적 수용」(『한국한문학연구』 제29집, 한국한문학회, 2002, pp.321–354) 참고.

9 이월영 역, 〈초식〉(『어우야담』1, p.27).

그런 만큼 자유분방한 사고를 즐기고, 어떤 규정에도 얽매이지 않고, 사대부들이 사투를 벌이며 차지하려 하는 권력조차 냉소적으로 폄하하였다. 그런 유몽인 또한 여성의 훼절에 대해서는 그 사정이 불가피한 일방적 피해라 할지라도 여성을 외수없이 책망하였다. 규정을 거부하는 상대주의적 관점의 소유자인 유몽인도 여성에게는 정조가 중요할 뿐이었다.[10] 여성은 그의 세계관이나 가치관이 적용되는 범주 안에 속하지 않았던 것이다.

김만중도 남녀 문제에 대한 관점에서는 다를 바가 없을 뿐만 아니라 오히려 더 심한 측면이 있다. 그가 평소 불교에 대해서 가졌던 호의는 그의 세계관의 문제이다. 이는 분명 독단적인 성리학의 경계선을 위월하였으며 그의 위대한 소설 작품 〈구운몽〉도 그러한 불가적인 세계관·인생관을 분명하게 반영하고 있다. 구운九雲은 주지하다시피 양소유와 그의 이처二妻 육첩六妾을 상징한다. 지상적인 그들의 존재를 구름처럼 덧없는 것으로 의미한 것이다. 몽夢은 무상하고 순간적인 지상적 인생을 상징하고 몽과 상대되는 각覺은 양소유가 깨달은 뒤 도달하는 성진의 불가세계를 상징한다. 이처럼 유가적 공명주의가 추구하는 지상적인 일생을 꿈으로 처리하는 불가적인 인생관을 분명하게 보인 것이다.

그러나 이 작품 속에 층층이 내장되어 있는 남성 중심적인 인간관을 간과할 수 없다. 양소유는 이처 육첩을 얻어가는 지상적인 일생에서 아무런 갈등을 겪지 않는다. 사소한 내홍마저도 존재하지 않

10 『어우야담』에는 실절한 여성에 관한 이야기가 여러 편 있는데 그 모든 이야기에서 여성의 훼절에 대한 비난은 무조건적이다.

았다. 양소유의 성적인 호사는 실로 당대 사대부들의 환상을 충족시키기에 충분했다. 미모와 재능이 뛰어난 여덟 명의 여성들이 모두가 하나 같이 양소유에게 집중하며 아주 잘 화합했기 때문이다. 이런 호사스러운 지상적 욕망을 마음껏 누린 양소유가 궁극에 가서 깨달음까지 얻는 것은 객관적인 입장에서 보면 너무도 불공정한 결과이다. 김만중도 이처럼 여성 존재에 대해서는 남성 중심적인 이기적 사고에서 조금도 벗어남이 없다.

남은 두 명의 작가 박지원과 이옥에 대해서는 본 책에서 구체적으로 자세히 다룰 예정이므로 간략한 소개에 그치겠다. 박지원은 여성 존재를 인본적인 관점에서 문제 삼았던 유일한 남성 작가였다. 순절한 청상 존재에 대해서 세심한 분석적 안목을 들이대어 그 시대의 사회적인 살인을 문제 삼고 있기 때문이다. 여성 문제를 박지원처럼 진지하게 다룬 작가는 조선조에 없었다.

이옥은 여성을 유독히 많이 다룬 작가이다. 특히 남녀 간의 성애적 사랑을 즐겨 다룬다. 이 때문에 여성적 정감을 가진 작가로서, 여성에게 호의를 가진 작가였다는 평가를 받기도 했지만 그 실상은 이와 많이 다르다. 오히려 여성을 성적 유희의 대상으로 본 지향성이 누구보다도 심하다. 그 시대의 지배 이데올로기를 자신의 문학에서 걷어낸 앞서간 작가였지만 그의 여성관은 편협하고 폭력적이다.

마지막으로 『고금소총』 작가들의 여성관을 살피지 않을 수 없다. 『고금소총』은 소화집들을 모아놓은 소화 총집이다. 그곳에 실린 대표적인 소화집을 열거해보면 서거정의 『태평한하골계전』, 강희맹의 『촌담해이』, 송세림의 『어면순』, 성여학의 『속어면순』, 홍만종의 『명엽지해』 등이다. 이 소화집들의 작가들은 모두 당대에 이름 높은 사대부이다. 물론 위 소화집들에 실린 소화들이 유교적 엄숙주의에서 찾은 일말의 돌파구로 그 웃음의 미학을 긍정적으로 평가할 수 있는 면이 있지만, 어떤 경우는 여성을 지나치게 비하하고 심하게 폭력적이어서 그 위험성을 도저히 간과할 수 없다. 그들에게 (특히 하층민) 여성은 인간 이하의 존재로, 어떻게 다루어도 문제될 것이 없다고 생각한 것처럼 여겨진다. 소화집의 편찬자들이 소화를 채록하고 다룬 것은 여러 각도에서의 접근이 필요하고 가능한데 그 중에서도 성소화性笑話는 조선조 사대부들의 여성관을 적나라하게 보여 준다. 단적인 사례를 제시하여 분석해보기로 하자.

> 어떤 시골의 사내가, 성품이 음란한 것을 좋아하여 자기 아내와 농탕질하기를 일삼았는데, 법도에 어긋나는 갖은 짓을 다 시도해보았다. 아내 또한 습관이 되어 점차 음란한 여편네로 변해갔다. 하루는 마침 사내가 부인을 묶어놓고 일을 치르는데, 운우지정이 채 흩어지기도 전에 불이 갑자기 집안을 덮쳤다. 시골 사내는 당황하여 아내를 풀어줄 겨를도 없는지라, 부인을 잡아 회화나무 가지 사이에 올려놓았다.
>
> 이웃 절의 중 몇 명이 와서 불난 것을 보다가 시골 사내가 구해달라고 애걸하는 소리를 듣고 응하였다. 부치고 있던 둥글부채 둘 곳을 찾다가 나무 사이를 올려다보니 휑하게 뚫린 구멍 하나가 있는지라, 그곳에 부채를 꽂아 두었는데, 그곳은 바로 음란한 여편네의 옥문이었다. 마침 미풍이 불어와 부채 자루를 위아래로 흔들자, 오죽烏竹이 빠른 장단으로 흔들리면서 옥문을 긁어댔다. 이에 여편네는 한창 흥이 올라 축원하였다.

"바람아! 집은 이미 불살라 버려 어찌 할 도리 없게 되었으니, 어서 불어다오, 불어다오. 쉬지 말고 불어다오."[11]

송세림의 『어면순』에 실린 이야기이다. 『어면순』은 소화 중에서도 남녀 간의 성소화만을 실고 있다. 그리고 그 대상은 천민 남녀이다. 이곳에 있는 성소화들은 질펀한 육담일 뿐 풍자적인 성향도 없다. 단지 열등한 자들이 대신해주는 적나라하고 파격적인 성적 행위에 폭소를 터트리도록 유도할 뿐이다. 사대부 남성들의 남성 중심적이고 폭력적이고 이기적인 성적 욕망이 투사되어 있어 여성들이 보기에는 무척 불편한 이야기들인 것이다.

이 이야기의 성적 주체는 시골의 무식한 부부이다. 그들의 사적인 방사를 음란하고 법도에 어긋나는 짓으로 묘사하더니, 이웃 절의 중까지 등장시켜 여성의 성기를 휑하게 뚫린 구멍으로 비하하여 표현하고, 나체로 나무에 걸려있는 여성을 그 위급하고 난감한 상황에서도 오직 성적인 쾌락에만 빠져있는 음부로 묘사하여 다분히 의도적으로 폭소를 유발한다. 만인의 눈앞에 알몸으로 드러난 여성의 몸을 조롱거리로 삼아 비하하고 즐기는 것이다. 이런 이야기를 만들어내 즐긴 사대부들의 여성관의 실체는 과연 어떠할까? 이에 대해 답해줄

---

11 유화수·이월영 편역, 〈음부의 바람 축원〉, 『고금소총』, (동양문화총서17, 전통문화연구회, 2014, p.167).
有一村夫, 性好淫, 事奸厥婦, 無度萬般試之. 婦且成習, 轉爲淫婆. 一日偶縛而私之, 雲雨未散, 火忽連屋. 村夫蒼黃, 未暇解縛, 捽置于槐柯間. 隣寺有數僧來視火, 村夫乞救, 僧應之. 要置所揮團扇, 仰視樹間, 有一孔空洞, 乃插之, 直箇淫婆玉門也. 適微風掀扇柄, 烏竹促節搖磨玉門, 婆酣甚祝曰 "風乎已爇之, 家救無及矣. 吹之吹之, 願無間斷." 〈淫婆祝風〉.

수 있는 소화는 이루 셀 수 없이 많다. 그중 덕망 높은 인물로 칭송되는 유명 사대부와 관련된 성소화를 소개하고 분석해보겠다.

> 사암思菴 박순朴淳은 거동과 용모가 아름답고 밝았으며 성품 또한 청렴하고 결백하였지만, 계집종 범하는 것을 지나치게 좋아하여 밤만 되면 곁채 방을 두루 휩쓸고 다녔다. 이름이 옥玉이라는 계집종이 있었는데, 생김새가 지극히 추한지라 아무도 돌아보지 않았지만 유독 공만이 그녀를 범하였다. 혹자가 그 사실에 대해 비난하자 공이 웃으면서 말했다.
>
> "저 아이는 진실로 가련하오. 내가 아니라면 누가 그 애를 가까이 해주겠소."
>
> 공의 장인 댁에서 재산을 나누어주는 날, 공은 부인을 친정에 보내지 않았으며 문권文券도 받지 않았다. 공의 벗이 이 말을 듣고 희롱하였다.
>
> "공은 이처럼 재물에 얽매이지 않으면서 유독 옥이라는 계집종만을 남겨두는 이유는 무엇이오?"
>
> 옥이 공의 장인댁에서 온 종이었기 때문에 이렇게 말했던 것이었다. 공이 성난 목소리로 말하였다.
>
> "자네는 『예기禮記』도 읽지 않았나? '군자옥불거신君子玉不去身'[12]이기 때문에 남겨둔 것일세."
>
> 한 자리에 있던 사람들이 모두 껄껄 소리내어 웃었다.[13]

---

12 군자는 몸에서 옥(玉)을 떼어놓지 않는다.

13 유화수·이월영 편역, 〈예경으로 꾸며대다〉, 위의 책, p.268.

홍만종의 『명엽지해』에 실린 소화이다. 박순은 서경덕의 문인으로 시·문·서에 뛰어났으며 위에서 말한 바처럼 생김새도 뛰어나고 성품도 결백하다고 평가받은 인물이다. 그런데 성적인 욕망이 유독 강했던 탓에 계집 종 범하는 것을 즐겨 밤만 되면 곁채 방을 휩쓸고 다녔다는 것으로 보아, 모든 계집종을 자신의 성적 소유물로 여겼다는 사실을 알 수 있다. 그래서 심지어는 누구도 돌아보지 않는 추녀까지도 범할 만큼 호색한이었으면서도, 아무도 돌아보지 않는 그녀를 자신이 성적으로 소유한 것을 마치 여성에게 베푼 시혜인양 둘러대고 있다. 그런데 지인이 처가의 재산 분배 문권조차 마다하는 결기를 지닌 분이 친정에서 데려온 계집종을 남겨두는 이유를 묻자 '군자옥불거신'이라는 『예기』의 구절을 언급하며 궁색한 상황을 모면하려 한다.

그러나 이 소화는 박순의 행각을 비난하지 않는다. 그의 인품에 비춰볼 때 평상에서 벗어난 파격적인 그의 성적 취향을 재미있는 화제로 삼고 있을 뿐이다. 점잖고 결백한 인물이 유독 강하게 성을 탐닉하는 버릇을 가진 것이 오히려 엄격한 성정에서 일탈하는 특성이어서 그의 인간미를 더 돋보이게 하는 것처럼 여겨지게 하는 작가적 시선이 담겨 있다. 그래서 마치 신선한 '재미'를 발견한 것 같은 느낌이 들도록 유도한다.

朴思菴淳, 儀容美皙, 性且廉潔, 而酷喜狎婢, 夜遍廊房.有一婢, 其名玉, 而貌極醜, 人無顧者, 公惟狎之. 或者譏之, 公笑曰, "彼誠可憐, 非吾誰復近之." 及其聘家分財之日, 公不送夫人, 又不受文卷. 又聞之戲曰, "公若是其無累於財產, 獨留玉婢何也." 盖玉來自公聘家者也. 公厲聲曰, "君尙不讀禮記耶. 君子玉不去身 故所以留之." 一座胡盧(〈文以禮經〉)

백사白沙 이 상공相公이 도원수都元帥 권율權慄 집에서 처가살이를 하였다. 신혼 초에 한 계집종을 눈여겨보고, 권율에게 청하였다.

"조용한 곳에서 마음을 오로지 하여 책을 읽을 수 있으면 합니다."

권율은 그렇게 하라고 허락하였다. 백사는 비로소 계책을 성취하고는 매일 그녀와 더불어 사통하였다. 어느 날 밤도 미인과 잠들어 늦게 일어났는데, 권율이 그 사실을 알고 객을 데리고서 그 방에 이르렀다. 이에 당황한 백사는 이불로 계집종을 감싸 한 모퉁이에 밀쳐두었다. 이윽고 뒤를 이어 객이 이르렀다. 권율이 말했다.

"방이 협소하니 저 이불은 시렁 위에 옮겨 두자꾸나."

다른 사람에게 시켜 이불을 당겨 들어 올리게 하니, 계집종이 이불 안에서 떨어졌다. 이를 본 백사는 빙긋이 웃으면서 말했다.

"저 벌거숭이 계집종은 과연 감추기 어렵네요."

그 자리에 있던 사람들은 이를 드러내고 웃었다.[14]

『명엽지해』에 위 이야기의 뒤를 이어 실린 소화이다. 이곳의 남성

---

14 위의 책, p.269.
白沙李相公, 贅於權都元帥慄. 新婚之初, 屬目一丫婢. 請權曰, "願得靜處, 專心讀書." 權許之. 白沙始遂計, 每與之私. 一日夜睡美起晏, 權知之, 携客到其房. 白沙蒼黃, 以衾裹其婢, 置之一隅. 俄而客至相繼, 權曰, "房窄此衾可移置架上." 使人攀擧, 婢從衾裡而墮. 白沙莞爾笑曰, "赤身他婢, 果難匿也." 一座見齒. (〈難匿赤婢〉)

인물은 관용과 배포와 해학이 있는 명재상으로 이름을 날렸던 이항복이다. 그런 이항복이 그것도 신혼 초에 공부한다는 명분으로 산사로 들어가면서 계집종을 데리고 가 사통을 일삼는 것도 충격적이지만 그 일이 결국 장인에게 들통 나 여성이 알몸으로 드러나는 난감한 상황에서 이를 바라보는 남성들의 시선과 대응은 여성의 관점으로 보면 더욱 더 납득하기가 어렵다. 과도한 성적 탐닉을 하나의 성향으로 인정하고 있는 관대한 시선이 이 이야기를 관통하고 있으며 이를 이완된 여유로운 재미로 소비할 수 있는 정서가 일반 사대부들 사이에는 공유되고 있었던 것으로 읽힌다.

이상에서 살핀 바처럼 여성(특히 하층민 여성) 인물은 하나의 성기구일 뿐으로 마치 인간으로서의 감정도 없는 사물처럼 다뤄진다. 구멍이거나 옥이거나 짐짝처럼 다뤄진 것이다.[15]

하층민에서 이루어지는 남녀 간의 성적 행위는 험하고 거칠게 묘사되고 비천하게 평가되고 여성의 몸이 하나의 사물처럼 다뤄지면서 또한 이를 재미 삼아 바라보고 조롱하고 폭소를 터트리지만, 색욕에 몰두해 있는 사대부 남성은 하나의 오락적인 취향을 지니고 향유하는 것처럼 대수롭지 않게 처리된다. 동시에 상대 여성의 입장은 고려의 대상도 아니다. 오히려 사대부 남성의 성적 소유가 시혜처럼 포장되기 일쑤이다. 그리고 이런 관점이 성 소화를 지배하는 일반적인 시각으로 보인다.

---

15 김세라는 이러한 여성 처리를 '여성의 사물화와 희화화'라 명명하고 분석하였다(「탈규범적 남녀지정담 연구」, 전북대학교 대학원 국어국문학과 박사학위논문, 2018. 2, pp.37–45).

현대에 이르러서도 대부분 남성 독자들의 입을 통해 이런 성 소화들은 조선조의 경직된 예교가 지배하던 사회에서 하나의 이완적인 웃음을 전해주는 유쾌한 촉진제처럼 평가된다. 『고금소총』은 웃음의 미학으로 처리되고 그 안에서 이루어지는 비하적이고 폭력적인 여성 다룸에 대해서는 별다른 문제의식이 없는 것이다.

이상에서 다룬 모든 현상들은 하나의 원인으로 귀결된다. 고전문학의 작가들은 가부장제 사회 조선에서 모두 남성이었고 독자도 남성 위주였으며 여성은 말할 자유도 끼어들 여지도 없었다는 점이다. 그런데 문제는 현대에 와서도 여성의 시각은 작동하기 어렵다는 점이다. 오랜 세월 동안 여성은 남성이 보는 대로 바라보도록 교육을 받아와 그런 습관이 관성으로 작용해 여전히 남성 중심적인 사회의 관점이 강하게 작용하기 때문이다.

2 고전문학과 여성, 어떻게 접근할 것인가

남성 중심적으로 남성만의 언어를 통해 여성을 다루고 있는 고전문학 작품들을 이제는 여성적인 관점에서 다시 보는 문학적 습관들을 쌓아가야 할 때라고 생각한다. 그간 의도적으로 그리고 관성적으로 지배해온 남성 중심적 관점이 여성에게 강요되어 왔었으나 이제는 여성적 관점에서 남성이 지배했고 창작했던 고전문학을 다시 읽어낼 수 있어야 한다. 여성의 관점으로 읽으면 많은 작품들이 많이 다르게 읽힌다. 수용자가 누구냐에 따라 무척 다르게 상반적으로 읽힐 수 있다. 남성들에게는 웃음을 폭발하게 하는 성소화가 여성 입장에서는 심각한 폭력과 위협으로 읽히며 웃음보다는 불쾌감을 남길 수 있기 때문이다.

본 저서는 이런 문제의식에서 출발한다. 물론 대상 작품을 되도록이면 객관적으로 분석하고 해석하는 것이 전제되겠지만, 남성 중심적인 관점을 탈피해 여성적인 관점으로 다시 읽는 것을 기본으로 한다. 남성 중심 관점으로 쓰이고 남성 중심 관점으로 읽도록 교육받은 해석과는 일단 거리를 두려고 한다. 그러기에 본 저서에서 시도되는 작품 분석은 다시 읽기 차원의 색다른 관점이 도입되고 보편과는 다른 해석이 내려질 가능성도 있다. 이 책에서 다뤄질 내용은 기본적으로 고전 문학 속의 여성이지만 동시에 탈 이념적인 여성으로 접근 가능하거나 탈 이념적인 작가의 여성 인식을 다룰 것이다. 여하튼 조선조 성리학적인 여성관에서 일정 정도 일탈해 있는 등장인물 혹은 작가가 분석의 중심에 있다.

2장에서는 여성과 언어의 오랜 악연을 다룰 것이다. 우선 여성을 대상으로 한 명명命名에 반영된 사물화 및 비하 인식을 살필 것이고, 이어 묵종을 강요당한 여성사와 여성의 정치 참여를 불길한 재앙으로 간주하는 여화女禍 인식을 살필 것이다. 여성에게 강요된 묵종의 삶은 여성의 문필 금기로 이어진다. 여성 명명과 여성에게 주어진 제도 및 관습, 여성의 문필 금지 등은 여성과 언어의 악연을 기본으로 한다. 이를 통해 가부장제 하에서의 여성 비하와 여성 사물화 인식이 얼마나 뿌리 깊은 것인지 살필 수 있을 것이다.

3장에서는 탈 이념적인 여성담들을 살필 것이다. 야담집에 실린 재가담과 신분 상승담이 이에 해당한다.

재가담은 여성의 정조 이념에 위배되는 것이요, 여성 재가 금지라는 법제에도 위배되는 것이다. 여성이 입전의 대상이 되고 남성들의 칭송을 받을 수 있는 경우는 열녀에 한하였다. 그러기에 재가 여성은 일단 여성에게 있어 목숨보다도 중요하다고 가르쳐진 정조를 잃은 것이고 비난받아 마땅한 여성임이 분명하다. 이러한 엄격한 사회적 이념 탓에 오늘날 같으면 관심 밖의 일반적인 사건에 불과할 여성 재가가 조선조에서는 화제 거리로 등장할 수 있었다. 재가를 금지했기에 안전한 재가를 도모했고 그 과정에서 갖가지의 편법이 작용하는 기이한 이야기들이 탄생하였다. 여하튼 재가담들은 부정이건 긍정이건 정조 이념에 묶인 여성 존재의 착잡함을 보여줄 것이다.

신분 상승담은 여성이 주체적으로 신분 상승 목적을 세우고 실행에 옮겨 신분 상승을 성취하는 이야기이다. 여성이 남편 혹은 남성을 주도하여 주종 관계가 역전된 상황에서 여성이 애초에 목적한 신분 상승의 꿈을 획득하고 향유하는 이야기들이다. 여성은 종자從者로 규정당하고 대 사회적인 활동이 금지되었기에 역으로 주체적인 여성의 적극적인 행사는 더욱 두드러지지만 사회적으로는 드러낼 수 없는 여성 존재이기에 여성 자신의 행사가 제도와 저촉되지 않기 위해 행해지는 변칙적 행동들도 의미심장하게 읽힌다.

이 두 종류의 이야기는 야담에 실려 있고 야담은 기본적으로 민중적인 관점에서 기술된 것이기에 시각의 편폭이 제법 자유롭다. 그러나 재가담의 경우 재가라는 탈 정조론적인 행사가 이루어짐에도 불구하고 재가를 주선하는 남성이 존재하고 그 남성의 관점으로 여성의 재가를 진행시키는 것이 지배적이어서 여성의 관점으로 제반 과정과 결과를 해석할 때 탈 이념적이고 인본적인 것과는 오히려 거리가 먼 해석에 도달 할 수도 있다.

4장에서는 조선조 후기 정조의 문체반정을 야기한 대표적인 두 작가 박지원과 이옥의 작품을 분석하여 그들의 여성관을 살필 것이다. 이 두 작가는 공히 중국 양명학 좌파 문인들의 영향을 받은 탈 성리학적인 작가들이다. 그런 만큼 성리학적인 여성관을 탈피한 여성관을 가졌던 것으로 평가받기도 했다.

박지원의 경우, 그가 쓴 〈열녀함양박씨전〉을 분석하여 박지원의 여성관에 접근해 볼 것이다. 조선조 여성 찬양의 유일한 대상이었던 '열녀'전을 가지고 탈 성리학적 여성관을 기대하는 것은 모순처럼 여겨질 수 있지만, 실존 인물을 입전한 열녀전이면서도 허구와 결합하고 전략적인 서술 기법을 사용하여 열녀 존재를 인본적인 관점에서 심각하게 문제 삼은 작품이다. 그 자체가 당시 여성 이데올로기 하에서는 모순적인 혹은 반역적인 작품으로 읽히지만, 지금도 한편에서는 여전히 열녀를 찬양한 열녀전으로 읽히기도 하는 점에서 다양한 해석이 존재하는 작품이다. 그러므로 필자는 실존한 인물의 전기 속에 허구를 결합한 박지원의 문학적 전략을 중심에 두고 면밀한 분석을 통해 하나의 가능한 해석을 제시하고자 한다.

이옥은 박지원과 같은 시대를 살았고 정조의 문체 반정 대상자로 지목되어 귀양을 갔으며 이 사건이 계기가 되어 평생을 불우하게 산 작가이다. 소품 문체 작가라는 입지만으로도 그 시대 이데올로기에서 이탈한 인물로 여겨지는 그는 여성 소재 작품을 유독 많이 썼다. 이옥이 여성을 소재로 한 작품을 즐겨 쓰는 사실을 불만스럽게 여긴 지인이 공격하자 이에 대한 대꾸로 쓴 글이 그의 정情 문학론으로, 문학을 재도지기載道之器로 봤던 유가적 문학관과는 대립한다. 문학에서 추구하는 것을 이치가 아닌 정으로 인식했고 그 정 중에서도 남녀 간의 성애인 남녀지정을 문학의 가장 좋은 소재거리로 봤기 때문이다. 그런데 그가 남녀 간의 성애를 다룬 작품을 여성의 입장에서 보면 그 반전에 더욱 놀라지 않을 수 없다. 여성을 다룬 남성 작가의 태도가 폭력적으로 느껴지기 때문이다. 독자의 성별 혹은 성향 여하에 따라 이옥의 작품은 많이 다르게 읽힐 수 있다. 여성의 관점에서 좀 더 면밀하게 그리고 정직하게 탈성리학적인 이옥의 여성관을 파헤쳐야 한다고 생각한다.

5장에서는 정조와 순조 대에 걸쳐 살았던 남원 출신 여성 작가 김삼의당의 작품 세계를 다룬다. 정확히 말하자면 여성작가 김삼의당의 작품을 통해서 그의 삶의 과정과 위인의 진면목에 접근하는 것을 목적으로 한다. 양반가 여성으로 시문집을 남기고 있는 것도 각별하지만 이 작가의 시문집이 더욱 특별한 것은 그녀의 생활사와 내면적인 정서의 추이를 적나라하게 보여주고 있는 점 및 그녀의 작가로서의 입지는 남편과의 관계 속에서 전개되고 굴절되고 종결되었던 점에 있다. 몰락 양반가의 재능 있는 여성의 삶과 비애가 그의 작품을 분석하는 과정에서 그대로 드러날 것이다. 김삼의당은 재능 있는 여성 작가의 삶이 사회적 대면이 차단된 가부장제 사회에서 어떤 양상으로 굴절될 수 있는지 그 비애의 현장을 목격 가능하게 하는 점에서 각별하다.

6장에서는 19세기에 나온 전기소설傳奇小說 〈표의교집〉을 다룰 것이다. 특히 이 소설의 여성 주인공인 초옥의 인물을 분석하여 그 정체성을 파악할 것이다. 이 소설은 우선 '양풍洋風'이 들어온 이후의 전기소설이라는 점이 특이하다. 양풍이 들어온 서울의 시정市井을 다룬 소설이 고전적인 한문 전기 양식을 고수한 점은 그 자체로 이율배반적이기 때문이다.

그런데 사랑의 주체인 남녀가 유부남 유부녀여서 더욱 파격적이며, 그 불륜을 올바른 행실[貞行]로 인지하는 초옥의 인식과 행동이 더욱 모순적이다. 이처럼 중층적인 모순은 초옥의 논리를 따라가 보면 그 정체성이 드러난다. 뛰어난 문학적 역량과 욕망을 가진 초옥의 이상행동과 이상논리를 하나하나 연관해서 분석해야만 그 핵심에 다다를 수 있을 것이다. 기존의 일반적 논의처럼 초옥은 주체성 강한 근대 여성상이 아니라 전근대적인 이념에 매몰되어 착각을 거듭하다 자가당착한 모순적인 여성이 그 실체이기 때문이다.

고전문학 속에 등장하는 여성의 특성은 기본적으로 가부장제 지배 체제에서 남성의 시선으로만 바라봤거나, 여성을 규정하는 묵종과 충돌하거나, 굴절된 방식으로 타협한 형상임에 있다. 오랜 관습으로 익숙해진 남성 중심적 관점에서 이 여성들을 봤을 때와 그 관점을 탈피해 현대 여성의 관점으로 봤을 때, 그 정체성에 대한 해석은 천양지차일 수 있다. 즉 웃음 유발의 기능이 분노 유발 기능으로 전이될 수 있을 정도이다. 지금도 여성이 여성 입장에서 의견을 내면 대다수 많은 여성들은 동의하지만 일부 여성과 많은 남성들은 불편한 반응을 보인다. 이는 남성 중심적 사고가 여전히 관성적으로 지배하고 있다는 증거일 것이다. 고전문학에 형상된 문제적인 여성들을 여성문학적인 관점으로 분석하는 과정에서 이 기본적인 갈등의 원인과 실상이 자연스럽게 드러날 것이며 이를 다시 근본적으로 문제 삼지 않을 수 없다.

2장

묵종의 삶을 규정당한 여성

과거 가부장제 사회에서 여성의 삶은 '말없이 따르는 것'이 요구되는 '묵종默從'으로 규정되었다. 말없이[默]는 주체적인 자아의 표현을 삼가라는 것이요, 따르는 것[從]은 남성과 여성의 관계에서 여성은 종자從者의 신분으로 정해졌다는 것을 의미이다. 이러한 사실은 과거에 여성의 삶을 규정했던 이른 바 '삼종지도三從之道'와 '칠거지악七去之惡'에서 분명하게 보인다.

삼종지도는 고대사회에서 '여자가 지켜야 할 세 가지 법도'이다. 이 이른바 법도는 여성의 일생을 '종자從者'의 신분으로 일관할 것을 명령한다. 이때 '종'이라는 글자의 심층에는 '주主'라는 글자가 조건적으로 상대되어 있으며, 그 주主는 여성인 모母－부婦－여女의 대척점에 있는 남성인 부父－부夫－자子이다. 구체적으로 언급하자면, 시집가기 전에는 아버지를 따르고[在家從父], 시집가서는 남편을 따르고[適人從夫], 남편이 죽으면 아들을 따른다[夫死從子]는 것이었으니, 여성은 일생 동안 자아의 주인이 될 수 없이 자신을 지배하는 가족 남성 지배자인 주인에게 순종하라는 것이었다.

여성은 기본적으로 주체적이고 주관적이어서는 안 되고 평생 종자의 신분으로 남성의 지배를 받아야 한다는 남녀 차별을 전제로 한 불평등한 존재 규정이었다. 2008년에 와서야 완전히 폐지된, 남성만을 집안의 주인으로 규정했던, 호주제戶主制는 당시 유림들의 표현처럼 '미풍양속'의 전통이었던 것이 아니라 비인간적이고 미개한 봉건주의 악법의 수치스러운 현존이었을 뿐이었다.

자아의 주장은 자기의 생각과 의견의 표현을 필요로 한다. 말하자면 표현과 소통의 통로인 언어를 필요로 하는 것이다. 그러기에 여성의 순종에 필연적으로 병행하는 것이 '말없이[默]'라는 것이다. 칠거지악의 내용들에서 여성의 말을 금기시한 구체적 사실을 더 분명하게 확인할 수 있다. 칠거지악은 남편에게 아내를 내쫓을 수 있는 권리가 부여되는 일곱 가지의 '악행'을 의미한다. 불순구고不順舅姑, 무자無子, 음행淫行, 투기妬忌, 악질惡疾, 다언多言, 절도竊盜가 그 내용이다. 이는 남편의 일방적 권익을 위해 철저하게 남성 중심적으로 여성을 억압한 여성 차별적인 악습이었다. 그런데 이 일곱 항목 가운데 여성의 자기 표현에 대한 금기 즉 언어적 표현의 금기와 관련된 항목이 여럿이다.

시부모에게 순종하지 않는 것[不順舅姑]이 아내를 내쫓을 수 있는 첫 번째 항목이다. 순종의 객관적 기준은 사실상 존재할 수 없다. 다만 무조건적인 순종이 요구될 뿐이다. 언어를 통한 주관적인 '내' 표현이 저지된다. 시부모에게 자신의 뜻을 표현하는 것은 '말대꾸'로 규정되며 이는 용서될 수 없는 불순이다. 그야말로 '주체적 자아의 부재'를 강제한 것과 다를 바 없는 항목이다.

남편의 외도를 시새움하는 투기도 칠거지악 중 하나의 항목이다. 투기의 원인일 남편의 외도는 문제의 대상이 아니다. 이처럼 인과율적인 논리상으로도 모순되는 여성 억압 기제이다. 투기는 남편과의 관계에서 얼마든지 발생할 수 있는 상대적이고 반항적인 자연스러운 심리적 반응임에도 불구하고 무조건적으로 금기당했다. 이는 남자의 축첩과 외도에 불편하고 방해 되는 요인을 제거하고 싶은 남성 중심적 이기심에서 연유했을 것으로 짐작되지만, 여성의 삶을 규제하는 법도 안에 포함시켜 여성을 묵종하는 존재로 강제하여 잡아둔 악법이었다.

심지어는 말 많은 것[多言]도 칠거지악 중 한 항목을 차지한다. 말 많음의 객관적인 기준은 없다. 남자에게 문제되지 않는 말의 양이 여자에게만 문제되어야 했던 이유는 무엇인가. 여성의 자아 표현 자체를 차단하고자 하는 데 그 원인이 있을 것이다.

여성 억압의 실체가 왜 유독 묵종의 강요와 관련되어 있는가? 지금껏 살펴본 바에 의거하면 말은 곧 자아 표현의 출로이며, 자아 표현은 종자로서의 순종을 거부하는 것이다. 그러므로 가부장제 사회에서 여성의 언어는 철저히 통제되어야 했던 것이니, 남주여종男主女從이 도덕률의 기본 모델이었던 조선조 사회에서 언어는 남성의 전유물이었다 해도 지나치지 않다. 역사 속에서 독재자가 우선 행한 것은 국민의 언론 탄압이었다. 가부장제 사회가 여성의 언어를 탄압했던 것도 그와 같은 맥락으로 이해된다. 존재의 억압은 언어 탄압으로부터 시작된다. 여성의 탄압은 언어 탄압으로부터 시작된 묵종의 규정이었으며, 여성과 언어 사이에 맺어진 악연은 남성 중심적인 가부장제 사회 안에서는 종결될 수 없었다. 말이 통제의 대상이었던 만큼 논리적이고 감성적일 수 있는 글을 통한 개인 자아의 표현은 더욱더 금기의 대상이었다.

본 장에서는 여성의 묵종을 강제한 것과 관련 있는 여성의 명명, 신화, 역사, 그리고 문학을 탐구했던 여성들의 삶을 들여다보겠다.

1 가부장제의 여성 명명命名

앞서 살핀 바처럼 여성의 삶은 '묵종'으로 규정당했는데, 여성을 명명한 다양한 명칭에서도 남녀를 불평등하게 규정한 사실은 빈번하게 발견된다. 과거 오랜 세월 동안 언어는 남성의 전유물이었다. 그러므로 여성 존재에 대한 명명 또한 남성에 의해서 이루어졌을 것임은 자명하다. 명명은 존재에 대한 규정이고 명명한 사회의 가치 체계 및 인식을 반영한다. 강남순은 "언어는… 그 사회의 가치 체계를 반영하고 강화하고 정당화한다. 이러한 의미에서 언어는 가치 중립적이지 않으며, 특정한 가치가 담겨 있는 매우 주요한 사회 정치적 도구가 된다."[1]라고 하였다. 언어를 통한 규정·명명의 본질을 설파한 분석이다. 과거(지금까지도 그 현상은 정도의 차이는 있을지언정 지속된다) 동양 문화권에서 여성을 지칭하는 다양한 명명들이 있었는데, 그 명명은 여성 존재에 대한 가부장제 사회의 여성 인식을 단적으로 보여준다.

본 단락에서는 여성 명명을 통해 드러나는 여성 존재에 대한 당대의 가부장제 인식을 분석해보겠다. 편의상 여성의 본분을 의미하는 명명과 성적인 역할을 의미하는 명명으로 나누어 살필 수 있다.

---

1 강남순, 『배움에 관하여』, 동녘, 2017, p.357.

1) 본분 및 관계 명명

가부장제 사회가 규정한 여성의 본분과 관련된 명명을 살펴보기로 한다. 필자가 색출한 바로는, 기추箕箒·건즐巾櫛·규방閨房·자웅雌雄 등등이 그것이다. 하나하나 검토해보자.

기추의 원 의미는 쓰레받기[箕]와 빗자루[箒]로, 물 뿌리고 비로 쓸고 쓰레받기로 받아내는 청소를 의미하는데, 처妻에 대한 환유換喩로 쓰였다. 옛 문헌에서 아내가 남편에 대해 '봉기추奉箕箒'라는 말로 남편을 섬기며 받들겠다는 것을 의미했으니, 이는 비로 쓸고 쓰레받기로 받아내는 집안일을 하면서 남편으로 모시겠다는 의미이다. 이른바 천한 집안일을 남편을 위해 맡아하겠다는 것이지만, 이런 허드렛일로 여성을 명명하여 가둔 것은 물론 남성이다. '봉기추'란 지칭은 남성과의 관계에서 여성 자신의 본분을 스스로를 천하게 비하하도록 의도한 것이다.

건즐도 유사한 사례이다. 건巾은 수건 즐櫛은 빗으로, 세수하고 머리감고 가다듬는데 있어 필요한 도구이다. '봉건즐'은 아내가 되어 남편으로 받들겠다는 의미로, 수건을 받들고 빗을 받들어 곁에서 시중들며 남편을 모시겠다는 의미이다. 기추가 집안일에 대한 여성의 본분을 나타내고 있는 반면, 건즐은 남편을 시중들어야 하는 아내의 본분을 표현하고 있는 점이 다를 뿐이다. 아내는 남편 곁에서 시중들고 받들도록 마련된 존재로 의미 부여한 지칭이다.

앞서 말한 바처럼, 여성에 대한 명명이 가부장제 남성의 여성 인식을 드러낸 것이라고 한다면, 기추와 건즐은 아내를 집안일과 남편 시중드는 일로 그 존재 의미를 규정한 것이다. 그리고 주지하다시피 이러한 명명 속에는 가정에서의 부녀자 의무를 명하는 동시에 여성 직무에 대한 비하적인 인식도 함께 내포되어 있다. 용도에만 쓰이고 침묵하는 도구(사물)처럼, 여성은 자신의 직분에만 충실하면서 침묵하는 주체 부재의 대상물로 규정된 것이다. 남편과의 관계 속에서 지칭된 아내에 대한 명칭들에서 볼 수 있듯이 남녀 사이에 인간적인 평등 인식은 애초에 끼어들 여지가 없었다.

여성은 아예 규방閨房·내방內房·내실內室로도 명명되었다. 여성의 거주 공간이 여성에 대한 명명으로 전환된 것이니, 이는 여성 활동 영역의 범주를 제한하는 동시에 규방이 내포하는 의미에서 연유한 '순종, 닫힘, 침묵, 정적, 내밀, 수동성'[2] 등으로 여성 존재의 특성을 규정한 것이다. 여성의 활동 영역은 집안에 한정되며, 그 안에서 가사를 돌보고 남편과 시부모를 섬길 뿐 담장 너머의 바깥세상인 사회는 철저히 남성만의 것이라는 의미를 이 명칭들은 내포한다.

자웅雌雄은 암컷[雌]과 수컷[雄], 남성과 여성을 의미한다. 동시에 승부勝負, 고하高下, 우열優劣을 의미한다. 수컷인 남성 웅雄은 승勝－고高－우優로, 암컷인 여성 자雌는 부負－하下－열劣로 연관되어, 수컷 남성은 승리·높음·우수함을 의미하는 반면, 암컷 여성은 패배·낮음·열등함을 의미한다. 프로이트는 '해부학은 숙명이다'는 생물학적 결정론[3]을 가지고 남·여성의 특성을 가학성/피학성으로 변별하였으며, 여성은 본질적으로 '결핍'된 존재인 것으로 보았다. 이러한 프로

---

2 신은경, 「조선조 여성텍스트에 대한 페미니즘적 조명 시고(1)」, 『석정(石靜) 이승욱(李承旭)선생 회갑기념논총』, 원일사, 1991, p.577.

3 이월영·김익두 역, 『페미니즘 이론』, 문예출판사, 1993, p.187.

이트의 생물학적 결정론 못지않게 우리 한자 문화권에서는 일찍부터 암[雌]과 수[雄][4]를 이용한 용어에 남녀에 대한 차별적인 가치관과 등급화를 반영했다. 이러한 자雌/웅雄에 관한 관념의 대비를 가장 극명하게 보여주는 것이 웅비雄飛와 자복雌伏이다. 웅비는 발분하여 맹렬하게 나아가는[奮發猛進] 것을 의미하는 반면, 자복은 남의 아래에 굴종하거나 물러나 숨는 것을 의미한다. 수컷 – 남성 – 웅雄은 응당 도약하여 지배해야 하는 반면, 암컷 – 여성 – 자雌는 마땅히 엎드려 굴종해야 한다는 남성 – 여성에 관한 가부장제 가치관을 이 상반적인 두 용어는 잘 보여주고 있다. 결국 비飛는 외향적인 도약과 지배를, 복伏은 내향적인 굴종을 의미하여, 남녀 간의 차별적인 계급성을 규정한 표현이다.

남편과 사별한 여성을 과부寡婦와 미망인未亡人이라는 용어로 명명한다. 그중 더 일반적으로 사용되는 용어는 과부이다. 과부의 축자적인 의미는 남편이 '없는' 부인이다. '과'라는 용어 는 그 자체가 결핍을 의미한다. 존재해야 할 남편이 '없어' 존재하지 않으니까 과부인 것이다. '(남편)없는 부인', 존재의 의미를 상실한 부존재 같은 존재인 것이다. 이러한 사실은 과부에 상대적인 홀아비[鰥]와 견줘보면 분명해진다. 과부처럼 존재의 결핍을 나타내는 직접적인 의미를 가지지 않는다. 주인을 상실한 종자從者의 존재는 그래서 무척 불편한 대상일 수 있다. 주종으로 규정된 관계에서 주가 사라질 경우 종의 존재는 그 존재 의미가 희박하고 불안하고 위험할 수밖에 없다.

---

4 '웅(雄)'자가 들어간 글자는 대부분은 크고 용감하고 결단력 있고 제일이라는 의미를 지닌다(雄將, 雄大, 雄文, 雄辯...).

과부의 집에는, 설사 친한 친구의 모친이라 할지라도, 발을 들여놓지 말라는 금기 풍속과 과부의 죽음을 부추기는 순절 풍속은 결국 주체를 상실한 종자의 존재를 불편하게 여기는 사회적 현상에서 말미암은 것이다.

미망인이라는 용어가 그런 현실을 좀 더 노골적으로 드러낸다. 미망인은 본디 과부가 스스로를 칭하는 말이었으나 후대로 오면서 과부를 범칭하는 용어로 사용되었고, 과부라는 용어보다 오히려 고상한 뉘앙스를 지닌 것으로 여긴다. 그런데 미망인의 글자그대로의[逐字的] 의미는 '아직 죽지 못한(않은) 사람'이다. 아녀자의 삶은 주체적인 것이 아니라 남편의 존재 하에서만 존재 의미를 지닐 수 있다는 함의를 지닌다. 그러므로 남편이 죽고 없는 마당에 살 이유는 없지만 죽지 못해 살고 있는 죄스럽고 구차한 사람이라는 의미를 내포한다. 여성의 순절殉節을 열녀전을 지어주면서까지 찬양했던 조선조 풍속도도 이 미망인 의식과 무관하지 않다.

이와 관련해 하종下從이라는 용어를 살필 수 있다. 하종은 남편이 죽으면 아내가 따라 죽는 것을 의미한다. 남편이 세상을 마친 상태에서 아내는 더 이상 살 의미가 없다는 것을 자인하는 행동이지만 그 이면에는 여필종부女必從夫라는 이데올로기가 작동하고 있기에 가능한 것이다. 남편이 아내를 따라 죽는 것을 의미하는 상대적인 용어는 물론 존재하지 않는다. 남녀 간에 등가의 언어가 존재하지 않는 것은 불평등을 드러내는 표지이다.

이상 다룬 바처럼, 여성의 본분 및 남녀 간의 관계를 표현하는 여성 명명들은 가부장제의 남성 중심적인 여성 인식을 그 속에 분명하게 담고 있다. 여성 존재는 늘 남성 존재를 위한 부차적이고 종속적이고 주변적인 존재일 뿐이요, 집안에 갇혀 주어진 본분만을 수행하고 침묵하여야 하는 부존재적 존재로 규정된 것을 살필 수 있다.

2) 성적性的 대상으로서의 명명

여성을 성적 대상으로 지칭하는 명명들이 존재한다. 중국이건 조선이건을 막론하고 '수절守節하는 것을 목숨보다 중하게 여겨야 한다'는 주돈이의 정조론[5]이 여성의 의식과 삶을 지배하였다. 그로 말미암아 여성의 음행淫行은 용서받을 수 없는 죄악이었다. 반면 남성의 성적 방일은 문제 삼지 않았을 뿐더러 공공연하게 용인되기까지 하였다. 남녀에 대해 이처럼 상반적으로 적용되었던 성 가치관은, 급기야 상호 모순적인 두 개의 법제, 즉 축첩과 재가금지 법제가 하나의 사회에 공존하는 기현상을 낳았다. 그러나 성적 대상임을 의미하는 여성 명명은 정실正室이 아닌 첩妾 및 기녀에게만 적용되는 것이 상례이니, 이 또한 가부장제 사회의 남성 편의적인 이기주의의 극단을 드러낸다. 규방의 여인들은 가부장제 남성들에게 도덕적 허위를 충족시켰다면, 기방의 여인들은 그들에게 속된 즐거움을 제공했고,[6] 사대부 남성들은 일반적으로 이러한 분열적인 두 얼굴을 가지고 살았다. 그 구체적인 사례들을 살펴보자.

첩妾이라는 명명은 두 가지 의미를 지닌다. 첫째는 정실[嫡室]과 대

5 그 내용은, '굶어죽는 일은 지극히 사소한 일이고[餓死事極小] 절개를 잃는 일은 지극히 중대하다[失節事極大]'이다.

6 이상란, 「여성의 침묵과 어두움」, 『아세아연구』33집, 1994, p.42.

를 이루는 개념으로서의 첩이요, 다른 하나는 여성들이 자신을 지칭하는 겸사이다. 그런데 첩妾의 어원적 의미는 접接으로 군자와의 접견接見[7]을 의미한다 하니, 이에 비추어 볼 때 '첩'은 육체적 접촉을 위한 대상이라는 의미를 기본적으로 가진다. 이능화李能和의 기록에 의하면, 당시 속간에서는 다음과 같은 동요가 존재했다고 한다.

> 붉으면 대추, 대추는 달아, 달면 엿, 엿이면 붙지, 붙는 것은
> 내 첩[8]

첩妾과 접接 의미의 친근성親近性을 이용하여 축첩의 자미滋味를 표현한 노래이다. 달고 들러붙는 엿의 속성을, 첩의 속성과 동일화함으로써, 들붙는 자미에 첩의 의미를 합치시켰다. 들붙는 것은 곧 성적 접촉을 의미하는 것이요, 달다는 것은 그로 말미암은 쾌락을 의미하는 것이니, 첩이라는 존재는 성적인 쾌락을 충족하는데 소용되는 대상인 것을 희화한 동요이다.

천침薦枕은 천침석薦枕席 시침侍寢과 같은 의미로, 첩이나 시녀가 상대 남성의 잠자리 대상이 되는 것을 뜻한다. 기녀나 첩이 잠자리 모시기 원하거나 친분 가지기를 원할 때 '원천침願薦枕'이라는 표현을 자주 사용한다. 이때 '천薦'은 '올린다(進)'는 의미이고, '침枕[베개]'은 잠자는 데 필요한 용구로 곧 잠자리를 환유換喩하니, 천침은 곧 잠자

---

7 妾之言接也 聞彼有禮 走而往焉 以得接見於君子也(『說文解字』).

8 紅則棗 棗則甘 甘則 甘則飴 飴則接 接則吾妾也(이능화, 『조선여속고』, 한국학연구소, 1977, p.42).

리를 보살피는 성적인 역할을 의미한다. 첩·기녀에 일반적으로 따라다니는 지칭이었으니, 그들의 존재를 성적 대상으로 의미 부여하고 있음을 보인다.

외직外職에 나가 있는 관리들에 대한 관기의 천침은 일반적이었으며, 계집종에 대한 무차별적 성 유희 또한 사대부들 사이에서 일반화되어 있는 풍속도[9]였다. 그러기에 가기佳妓를 얻어 욕정을 해소하는 것이 소원이라는 이유로 먼 길을 찾아온 저팔계같이 생긴 폭력적인 인상의 추한 마름[舍音]에게, 관기 중에서 마음대로 선택하여 즉석에서 능욕하도록 한 관찰사의 허여[10]도 실제 가능했을 것으로 여겨진다. 관기와 천첩은 단지 천침하는 자, 바꾸어 말하면 성적 욕망 해소의 도구였을 뿐이다.

추선秋扇의 축자적인 의미는 가을 부채이다. 가을바람이 불면 무용지물이 되는 부채처럼, 미모가 쇠하여져[色衰] 버림받게 된 여자를 지칭한다. 한漢나라의 여성 시인 반첩여班婕妤는 성제成帝 때의 궁녀로 임금의 총애를 받아 첩여婕妤[11]가 되었다가 후에 조비련趙飛燕이 등장하여 그녀에게 왕의 총애를 빼앗기고서 참소당해 장신궁長信宮으로 물러가 태후를 모시게 되었다. 그때 버림받은 슬픔을 애절하게 담은 〈원가행怨歌行〉[12]을 지어 버림받은 자신을 추선秋扇이라고 자조적으

---

9 야담(野談) 및 소화(笑話)에는, 계집종에 대한 사대부 남성들(그것도 유명한 혹은 덕망 높은) 무차별적인 성적 유희를, 재미삼아 다룬 이야기들이 많이 실려 있다.

10 이월영 시귀선 역주, 〈평양기생이 못 잊는 두 남성〉, 『청구야담』, 한국문화사, 1995, pp.780 – 783.

11 중국 한(漢) 나라 때 궁중의 여관(女官) 이름.

12 新製齊紈素 皎潔如霜雪 裁爲合歡扇 團團似明月 出入君懷袖 動搖微風發 常恐秋節

로 비유한 데서, 위 명명은 유래한다. 이로 말미암아 버림받은 여성을 일컬을 때면 으레 추선이라는 명명을 사용하게 되었다. 여성 스스로가 자기비하 심정에서 비유적으로 쓰게 된 명명이지만, 실은 지체 높은 남성들이, 궁녀·첩·기생 등과 같은 신분의 여성에 대해 지니고 있는 인식을 반첩여가 파악하여 적절하게 비유한 것이니, 여성존재에 대한 남성의 인식이라 해도 틀리지 않는다.

불볕 여름 동안 부채는 더위[熱氣]를 식혀 주는 도구이다. 이때의 열기란 곧 정염情炎, 성적 욕망의 불꽃을 또한 상징한다. 여인의 아름다운 젊음은 남성에게 정염을 일으키며[出入君懷袖] 동시에 그 정염을 해소시켜줄 수 있지만[動搖微風發], 미색이 쇠하면 남성을 냉담하도록 만들며[凉風奪炎熱] 그래서 소용가치가 없어진 여인은 더 이상 총애 받을 수 없게 된다[棄捐篋笥中 恩情中道絶]. 부채는 정염과의 관련에서만 필요하므로 추선은 정염과의 무관함을 의미한다.

임제林悌가 일지매一枝梅에게 부채를 주며 읊은 시[13]에서도 부채[扇]가 지니는 성적인 상징 의미를 읽을 수 있다.

> 한겨울에 부채 보내는 것 괴이하게 여기지 마오
> 莫怪隆冬贈扇枝
> 그대의 나이 아직 어리니 어찌 알 수 있으리오
> 爾今年少豈能知
> 그리움으로 한밤중이면 가슴에서 불이 이니

至 凉風奪炎熱 棄捐篋笥中 恩情中道絶.

13 莫怪隆冬贈扇枝 爾今年少豈能知 相思半夜匈生火 獨勝炎蒸六月時.

相思半夜匈生火

찌는 듯한 염천 6월보다도 유독 더 하다오

獨勝炎蒸六月時

한겨울의 추위에도 가슴에 이는 정염의 불꽃은 너무 뜨거워, 더위에 열기를 식혀줄 부채가 필요하듯 당신이 필요하다는 것이다. 여기에서 부채는 타는 듯한 정염을 해결해줄 수 있는 역할로서의 부채이며, 내 사랑의 열기를 식힐 수 있으려면 당신이 필요하다는 것을 의미한다. 그래서 성적 욕망을 해결할 수 있는 당신이 필요하다는 은유로 부채를 보낸 것이다.

이처럼 궁녀·첩·기녀 등과 같은 여성존재는, 미색美色으로 남성에게 정염을 일으킬 수 있을 동안에만 필요한 존재일 뿐이요, 색이 쇠하여 더 이상 정염을 일으킬 수 없게 되면 버림당하는 것이 당연한 추선 같은 존재로 남성들에게 인식되었던 것이다.

지분脂粉의 원 의미는 연지와 분이다. 연지와 분이 여성의 화장에 소용되는 물건이라서 여성의 환유로 사용되었다. 비슷한 사례로 분대粉黛라는 명명도 있다. 즉 얼굴에 바르는 분과 눈썹 그리는 먹인 두 개의 화장 도구를 지칭하는 용어가 곱게 화장한 미인이라는 의미로 전용된 것이다. 명명은 존재를 규정한다. 화장 도구로 여성을 명명했다는 것은 화장하는 목적에 비추어 여성 존재를 규정한 것과 다름없다. 화장은 자신을 하나의 '아름다운 대상'으로 창조하기 위한 것이다. 어떤 개성이나 의지를 지니지 않은 하나의 대상, 하나의 예술 작품과 같은 것이다.[14] 조선조 사회에서 지분脂粉, 분대粉黛라는 명명이 적용된 것은 주로 기녀였으며, 그들의 삶은 실로 남성의 성적 대상에 머물러 있었고, 그것이 모든 것이었을 뿐이었다. 성적 대상으로서의 효용성이 있어야 남성의 총애를 받을 수 있었던 것이며, 성적 매력이 없거나 떨어지면 그들이 가장 두려워하는 존재 추선秋扇으로 몰락할 것이었다.

성적 매력으로 그 생존 의의를 찾을 수 있었던 부류의 여성들은 자연히 치장을 통한 성적 매력의 유지에 노력하였으며, 성적 매력의 가치 기준도 남성이 제공한 것이었다. 미인에 대한 가장 일반적인 명명인 세요細腰가 그 일례이다. 세요細腰는 주지하다시피 가는 허리이다. 가는 허리를 소유하는 것이 미인의 요건으로 간주되었고, 그럼으로 인해 미인을 대신하는 명칭으로 사용되었다. 중국 한漢나라 성제成帝 때 성제로부터 반첩여班婕妤에게 쏟던 총애를 빼앗아 그녀를 장신궁長信宮으로 물러나게 하고 성제의 총애를 독차지했던 조비련趙飛燕은 워낙 가벼워 '비련飛燕(나는 제비)'이라는 명명을 얻었는데, 성제가 이처럼 가는 허리를 지닌 마른 여성을 좋아하자 성제의 총애를 얻어 한 번만이라도 그에게 천침薦枕할 수 있는 기회를 얻고자 열망하던 궁녀들은 세요細腰가 되고 싶어 또는 그것을 유지하기 위하여 앞 다투어 굶다가 죽음에 이른 자도 많았다 한다.

이처럼 지체 높은 남성의 주변에서 궁녀로 첩으로 기녀로 살았던 여성들은 단지 남성의 성적 유희를 충족시켜주기 위해 존재하는 대상에 불과했고, 남성들은 그러한 여성들에게 그 존재에 '걸맞게'끔 그 존재를 규정하는 명명을 부여했던 것이니, 그러한 명명들을 분석해보면 모두 주체적인 존재가 아닌 남성의 욕구 충족을 위한 대상,

14 이월영·김익두 역, 『페미니즘 이론』, 문예출판사, 1993, p.254.

도구로서의 존재 의미가 부여되어 있다.

그들 존재의 궁극적 규정은 천침薦枕에 있었다. 천침으로 그들의 존재 의의가 규정된 이상 천침할 수 있는 요건을 갖추어야 했으니 끝없는 치장[脂粉]을 통하여 분대粉黛 세요細腰의 경지에 이르러 그 상태를 유지시킬 수 있어야 했으며, 더불어 침석枕席의 자미滋味를 충족해 주어야 했다. 그러나 여성의 아름다운 육체란 세월이 가면 이울 수밖에 없는 것이니, 끝내는 성적 매력을 잃고 버림받을 수밖에 없는 운명은 예정된 것이었다. 그래서 정도의 차이는 있을지언정 종국에는 추선秋扇 같은 존재로 남을 수밖에 없었던 것이다.

조금 색다른 여성 명명으로는 소각小脚이라는 것이 있다. 이는 중국의 전족 풍속[15]에서 말미암아 여성을 지칭하게 된 명명으로 분대나 세요처럼 여성의 신체적 '당위성'을 거론하여 대상이나 사물로 지칭한 점에서 같은 성향을 지닌다. 중국에서는 일찍부터 작은 발을 선호하는 경향이 있었는데 이러한 경향이 확산되어 명·청 시대에는 전족 풍조가 대대적으로 여성 사회를 지배하게 되었다. 그 풍조 하에서 수많은 여성들은 신체적인 불구를 감수하면서까지 필사적으로 전족하여 세 치의 발에서 성장을 멈추게 했으니, 그 결과 여성은 작은 발을 가져야 여성답다는 인식이 팽배했고, 심지어는 미모보다도 작은 발을 가지는 것이 더 보편적인 미적 기준이 되었다. 이런 풍조 하에서 소각이 여성을 지칭하는 의미가 되었다.

이상에서 살펴본 바처럼, 여성에 대한 남성주의적 의식의 이분화

---

15 전족 풍조에 대해서는 이후로 더 언급될 기회가 있을 것이다.

二分化는 여성에 대한 명명에서도 드러난다. 정숙해야 하는 아내에게는 집안일의 본분을 규정하는 명명이 주로 적용되었고, 다른 한편 성적 대상이었던 여성 부류에게는 성적 대상으로서의 의미를 농염하게 풍기는 명명이 주어졌다. 남성 중심적인 의식을 반영하는 이러한 이분법적 명명에도 불구하고 공통되는 점이 있으니, 그것은 남녀의 관계상에서 여성 존재를 비하한 계급주의적인 의미를 지닌다는 점이다. 이는 언어가 남성의 전유물이다시피 했던 과거에 명명을 통해 의도적으로 여성존재를 남성과 동등할 수 없는 종속적인 주체 부재의 존재로 규정한데서 기인할 것이다. 여성은 언어의 사용이 지극히 제한되고 금기되었을 뿐만 아니라, 남성 전유물인 언어를 통해 남성의 편의에 따라 그 존재가 규정되고 농락당했던 것이니, 여성과 언어는 악연으로 맺어졌다.

2 묵종 강요의 여성사

이 글은 앞에서, 여성을 제재했던 도덕률 및 여성에게 부여된 명명을 통해, 여성은 늘 묵종하는 종자從者로, 주체 아닌 대상對象·사물事物로 규정되어 왔다는 사실을 밝혔다. 그리고 이를 한마디로 표현하면 '묵종과 부재'의 규정 및 강요라 할 수 있을 것이다. 이러한 사실은 국조 신화의 상징적 표현 속에서도, 역사서의 여성관 속에서도, 또 그 이후 실화에 바탕을 둔 조선조 야담에서도 지속적으로 재확인할 수 있다. 국조 신화인 단군신화에 여성에 대한 가부장제적 가치관이 여실히 드러나 있고, 최초의 역사서라 일컬어지는 김부식의 『삼국사기』에서도 김부식은 남녀 차별적인 여성관을 분명하게 역설하고 있다. 여성 비하의 흑역사는 단군신화가 그 불변의 토대를 마련해주었고, 바로 그 단군신화를 괴력난신怪力亂神에 속한다고 폄하하며 역사의 장에서 제외했던 역사가 김부식은 분노한 기색까지 드러내며 여성의 권력 장악을 여화女禍로 인식하고 비난하였다. 그리고 여성의 문필은 대대로 위험한 것으로 금기시되어 사장 당했다. 그 구체적인 실상을 신화, 역사, 야담을 통해 살펴보기로 한다.

1) 하늘에서 내려온 환웅, 곰에서 여성으로 변신한 웅녀

우리의 국조신화 〈단군신화〉에 의하면 조선족 최초의 여성은 웅녀熊女이다. 천신의 아들로 인간 세계를 탐구하여 지상으로 내려온 환웅桓雄의 짝이 되어 조선의 시조 단군을 낳은 시조모인 것이다. 그런데 웅녀는 원래 인간이 되기를 간절하게 원하던 곰[熊]이었고, 간고한 시련을 극복하고 인간 웅녀가 되고 나서야 환웅과 결합하여 조선의 시조 단군을 낳았다. 이처럼 각자 다른 신분과 내력을 가진 환웅과 웅녀의 결합은 남녀 관계에 대한 계급적인 인식이 기반하고 있다. 즉 천부신과 지모신의 결합을 통해 천지를 창조한 것을 이야기한 창조 신화[16]이면서 또한 그 안에 철저하게 차별적인 남성-여성관을 내장하고 있는 것이다. 좀 더 구체적으로 살펴보자.

---

16 유동식, 『한국 무교의 역사와 구조』, 연세대학교출판부, 1986, pp.28-36.

신화는 신에 관한 이야기, 신적인 인물에 관한 이야기, 세계 창조에 대한 이야기로 그 신화권에 속하는 민중들은 이를 신성하고 진실한 이야기로 받아들인다. 우리의 존재가 바로 그 신화의 진실성을 입증하기 때문이다. 그래서 신화는 그 신화 권에 속하는 민중들에게 그 세계를 지배하는 이데아를 전해준다. 그런데 문제는 신화는 사실을 기술한 것이 아니라 상징적인 기법 속에 진실을 은폐하기 때문에 적절한 해석이 필요한 점이다.

우리는 〈단군신화〉를 다각적으로 분석하고 해석할 수 있지만, 이곳에서는 남성-환웅과 여성-웅녀의 신원과 결합이 나타내는 의미를 분석하여 그 세계를 지배하던 세계관과 인간관(남녀관)을 밝혀보도록 하겠다.

환웅은 천신의 서자庶子이다. 여기에서 서자는 '첩의 자식'이라는 의미가 아니라 '장자가 아니다'는 의미로 이해된다. 장자는 천상계를 상속해야 했기에 인간 세계로 내려오는 것이 허여될 수 없었을 것이고 아마도 환웅은 천신의 둘째 아들일 가능성이 크다. 여하튼 환웅은 하늘 아래[天下] 인간 세계에 대해서 무한한 호기심을 가지고 있었고, 이를 간파한 부친 환인桓因은 그에게 천신의 아들임을 상징하는 삼부인三符印을 주어 무리를 거느리고 인간 세계에 내려가 인간을 다스리도록 허락한다. 환웅은 하늘에 신원을 둔 천신의 자식이었다.

그런데 이때 지상에서는 호랑이와 곰이 같은 동굴에 살았는데 둘 다 천신에게 기도를 드리며 인간이 되기를 원했다. 이를 안 환웅은 그들에게 빛이 차단된 동굴에서 100일 동안 마늘과 쑥만 먹으며 금기 생활하면 인간의 몸으로 변할 것이라고 단서를 달아 기회를 준다. 호랑이는 빛이 차단된 어두운 동굴 안에서 쑥과 마늘만 먹으며 금기하는 신고辛苦를 견디지 못하고 중간 탈락하지만, 곰은 정해진 규정대로 철저하게 금기 생활한 결과 삼칠일(21일)만에 여성 인간의 몸을 얻게 되어 마침내 웅녀熊女가 된다. 호랑이와의 대결에서 곰이 승리하는 구조는 곰이 가진 인내심과 끈기를 상징하는 것 이외에 다른 사회 역사적 의미가 더 있을 수 있다. 그러나 이곳에서 관심을 가지는 것은 동굴 속에서 치른 웅녀의 금기 생활이 가지는 상징적 의미에 있다.

동굴[穴]은 신화 상에서 죽음과 재탄생의 제의를 치르는 장소이다. 빛과의 차단은 죽음을 상징한다. 곰은 무덤 같은 칠흑의 동굴 속에서 맵고 쓴[辛苦] 마늘과 쑥만을 먹으면서 죽음을 상징하는 금기를 철저하게 겪어낸 결과 웅녀熊女로 재탄생할 수 있었다. 고대 원시 부족 사이에서 여성이 동굴에 유폐되어 치렀다는 죽음의 성인식을 연상시키며, 지금도 세계 곳곳에서 수많은 여성을 죽음에 이르도록 하면서까지 치르고 있는 음핵 절개 의식과도 같은 상징적 의미를 공유한다. 성인식은 아이에서 성인으로의 재탄생을 의미하지만 곰에게는 곰의 신분에서 인간으로 재탄생하는 의식의 의미를 지닌다.

그렇다면 곰이 그 고통스런 죽음과 재탄생의 격렬한 의식을 치르면서까지 웅녀熊女가 되어야 했던 필연적인 이유는 무엇이었을까? 그 최종 목적은 환웅과 결합하는 데 있었다. 환웅과 결합할 수 있는 자격을 갖추기 위해서는 곰으로 상징된 신분이 격상될 필요가 있었으며, 그 격상된 신원을 획득하기 위해서는 죽음에 이르는 시련도 마다하지 않는 통과 의례를 치렀던 것이다. 다시 말해서 환웅과 결합하기 위한 성화聖化가 요구되었던 것이다. 그리고 그 통과의례 과정을 지시한 이는 바로 환웅이었다. 암흑 같은 공간 속에서의 침묵,

즉 부재不在를 여성이 될 조건으로 강요한 최초의 남자는 조선 역사의 시작을 준비해준 남신男神 환웅이었던 것이다.

그리고 이들은 결국 결합하여 조선의 시조 단군을 출생시킨다. 단군의 출생에 관계한 부부의 위상은 천양지차天壤之差였다. 신화적 용어를 빌어 조금 더 부연하여 설명하자면, 웅녀의 짝인 환웅은 천부신天父神인 반면, 웅녀는 지모신地母神이다. 천天－부父, 지地－모母라는 남녀 존재에 대한 신화적 관념 그 자체는 이미 남녀성에 대한 계급의식 및 역할분담 의식을 드러낸다. 천天－부父는 베푸는 존재, 능동적인 존재, 높은 존재, 규정하는 존재인 반면, 지地－모母는 받는 존재, 수동적인 존재, 낮은 존재, 규정 당하는 존재인 것이다.

이처럼 웅녀熊女가 되기 위한 인고忍苦의 최종 목적은 환웅과 결합하는 것이었고, 그 다음 단계의 종국적인 목적은 단군을 낳는 데 있었다. 주체적 자아의 완성을 향한 인고와는 아무런 관계가 없다. 시련 극복을 통해 웅녀가 완성한 것은 주체적 자아 아닌 단군의 출산이었던 것이다. 결국 웅녀는 단군의 출산을 위해 자신의 존재를 마련했던 여성으로, 인내와 끈기를 가지고 침묵하며 견뎌야 하는 조선 여성의 원형을 제시해준 셈이다.

동명왕東明王의 모친 유화柳花 또한 웅녀와 유사한 통과의례를 겪은 후 동명왕을 낳는다. 하백河伯의 딸 유화를 유혹하여 웅신산熊神山 아래에 있는 압록변鴨淥邊 방으로 데려가 사통한 남성은 천제天帝의 아들 해모수解慕漱였다. 이 둘의 관계도 환웅과 웅녀의 관계와 마찬가지로 천天－부父와 지地－모母로 상징된다. 중매도 없이 사통했다는 이유로 부친 하백에게 입술이 늘려 우발수優渤水에 유기되었다가 금와金蛙에게 발견되어 유폐幽閉당하는 시련을 거친 뒤 동명왕을 낳는데,

이러한 시련 과정은 자아 완성이나 주체성 확립을 위한 것이 아니라 오로지 동명왕을 출산하기 위해 거쳐야 할 통과의례였다. 남성은 거치지 않는 이니시에이션 과정을 왜 유독 여성만이 겪어야 했을까? 이는 천天-부父와 결합하기 위해서는, 신성왕神聖王을 낳기 위해서는 성화聖化되어야 한다는, 천天-부父와 지地-모母에 내재되어 있는 차별성 때문이었으며, 입술이 당겨지고, 유폐당하는 등의 시련은 여성에게 강요된 묵종[17]의 한 원형적 모습이다.

신화에는 이미, 남편과 아내의 천양지차天壤之差를 암시하는 계급성, 결핍된 존재로서의 여성, 그 결핍을 보상하기 위한 '죽음의 제의'를 통한 재탄생, 주체 부재의 희생적이고 주변적인 존재로서의 여성 등에 관한 원형적 상징이 내포되어 있다.

2) 여화女禍로 매도된 신라의 여왕 통치

동양 문화권에서는 과거 오랜 세월 동안 '여화女禍'라는 여성 인식이 뿌리 깊게 존재해왔다. 여화女禍는 두 가지 의미를 지닌다. 첫째는 군주가 여자를 지나치게 총애하여 국사를 그르치는 것이요, 둘째는 여주女主가 집정執政함으로 말미암아 국사를 망치는 것이다.[18] 전자는 여성이 나라의 망조에 간접적으로 영향을 끼친 것이요, 후자는 여자가 직접 집정하여 나라를 망친다는 차이가 있지만, 여자-나라 일의 관련

17 이상란은 유화의 입술이 잡아당겨진 벌책을 언어의 상실을 강요받는 상징적 의미를 가지는 것으로 보았다(앞의 논문, p.43).

18 舊史稱寵信女子 或由於女主執政 而敗壞國事爲女禍(『한어대사전』, 한어대사전 출판사).

성을 지극히 부정적으로 파악하고 있는 점에서 두 의미가 일치한다.

문제는 여화女禍에 상대할 남화男禍 개념은 없다는 사실이다. 남성 군주가 총신寵臣 정치로 말미암아 국정을 그르친 역사적 사례는 허다하지만, 남성 - 국정의 관계를 기본적으로 부정시한 개념은 존재하지 않았으니, 이는 여성의 집정을 근본적으로 금기시한 가부장제의 남녀차별적인 여성인식을 드러낸다.

신라 시대에는 특이하게도 선덕여왕善德女王, 진덕여왕眞德女王, 진성여왕眞聖女王으로 이어진 세 여왕의 통치 시대가 있었다. 이 가운데 선덕여왕은, 『삼국유사』에 실려 있는 〈지기삼사知幾三事〉, 〈지귀설화志鬼說話〉로 미루어 볼 때, 어떤 남성 군주 못지않은 저력과 통솔력을 지녔던 유능한 왕이었음을 알 수 있다. 중국 당나라 황제가 여왕이 통치하기 때문에 고구려와 백제의 침공이 잦다고 여왕통치를 문제 삼자, 진골 계층에서 여왕통치에 대한 불만을 구실로 반란을 일으킨 적도 있지만, 선덕여왕은 통치자로서의 지혜와 따뜻한 인간성으로 여성이라는 불리한 여건도 극복해낼 수 있었던 지덕을 겸비한 탁월한 왕이었다. 그런데 『삼국사기』의 저자 김부식은 선덕여왕 본기本紀를 기술하고 나서 유독 그곳에만 논평을 붙였는데, 과거 성공했던 여성 왕 통치에 관해서조차 여화 인식을 노골적으로 드러내었다. 선덕여왕 통치에 관한 논평의 전문全文을 소개한다.

> 논하여 말한다.
>
> 신臣은 들으니, 옛날에 여와씨女媧氏가 있었으나 진실로 천자天子는 아니요 복희伏犧를 도와 구주九州를 다스렸을 뿐이라고 한다. 여치呂雉와 무조武曌 같은 경우는 유약한 군주를 만

> 나 조정에 임하여 칭제稱制(天子를 대신하여 정치를 행함)하였지만 역사서에서는 공적으로 왕이라 칭하지 못하였고 다만 고황후高皇后 여씨呂氏, 측천황후則天皇后 무씨武氏라 썼을 뿐이다. 하늘의 이치로 말하자면 양강陽剛 음유陰柔요, 사람의 이치로 말하자면 남존男尊 여비女卑이니, 어찌 여자가 규방을 나서 나라의 정사 결단하는 것을 허락할 수 있겠는가. 신라에서 여자를 부축해 일으켜 왕위에 둔 것은 진실로 세상을 어지럽히는 일이었으니, 나라가 망하지 않은 것만도 다행이다. 서경書經에, '암탉이 운다牝雞之晨' 했고, 역경易經에, '동여매인 암퇘지(羸豕)가 요란하게 버둥거린다' 했으니, 경계하지 않을 수 있겠는가.[19]

김부식은 우선 중국에서조차 공식적으로 칭왕한 여왕이 없다는 역사적 사실부터 언급하며 사대사상에 기대어 우리 과거의 여왕 존재가 부당했음을 증명하는 태도를 취했다. 그런 후 천도와 인도는 합치해야 한다는 천인계합天人契合적 음양논리陰陽論理에 비추어, 양강陽剛·남존男尊의 영역에 속하는 정치 일을 음유陰柔·여비女卑에 속하는 여성이 관여하는 것은 천도를 거스르는 역천逆天이라고 매도한다. 천[卑]하고 유약[柔]한 여성이 규방을 나서 남성의 영역을 침범해서 왕이 되어 정사를 돌본 것은, 하늘의 이치를 거스르고 남녀의 경계를

---

19 論曰 臣聞之 古有女媧氏 非正是天子 佐伏羲 理九州耳. 至若呂雉武曌 值幼弱之主 臨朝稱制 史書不得公然稱王 但書高皇后呂氏 則天皇后武氏者. 以天言之則良剛陰柔 以人言之則男尊女卑 豈可許姥嫗出閨房 斷國家之政事乎. 新羅扶起女子 處之王位 誠亂世之事 國之不亡幸也 書云牝雞 易云羸豕孚蹢躅: 『三國史記』, 新羅本紀.

허문 대역죄인데도 불구하고 나라가 망하는 데까지 이르지는 않았으니 그나마 다행이라며, 여성왕의 통치에 기본적으로 분노하는 감정을 보인 것이다. 유가의 가부장제적 통치관을 습득했을 김부식이, 신라 여왕들의 통치를 여화女禍로 간주하고 지난 역사적 사실에 대한 자신의 유가적 통치관을 거침없이 표현한 것이다. 그리고 그것을 끝내는 '암탉이 운다'는 『서경』의 비유와 '암돼지가 요란하게 버둥거린다'는 『역경』의 비유를 들어 여성이 소리 내어 존재를 주장하는 것, 여성이 앞서 주도하는 것을 경계할 대상으로 지목하면서 신라의 여왕 통치를 '암탉이 운' 망국적인 치욕으로 간주하고 있다.

여화女禍라는 개념은, 그 자체가 여성의 자기 표출 및 주도(선도)를 금기시했던 가부장제 사회의 철저한 이기주의적 산물이다. 다시 말해서 여성에게 규정된 삶의 양식 '침묵과 부재'를 어기고 감히 남성의 영역을 침범한 것에 대한 분노의 표현인 것이다. 어떤 합리적인 이유나 근거 없이, 다만 하늘을 남성으로 땅을 여성으로 유추한 음양의 논리에 비추어 자복雌伏할 것을 강요했으며, 여성이 그 제어에 응하지 않고 주체적인 자기 목소리를 내면 역천한 자, 음양의 이치를 위배한 자로 몰리는 비난을 면치 못한 것이다. 그래서 심지어는 수탉이 아닌 암탉이 우는 것은 자연의 섭리에 위배됨을 들어 여성이 자기 소리를 내는 것을 암탉이 우는 것으로 비유한 것이다.

'암돼지가 요란하게 버둥거린다(羸豕孚蹢躅)'는 것은 『역경易經』 구괘姤卦[䷫] 초륙初六 효사爻辭의 끝 구절이다. 구괘姤卦는 음기가 비로소 나타나 다섯 양陽을 상대하고 있으니 음 효가 몹시 왕성[壯]한 부정不貞한 상태이다. 그래서 괘사卦辭에서는 '구姤는 여자가 왕성한 것이니 장가들지 말아라(姤 女壯 勿用取女)'고 풀이하고 있다. 음陰[여성]

이 왕성한 기운을 가지고 있으면 양陽[남성]을 해친다는 인식을 나타낸 것이니, 음陰이 강장强壯한 구괘姤卦의 상징성을 천리에 어긋나는 불길한 것으로 보았다. 그 다음 이어 나오는 초륙初六의 효사爻辭 전체를 소개해보면 다음과 같다.

> 묶어 제어할 수 있다면 길吉한 것이지만,
> 繫于金柅貞吉
> 가는 바가 있으면 흉凶을 보리라,
> 有攸往見凶
> 묶인 암퇘지가 요란하게 버둥거린다.
> 羸豕孚蹢躅

강장한 음을 제어할 수 있으면 길吉할 것이지만, 제어하지 못하면 흉할 것이다. 아직은 제어상태에 있는 음陰이 뛰쳐나가려 버둥거리고 있으니 경계하라는 것이 구괘姤卦 초륙初六 효사爻辭의 전체적 의미이다.

유학자 김부식은 이처럼 『역경易經』 구괘姤卦 초륙初六 효사爻辭에서 여성의 강장强壯을 경계하는 의미를 지닌 끝 구절을 인용하여, 여성의 통치는 근원적으로 불길한 것이니, 행사의 기미가 보일 때 차단해야 한다고 생각했다. 아울러 여왕 통치를 『역경』 구괘의 경계에 유의하지 못했던 불길했던 역사로 간주하였다.

이처럼 유가적 음양 이데올로기는 여성이 강하여 주체적 자아를 표현하는 것은 음양의 원리를 어긴 역천이며, 이는 곧 암탉이 울어 집안이 망하고 나라가 망하는 결과를 가져올 여화女禍로 간주했다.

그래서 과거의 역사에서 여성은 끊임없이 강력하게 침묵과 부재를 강요당해 왔으며, 과거에 이미 긍정적으로 인정받은 여왕의 성공적 통치에 대해서조차 이처럼 맹비난을 퍼부을 수 있었던 것이다. 지배층 남성들은 여성이 남성과 대등한 위치에 서는 것을 혹은 남성 위에서 통치하는 것을 도저히 용납할 수 없었다.

3) 정조 이념의 세뇌와 문필 생활의 금기

(1) 정조 이념과 열녀 풍조

이상에서 살핀 바에 의하면, 여성은 여러 기제를 통하여 침묵과 부재를 강요당해 왔음이 드러난다. 침묵과 부재는 동전의 양면과 같다. 침묵은 주어진 종자從者로서의 존재 규정을 말 없이 수용하는 것이며, 침묵을 깨고 항거할 때 비로소 주체 부재의 규정은 그 위력을 잃고 주체적인 자기 존재에 대한 인식이 대신하게 될 것이기 때문이다. 그래서 과거 가부장제 사회의 남성들은 언어를 전유專有한 채 여성에 대한 비하적인 명명을 통하여 주체 부재의 사물로 대상으로 그들의 존재를 규정했으며, 침묵을 강요하여 여성이 자신의 목소리를 내어 주체성을 표출하는 것을 금기했던 것이다. 다시 말해서 묵종의 규정을 깨고 대외적으로 자신을 표현하는 일체의 행위는 금기시 하였다.

여성은 담장 밖을 넘어서 활동할 수 없었다. 여성의 본분을 표현하는 명명들에서도 그 사실을 확인할 수 있다. 규방閨房(내당內堂, 내실內室) 명명은 여성의 활동 범위를 담 안으로 한정 짓고 있다. 기추箕箒·건즐巾櫛도 지아비의 대면에 그 대인관계를 한정한 명명이다. 천침薦

枕·추선秋扇도 그 질적 차원은 다르지만 특정 남성과의 관계에만 한정 지은 성적 대상임을 의미한다. 여러 차례 언급하였지만, 명명은 존재를 규정한다. 여성에게 주어진 이러한 명명들을 통해서 볼 때, 여성의 대외적인 관계는 철저히 봉쇄되고 집안·방안에만 감금당한 채, 여성 삶의 양식으로 규정된 침묵을 지키며 주체성을 상실한 종자로서의 삶을 영위할 수밖에 없었다.

여성에게 요구되는 일차적인 덕목은 정조 이념을 무조건적으로 따르는 열烈이었다. 열녀의 본래 의미는, 죽을 때까지 한 지아비만을 섬기며 따르며 절개를 지킨 여성이다. 그래서 남편이 죽어 과부가 되면 하종下從(또는 순절殉節)하는 것을 최대 덕목으로 여겼고, 이런 여성에 대해 사대부 남성들은 앞 다퉈 열녀전을 지어 그 죽음을 칭송하고 부추긴 결과 청상의 순절이(강제적이건 자의적이건) 조선조 여성 사이에 한 풍조처럼 행해지는 기현상을 낳았다.

물론 남성에게는 이와 상대적이고 등가적인 도덕률이 존재하지 않았다. 예컨대 한 아내만을 따른다[一婦從事]는 용어는 존재한 적이 없다. 남편은 아내에게 지조를 지켜야 한다는 명분이나 의무 사항은 존재하지 않았던 것이다. 한 지아비만을 섬긴다는 여성 정조 이념 열烈에 상대할 만할 남성 덕목은 한 임금만을 섬긴다[不事二君]거나 나라에 대한 충성을 다짐하는 충忠이다. 열烈은 내부 지향적인 도덕률인 반면, 충忠은 외부 지향적인 도덕률로 내內·외外의 분별이 이처럼 관계를 지칭하는 도덕률에서도 분명하게 분리된다. 그래서 정조貞操는 남편에 대한 아녀자의 절대적인 덕목이지만, 남편에게서는 신의의 차원이건 도덕적인 차원이건을 막론하고 정조가 문제시된 적이 없었다. 여성에게는 급기야 정조 관념의 맹신을 촉구한 재가금지법까지 적용되기에 이르렀지만 남성에게는 축첩이 공공연하게 인정되었기 때문이다. 종자從者 아내는 주인主人 남편에게 철저히 종속·감금되는 반면, 주인主人 남편은 임의대로 종자從者를 부릴 수 있었다.

여하튼 열烈 이념은 아내에게 남편 이외의 외적 관계를 차단하는 역할을 충분히 수행하였다. 남편 안에 아내를 가두었으며 그 위력은 남편이 죽은 이후에도 지속되어, 수절守節로 이어지고 이내 순절하는 것이 시대적인 풍조를 이루게끔 하였다.

중국에서는 명·청 시대에 온 사회를 풍미했던 여성의 전족纏足풍속이 있었다. 특히 한족 사대부 집안 여성들과 청루가 여성들 사이에 유행하였으니 상반된 두 부류의 여성에게 동시에 유행했던 사실은 이 전족 풍속이 지닌 이율배반적 특성을 짐작 가능하게 한다. 전족 출현의 한 원인으로 추측되는 것은 송나라 성리학에서 중시한 여성 정조론 때문이었다. 어릴 적부터 발을 동여매 성장하지 못하게 하면 결국 남의 도움 없이는 걷는 것도 불편하게 되어 문밖 출입을 자연스럽게 차단할 수 있기 때문이었다. 여성에게 목숨보다도 더 중요한 것이 정조였던 까닭에 정조를 잃을 가능성을 예단하기 위한 처방으로 시작되었던 것이 전족의 시발점이었다. 정조가 목숨보다 중요하니 이를 지키기 위해 몸이 불구가 되는 정도야 충분히 감수할 만했을 것이다.

그러나 이 전족은 이후 귀족 여성들 사이에 하나의 심미표준으로 자리 잡게 되었다. 전족한 여성의 작은 발이 남성들에게는 성애적인 관심의 대상이 되어 금련金蓮(전족한 작은 발을 의미함)의 쏠림 현상으로 파급된 것이다. 전족한 작은 발이 성애적인 관심으로 부각되자 전족은 몸을 상품으로 여기는 청루가의 여성들에게도 자연스럽게 큰 호응을 불러일으켰다. 모순적이게도 정조의 기제로 등장한 전족이 여성의 심미안적 기준이 되어 성애적인 관심의 핵심이 된 것이다. 이로부터 남성들은 전족에 열광하였고 이 열광에 부응한 여성들 또한 전족의 여부가 여성의 표지로 여겨져, 명·청 시대 사회의 열광적인 풍조로 자리 잡았고 이는 중화민국 이전까지 지속되었다. 이데올로기는 결국 신앙이 되고 신앙은 절대적인 지지자 층을 형성하게 되며 이는 곧 전반적인 풍속도로 전개되면서 그 누구도 그 풍조의 물결 속에서 빠져나오는 것이 쉽지 않게 돼버리는 것이다. 이런 점에서 중국 명·청 시대의 전족 풍조와 조선조의 순절 풍조는 공히 가부장제 여성 이념이 극단에 이르러 발생한 사회적인 기현상으로 볼 수 있다.

(2) 여성 문필 금기의 실상

여성을 외부와 차단하고 주체적인 자아 표현을 규제하며 침묵을 강제한 것은 자연히 글을 가르치는 공적인 교육에서 여성을 제외하였고 그 결과 여성에게는 주체적인 생각을 피력할 수 있는 글쓰기가 금기시 되었다.

> 여자라는 존재는 오로지 주식酒食을 의논하고, 물 긷고 절구질하는 일을 하면 그만이지 글을 알아서 무엇하며, 만약 여자가 글을 알면 도리어 규범閨範에 누를 끼칠 우려가 있다.[20]

---

20 이능화, 앞의 책, p.132.

이능화의 표현처럼 이는 여성 교육에 대한 조선조의 일반적 관점이었다. 이규경李圭景이 이러한 상황을 〈여교변증설女教辯證說〉에서 더 구체적으로 말하고 있다.

> …사물四勿을 닦고, 삼종三從을 밝힌다. 시집가지 않은 것을 일컬어 처녀[室女]라 하니 다만 부모에게 효도하고 형제에게 우애할 뿐이다. 시집가는 것을 일컬어 하늘을 옮긴다[移天] 하니 오직 시부모를 공경하며 섬길 것이요 지아비를 받들어 따를 것이다. 사덕四德이 드러나면 부녀자들이 숭상할 것이요, 칠악七惡을 모두 갖추면 향당鄉黨이 그를 버리고 존장尊丈이 날마다 눈살을 찌푸릴 것이고 가군家君은 종신토록 반목하리니 이는 집안이 망하는 것이다. 어찌 맛있는 음식으로 봉양할 수 있을 것이며 제사를 도울 수 있겠는가.[21]

여성 교육으로 거론된 것들은, 집안일을 익히고 여성으로서 금기해야 할 기본 법도를 지켜야 한다는 주문들 뿐이다. 즉 남성의 필요에 따라 여성을 통제할 수 있도록 마련된 기제들을 주입시켰을 뿐이다.

사물四勿은 본디 공자가 제자인 안회顏回에게 하면 안 된다고 가르친, '예가 아니면, 보지 말며(非禮勿視) 듣지 말며(勿聽) 말하지 말며(勿

21 修其四勿 明其三從 而在家曰室女 但孝於父母 友于兄弟 出家曰移天 惟敬事舅姑 承順夫子 四德既著 閨壼宗之 七惡咸備 鄉黨棄之 尊丈惟日蹙頞 家君終身反目 則是爲惟家之索 何以奉甘旨之養 助籩豆之供哉...: 이능화, 앞의 책, pp.169 – 170.

言) 움직이지 말라(勿動)'는 네 가지 금지 사항이다. 공자가 안회에게 말했을 당시의 그것은 군자로서의 올바른 처신에 필요한 덕목이었지만, 집안의 부녀자에게 적용될 때는 한 마디의 말 하나의 행동도 견제하는 족쇄로 작용하기에 충분하니, 비유적으로 말하자면 아예 보지 못하는 장님처럼 듣지 못하는 귀머거리처럼 말 못하는 벙어리처럼 행동 불편한 장애자처럼 자복하고 살라는 것을 의미할 것이다.

삼종三從은 앞서 살폈듯이 주체적 자아가 될 수 없는 종자從者로서의 여성 입지를 못박아둔 것이다. 주인은 어떤 경우에도 남성이어야 하며 여성은 시집가기 전에도, 시집가서도, 남편이 죽어도 집 안의 남성에게 지배받도록 남성에게 무조건 자복하도록 명한 것이다. 여성은 어떤 상황에서도 남성을 추월하거나 능가해서는 안 된다는 지상명령과 같은 지침이다.

사덕四德은 여자가 갖추어야 할 네 가지 덕목, 곧 부덕婦德·부언婦言·부공婦功·부용婦容이다. 여성에게 가르침의 구체적인 항목으로 지적되는 것은 바로 이 사덕이었다. 부덕婦德은 부녀자로서 지켜야 할 도리를, 부언婦言은 여자로서의 말씨를, 부용婦容은 여자로서 지녀야 할 몸 맵시를 문제 삼은 것이다. 말씨 몸 맵시까지도 통제 대상이었다. 부공婦功은 집안에서 부녀자가 하는 일의 솜씨를 문제 삼은 것이다. 부공婦功은 바로 앞서 언급한 술과 음식의 마련[主食是議], 물 긷고 절구질하는 잡일[井臼] 및 바느질하는 일들이다. 부녀자는 남편과 시부모에게 순종하고 집안일 잘하여 가족 봉양하고 자식 생산하는 것만을 잘 하면 그만이었다. 오히려 이 이외의 다른 일에 관심을 가지거나 남다른 지적 재능이 있으면, 부녀자로서의 주어진 일에 폐해가 된다고 여겼다. 그러니 여자를 교육시켜 인간 존재를 규정한 불평등한 관계망에 대해서 불만을 가지게 할 일들은 애초 차단시켜야 했으니 여성 교육이란 있을 수 없는 일이었다.

조선시대에 일반 여성이 문자를 교육받는다는 것은 몽상夢想으로도 불가능했다[22]고 전해진다. 사대부 학자 집안의 규수 가운데, 예를 들면 신사임당申師任堂, 허난설헌許蘭雪軒, 유몽인의 누이, 윤광연尹光演의 부인 등과 같이 뛰어난 지적 능력을 가지고 있어 높은 수준의 창작을 했던 사대부 집안 여성들이 있었지만, 이들은 모두 재기가 남달라 형제들이 공부할 적에 어깨너머로 견학한 것이었지 직접 교육을 받은 것은 아니었다.[23] 학습 받아 공식적으로 길러진 여성 학자란 꿈도 꿀 수 없는 존재였다.

그래도 이른 바 부덕에 도움이 되는 독서는 권유의 대상일 수 있었지만, 문필은 한층 심한 금기 대상이었다. 그러한 사정은 이덕무李德懋와 주문위周文煒의 다음과 같은 논변을 통해서 충분히 인지할 수 있다.

> 부녀자는 마땅히 서사書史 논어論語 모시毛詩 소학서小學書 여사서女四書를 대략 읽어 그 뜻을 알고, 백가百家의 성姓, 선대의 족보, 역대의 나라 이름, 성현들의 이름자를 알면 그만이지 쓸데없이 시사詩詞를 지어 외간에 전파하는 것은 옳지 않다.[24]

---

22 至於一般女子之教育 乃其夢想所不及(이능화, 『조선여속고』, p.134).

23 이능화, 위의 책.

24 婦人當略讀書史 論語毛詩 小學書 女四書 通其意 識百家姓 先世譜系 歷代國號 聖賢名字而已 不可浪作詩詞 傳播於外間: 李德懋, 「婦儀」, 『朝鮮女俗考』, p.132 재인용.

'서사·논어·모시·소학서·여사서를 대략 읽는다'는 것은 생활 예절에 관한 교양적인 독서 수준을 넘지 않을 것을 의미한다. 특히 여사서는 남존여비와 삼종, 사덕의 봉건 윤리를 선양한 책으로 영조 조에는 언해가 되어 읽힐 정도로 여성 수신의 중요한 지침서였다. 집안에서 남편과 부모를 섬기고 자식을 양육하며 가정을 위해 가사를 돌보는 것, 가족을 위해 자신을 헌신하는 것이 그들 삶의 모든 것이었으니, 허여된 것 이외의 습득이나 자아 표현은 금물이었다. 시사詩詞와 같은 문필은 허용된 범위를 벗어나 자아의 표현을 수반하는 영역이며, 그 표현이 사회성을 띠게 되면 여성을 더 이상 한 집안 한 남성에만 묶어둘 수 없는 결과를 낳는다. 그러니 시사 짓는 것이 여성에게 허용되어서는 안 되는 것이었다. 주문위는 여성의 문필에 대해서 더욱 적극적으로 매도하였다.

> 재주가 없다고 칭해질지언정 덕이 없다고 칭해져서는 안 된다. 세가世家와 대족大族의 한두 편 시사詩詞가 불행히도 유전된다면 틀림없이 불제자佛弟子 뒤에 창기娼妓 앞에 반열班列될 것이니 어찌 수치스럽지 않을 수 있겠는가.[25]

여성 시인 허난설헌이 오랜 동안 사대부들이 비난하는 대상이 되었던 것은 '재승덕才勝德' 때문이었다. 공식적으로 교육을 받을 수 없는 여성이 글을 지을 수 있는 것은, 그것도 뛰어난 작품을 지을 수 있는 것은 비상한 재주의 소유자 아니면 불가능한 일이었다. 재주가

---

25 이능화, 조선여속고(p.134), 재인용.

뛰어났기 때문에 여성으로서 갖추어야 할 여필종부의 덕을 위배했다고 여긴 것이다.

여성이 지은 글이 외부로 유출되어 전해진다면 그 여성은 불제자 뒤 창기 앞 반열에 세워질 만큼 수치스러운 일이었으니 허난설헌에 대한 사대부들의 비난은 오히려 지당한 것이었다. 바꾸어 말하면 여성의 경우 개인적인 글을 외부로 유출하는 것은 불교도 같이 천한 자도 하지 않을 짓이요, 천하기가 한 단계 더 심한 창기나 할 수 있는 일이니, 바로 그 앞 반열에 서는 것이 마땅하다고 여성이 글 짓는 행위를 독하게 매도한 것이다. 바꾸어 말하면 기녀는 글을 지어 사대부와 수작하는 것이 구애받지 않은 존재이니 여성이 글을 지어 외부에 드러내는 것은 곧 기녀나 다름없다는 논리로 귀결된다. 이러한 주문위의 발언을 두고, 이능화는 조선조 양반들이 여자 교육에 대하여 지녔던 사상을 대표한 말이라고 평했다. 내면적 정신생활의 외면적 표출은 주체적 자아를 주장하는 것이기에 주체를 상실한 종자이어야 할 여성이 절대 해서는 안 되는 일이었다.

다만 기녀가 예외적이었던 것은 대 남성적·사회적 관계가 허여된 유일한 여성 존재이기 때문이다. 기녀는 가부장제 사회에서 그 주역인 사대부 남성들이 내방의 성 생활만으로는 만족하지 못하고, 연회宴會에 동원하여 가무를 담당시킨다는 공적 명분을 부여해 외부에 장치해놓고 즐기는 성적 대상물이었다. 그래서 기녀에게는 내면적 정신세계의 표출이 그다지 금기되지 않았고, 사대부 남성들은 그들을 상대로 정서적으로 교감하고 수작하는 것을 오히려 고급한 유희로 여겼다. 문필 재능이 있는 기녀들은 지적인 유희의 욕망을 더욱 충족시켜줄 수 있기에 사대부 남성들이 더 접촉하고 싶어 하는 대상이었다. 기녀는 이처럼 '정상적 여성'의 범주에서 벗어난 주변 여성이었기 때문에 오히려 주변적 존재로서의 한계를 벗고 중심 가까이 설 수 있는 존재였다. 그래서 조선조 여성문학은 기녀가 그 중심을 이루고 있으니 이는 조선조 가부장제 사회의 특수한 문단 현상이었다.

황진이가 조선조 규방 여성으로 존재할 수 있었을까. 일반 사대부가의 여성처럼 규방 안에 가둬두고 살게 했다면 그녀는 질식하고 말았을 것이다. 반대로 만약 사대부 집안 여성 가운데 글을 읽고 쓰는 것에 대한 욕망이 강한 여성이 존재했다면 그는 집안의 구속과 글에 대한 욕망 사이의 알력 때문에 결국 파탄에 이를 수밖에 없었을 것이다. 『이조한문단편선李朝漢文短篇選』에서 소개한 〈매헌梅軒〉[26]이 그러한 실상을 잘 보여준다. 그 전문을 소개한다.

> 사인士人 한생韓生의 아내 이씨는 과부의 집안에서 생장하였는데, 제형들의 책 읽는 소리를 익히 들어 그것을 기억하고 외워 잊어버리지 않았다. 그래서 문장이 점점 이루어져 그가 말을 내면 모든 사람들이 놀랐다. 시집간 뒤에도 영화에는 전혀 뜻을 두지 않고 방안에만 조용하게 거처하면서 길쌈과 바느질은 마치 남 일 보듯 하였다.
>
> 이 때 중인 처녀 조소사趙召史로 이름은 옥잠玉簪이요 자는 현포玄圃인 자가 이씨의 명성을 전해 듣고 걸어와 방문하였는데, 그들은 처음 만난 사이임에도 불구하고 마치 오래 사귄 벗 같이 가까워졌다. 그들이 문답한 바는 사물의 이치에 관통

26 이우성·임형택, 『이조한문단편선』 중.

한 것이었고 경서와 역사에 관한 논리는 명확했다. 그래서 말세의 남자들은 그들이 거처하고 있는 규방의 경계 안을 감히 엿볼 수도 들어올 수도 없었다.

이씨가 조소사에게 화답한 시는 다음과 같다.

쌍 해오라기는 무슨 마음으로 날다 다시 내려앉으며, 조각 구름은 자취도 없이 갔다 왔다 하도다.

옥잠이 말하였다.

"낭자의 시의詩意는 맑고 아름답지만 유원한 기상이 없으니, 슬며시 우려됩니다."

얼마 안 있어 이씨는 낙태하여 죽었다. 조소사는 영연靈筵에서 통곡하며 글을 지어 제를 지내고, 돌아가는 길에 시를 읊었다.

새 누에 물거품 내는 날 늦은 목욕하고,
옛 제비 알 떨어트렸을 때 공연히 돌아오도다

옥잠은 그 이후로 세상에 전혀 뜻이 없어 꽃피는 아침 달 밝은 저녁이면 흐느껴 울거나 탄식하며 말했다.

"이매헌의 아름다운 모습 지혜로운 말을 다시는 볼 수도 들을 수도 없으니 살아있는 것이 오히려 슬픔이다."

곡기를 끊은 채 먹지 않아 병이 깊어져 죽었다.

이씨의 호는 매헌梅軒이다. 사고私稿가 수백 편이었는데 모두 다 완상할 만한 수작이었다. 그런데도 시댁에서는 굳게 숨기고 말하지 않았고, 친정집에서도 깊이 감추어 두고 전하지 않아 세상에서 인멸되고 말았으니 애석하도다.

여성에게 주어진 사회적 규정을 받아들이지 못하고서 독서하고 글 쓰는 일을 고집하는 재주 있는 여성이 가부장제 사회 조선에서 겪을 수밖에 없었던 비극적인 삶을 단적으로 보여준 이야기이다.

과부 집에서 생장하였다는 것은 생장 과정의 결핍을 의미한다. 부친이 부재한 집안에서 제대로 가정교육을 받지 못한 것이 아니냐는 '일반적인' 의심을 가지게 하는 대목이다. 제형들의 책 읽는 소리가 무심한 자에게는 그저 글 읽는 '소리'로 그쳤겠지만 지적 호기심이 많고 강한 매헌에게는 그 모든 것이 지식을 습득하는 자원이 되었다. 그래서 듣는 족족 외어 잊지 않았으며 그것이 쌓여 문장 능력을 이루는 결정적 원인이 되었고, 그 수준은 워낙 탁월해 그의 말을 듣는 사람들을 놀라게 했던 것이다. 나면서부터 뛰어난 지적인 자질을 가진 데다 글 읽기와 글쓰기에 남다른 관심과 욕망을 가진 여성이었음을 알 수 있다.

그런데 문제는 피할 수 없는 결혼이었다. 그녀가 만약 과부가 아닌 엄친지하에서 자랐다면 성장과정에서 일찍부터 지적 욕망이 제재를 받았을 가능성이 크다. 결혼 전이야 그녀의 글 읽기와 글쓰기에 대한 관심과 욕망이 별 문제의식 없이 허용될 수 있었겠지만, 결혼 후에도 지속하는 것은 현실적으로 불가능했다.

시집가면 환경이 바뀔 뿐만 아니라 남편 집안의 사람이 되어야 한다. 소속이 바뀌고 의지하고 따라야 하는 남성도 바뀐다. 시댁의 규범대로 맞추어 삶이 재구성된다. 그런데 그녀는 시집간 뒤에도 '영화榮華에는 뜻이 없고 방에 조용히 거처하면서 길쌈과 바느질은 남일 보듯 했다'. 시집간 여성이 누릴 수 있는 영화는 무엇일까? 시부에게 효도하고 남편을 따르고 아이를 낳아 잘 기르는 것과 남편이 입신양명이라도 한다면 그 여복餘福을 같이 누리는 것이다. 효도하고 현모양처가 되는 것 이상의 영화가 여성에게는 있을 수 없었다. 여성에게 주어진, 바느질하고 음식 장만하는 여공女工은 여성으로서는 피할 수 없는 본분이었다. 그런데 매헌은 그러한 기본적인 책무조차 방기했다. 방안에 조용히 거처하면서 한 일은 무엇일까? 독서와 글쓰기였다. 그러면서 조성되었을 시댁과의 저간의 갈등은 구체적으로 언급되어 있지는 않지만, 매헌은 며느리로서의 직임을 조용히 그러나 강하게 거부했을 것으로 추측된다. 한마디로 부녀자로서의 본분을 유기한 것이다.

매헌은 이미 가부장제적인 세계의 틀과 규각圭角을 드러낼 수밖에 없었다. 그리하여 모든 주변 일에 무심한 채 방에 틀어박혀 자신의 취미에 몰두하다, 그의 명성을 듣고 찾아온 지음인 조소사와의 만남으로 그들만의 세계가 당분간 조성될 수 있었다. 말세의 남성들이 감히 엿보거나 들어설 수 없었다는 것은 규범적 세계와의 단절을 의미한다. 그러나 거대한 규범적 세계 안에서의 그들만의 세계 지속이란 불가능한 일이었고 파탄에 이르리라는 것은 불 보듯 뻔한 노릇이었다. 조소사에게 화답한 이씨의 시 구절은, 자신의 비상 욕망은 오래 지속될 수 없고 세상에 흔적조차 남길 수 없는 뜬구름의 허망한 배회와 같을 뿐이라는, 가부장제 사회에서 봉착할 수밖에 없는 자신의 운명에 대한 시참詩讖이었다.

낙태로 인한 죽음은 출산 의무에 대한 거부를 상징한다. 가부장제 사회에서 여성에게 과한 '가사와 출산'이라는 두 가지 '신성한 의무'를 이씨는 모두 거부한 것이다. 자신의 내면에서 요구하는 대로 살고자 했고 철옹성 같은 규범의 벽에 부딪히자 스스로 외부와 차단한 채 자신의 내면으로만 침잠하여, 그 안에서 시문으로 자신을 표출하다, 외적 압력에 의해 질식당하고 만 것이다. 사고私稿가 수백 편이었다는 것은 외부세계와 스스로 차단한 그들만의 세계 속에서 왕성하게 창작했다는 것을 입증한다. 이씨가 죽은 후 남긴 수작의 풍부한 유작들을 처리한 시댁과 친정의 태도는 사대부 남성들의 여성관을 그대로 보여준다. 이씨가 남긴 유작들은, 여성에게 주어진 규범적 삶을 거부한 그래서 가부장제 조선 사회에서는 용납될 수 없는, 이씨의 분신이었다.

이처럼 가부장제 사회 특히 양반 집안에서, 주체적 자아를 표현하기 마련인 문필은 아녀자에게 용납될 수 없는 것이었고, 문필 욕구·자아 성취 욕구를 강렬하게 지닌 여성들은 스스로 차단되어 고사할 수밖에 없었다. 이는 조선조 사회의 주변 여성 기녀가 남성 사회의 가운데 들어가서 여성 특유의 문학을 형성할 수 있었던 것과는 대조적이다.

혹 기녀 작가 이외의 여성 작가군이 조선조에 엄연히 존재했다는 사실을 들어 앞의 주장을 반박할 수도 있다. 우선 조선조 중기에는 작가로서의 존재를 결코 무시할 수 없는 사대부 집안의 여성 허난설헌許蘭雪軒이 존재했다. 그러나 그녀도 그녀의 문필 때문에 '재승덕才勝德'이라는 비난의 꼬리표를 조선조 후기까지 달고 다녀야 했으며, 그녀의 시집출간도 중국으로까지 그녀의 글을 가져가 편찬했던 오라비 허균이 있었기에 가능했던 일이다. 사실 현전하는 그녀의 작품도 극히 일부일 뿐이라는 것을 짐작할 수 있다. 허난설헌은 27세의 젊은 나이로 요절하였고, 그녀의 작품은 본인의 유언으로 전부 소각되었는데, 일부가 친정에 보관되어 있다가 허균이 명나라 사신에게 주어 중국에서 간행되기 때문이다.[27] 요절, 소각 유언, 중국에서의 문집 간행 등은 조선조 여성 이데올로기가 요구하는 여성 삶을 살지 못하고 시적 열정으로 자멸할 수밖에 없었던 조선조 여성 시인의 비극을 대변하는 것이며, 그런 점에서 매헌과 유사하다.

그 이외에 서영수각徐令壽閣, 강정일당姜靜一堂 김삼의당金三宜堂 등[28]과 같이 조선조 말기 사대부 집안 여성들의 한시 작품집이 현재 전하고 있다. 그러나 우선 사대부 남성들의 문집이 전하는 것과 견주어 본다면, 그 존재는 구우일모九牛一毛라 해도 과장이 아닐 정도여서 존재한다는 명색이 무안할 정도이다. 또 허난설헌을 제외하면 이들은 사회적 기강이 해체되어가던 조선조 말기 고종·순조 때 재세했던 인물들이다. 각자의 여성 문인들에 대해서는 그 시대 상황에 비추어 심층적인 연구가 필요하지만, 일차적으로 이들은 조선조 여성 이데올로기의 범주를 의도적으로 벗어난 적 없이 일단 현모양처·효부로서의 삶에 충실했던 인물들이다. 남긴 시편들의 내용도 남편과 자식에 관한 가족의 범주 안에 머물러 있어, 시작詩作도 오히려 부녀자로서의 도리를 실천한 한 방편이었던 것으로 여겨진다. 출판도 그들 사후 오랜 세월이 지난 뒤 후손들에 의해서 수습되어 간행되기도 하

27 이혜순·정하영 역편, 『한국 고전 여성 문학의 세계』, 이화여자대학교출판부, 1998.

28 이혜순·정하영 역편, 위의 책 참고.

였다. 그래서 이들의 글쓰기는 여성 문필 금기시와는 저촉되지 않는 환경 속에서 태어난 친 가부장제적인 문필로 볼 수 있다.

3장

탈이념적인 여성담들의 실상

야담집에는 신분제의 동요·화폐경제의 발달·민중 의식의 성장 등으로 변모하기 시작하는 조선조 후기의 역사현상을 반영한 소설적 이야기들[1]이 많이 실려 있다. 치부담致富談, 추노담推奴談, 몰락 양반과 부유한 중인 간의 신분적 갈등담, 남녀 간의 애정 갈등담, 군도群盜 형태의 민중 저항담 부류가 그 구체적 사례로,[2] 윤리보다는 물질적 풍요의 중시, 이데올로기와는 배치되는 인간의 존재에 대한 인본주의적 각성, 기존의 신분 질서에 대한 저항 의식 등 조선 후기에 일기 시작한 기존 질서에 반동하는 기운이 작용하여 생긴 이야기들이다. 이러한 부류의 이야기들과 보조를 같이하여 가부장제 여성 이념을 위반하는 여성담들이 존재한다.

그런데 철저하게 가부장제적인 유가 사회 조선은 여성 인권·여성 주

---

1 이들 이야기들은 임형택에 의하여 한문단편(漢文短篇)으로 명명됨.

2 임형택, 「한문단편 형성 과정에서의 강담사(講談師)」, 『創作과 비평』 133권 3호, 1978.
조동일, 「조선후기 소설사의 전개」, 『고전소설연구의 방향』.
김석배, 「추노계(推奴系) 한문단편 연구」, 『문화와 융합』7집, 문학과 언어연구회, 1986, p.28.
이명학, 「한문단편작가의 연구」, 『이조후기한문학의 재조명』, p.262.

체에 대해서는 유독 인색했다. 그 누구도 남녀 성차별에 대해 드러내서 반기를 들거나 그 부당성을 말한 사실이 없다. 서얼금고법의 부당성에 대해서는 허균이 〈유재론遺才論〉에서 적서를 차별하는 조선조 사회를 '하늘이 준 인재를 저버리는 것은 역천逆天'이니 길할 수 있겠느냐며 과격하게 일갈했으며 같은 문제의식하에서 〈홍길동전〉이 나왔지만 그와 짝하는 것으로 볼 수 있는 여성의 재가 금지나 양반 남성의 축첩 현상은 문제 삼지 않았다. 허균의 〈홍길동전〉에서도 길동 부친은 적어도 세 명 이상의 여성을 소유하고 있었지만 그것에 대한 비판 의식은 아예 없다. 홍길동이 서자로 태어난 것이 유씨 부인의 지식 없음으로 매도되고, 시비 춘섬을 범하는 것이 길몽을 실현하기 위한 당위성으로 무마되며, 춘섬이 홍길동을 낳기 이전까지 총애를 받던 기생 출신의 초란은 질투에 눈이 먼 악녀로만 형상될 뿐이다. 홍길동이 후에 두 아내를 거느리고 사는 것도 마찬가지이다. 남-남 사이의 평등은 이야기 되었지만 남 - 여 사이의 평등이 거론된 적은 없었다.

때문에 주체적인 삶을 찾기 위한 선진적인 여성들의 삶은 높은 사회적인 장벽으로 인해 굴절屈折될 수밖에 없었다. 이러한 굴절 현상이 여성 이데올로기에 반하는 여성담이 성립된 실질적 계기로서 이야기의 유형과 특색을 결정하며 사회사적인 해석을 가능케 하는 단서이기도 하다. 본 장에서는 여성 수절 이데올로기를 위반한 여성 재가담과 종자로서의 신분 규정을 위반한 주체적인 여성의 신분상승담을 대상으로 이들 이야기 속에 내재된 조선조 여성 삶의 진상과 원망怨望과 고통을 다시 들여다보고자 한다.

1 재가담 유형과 그 의미

1) 재가 금지의 모순을 투영한 열녀담과 재가담

조선조에는 양반가 여성에게 적용되는 재가 금지라는 법제가 있었다. 이는 허균이 고금을 막론하고 어디에도 존재한 적 없는 역천逆天하는 악법이라고 맹렬하게 비난했던 서얼금고법과 맞물린다. 역사적으로 재가금지의 논의가 일기 시작한 것은 고려말 공양왕恭讓王 원년으로, 도당都堂이 계啓[3]를 올려 재가금지를 공론화한데서부터 시작되었다. 그러나 재가 금지 대상의 범주가 극히 제한적이었을 뿐만 아니라 금지를 위반하는 경우 '실절失節'이라는 도덕률적인 문책에 머물렀지 실질적인 법적 불이익이 가해진 것은 아니었다.

그러나 조선조에 이르러서는 벼슬이 한정되어 있는데 벼슬자리에 오를 수 있는 양반의 비율이 많은 것을 정치적으로 해결해야 하는 상황에서 서얼금고법을 제정하게 되었고 이에 따라 양반가 여성의 재가 금지법이 제정된 것이었다. 더구나 이 법제를 지지하는 이념은 '굶어죽는 것은 지극히 사소하지만[餓死事極小] 정절을 잃는 것은 지극히 중대하다[失節事極大]'는 송나라 정이程頤의 정조론이었다. 정주학(성리학)이 당대 정치 이데올로기를 지배함에 따라 정이의 여성 이데올로기 정조론은 더 빛을 발할 수 있었다. 그래서 태종太宗 때 이

---

3 散騎以上妻 爲命婦者 毋使再嫁 判事以上至六品者 夫亡三年 不許再嫁 違者坐以失節 散騎以上妾 及六品以上妻妾 自願守節者 旌表門閭(이능화, 앞의 책).

미 '개가자손改嫁子孫 물서현직勿敍顯職'이라는 가혹한 법이 이루어지더니, 성종 때에 이르러서는 자손子孫 앞에 '세세世世'를 부가하여 한층 더 가혹한 금고법禁錮法으로 굳어지게 되었다.[4]

『삼국사기三國史記』, 『삼국유사三國遺事』 및 『수이전殊異傳』에 실린 설화들에는 남녀 사이의 애정을 다룬 이야기가 많은데 그 애정을 지배하는 것은 열정이며 열정을 방해하는 이데올로기의 개입은 상식적인 수준일 뿐이다. 성리학적인 정조론이 여성의 지배이데올로기로 부상하여 만연하기 이전에는 남녀 간의 사랑은 그들 사이의 열정이 교감 원인의 전부일 수도 있었고 그래서 야합野合[5]도 가능했다.

그러나 '재가한 여자의 자손에게는 자손대대로 현직을 주지 않는다'는 『경국대전』의 명문화로 말미암아, 가문의 영광을 목숨보다 더 중요하게 여기는 사대부 남성들이 실질적으로 앞장서 여성의 재가를 막는 현상을 불러올 수밖에 없었다. 이런 상황을 설명한 이능화李能和의 말을 들어보자.

> 이조 초에 특별히 법전을 세워 개가한 사람의 자손은 정직正職에 임명하지 못하도록 했다. 이 때문에 양반 집안 과부들이 모두 정절을 지킨 것은 본심이 아니라 강제였다. … 양반 집안에서 과부가 재가하면 벼슬에 오르는 길이 영영 끊어져 문벌로서의 명성을 보전하기 어려웠다. 그러므로 비록 과부 당

---

4 이상의 내용은 이능화의 『조선여속고』를 참고하여 인용함.

5 〈최치원전설〉, 〈조신전〉, 〈김현감호설화〉 등을 그 예로 제시할 수 있다. 이들 작품의 관건은 남녀 간의 사랑인데, 이들의 만남에서 열정을 방해하는 정조론은 개입하지 않는다. 김시습의 〈만복사저포기〉, 〈이생규장전〉의 경우도 마찬가지이다.

> 사자가 수절을 원하지 않아도 그 부모 형제 되는 자들이 그녀를 강제하여 수절하게 하였다. … 족당이 감시하고 비복들이 에워싸고 지키니 비록 재가하고자 하여도 스스로를 중매할 수 없어 붕성崩城의 슬픔을 견뎌야 했고 원한은 하늘을 뚫을 만했다.[6]

출가한 여성이 일찍 남편을 잃고 과부가 되면 그 여성 집안에서는 여성을 수절하도록 강제하고 감시하는 것이 급선무가 되었다. 그래서 온갖 방법을 동원해 집안의 딸을 혹은 며느리를 열녀로 만드는 계획에 동참해야만 했다. 그 과정에서 열녀가 되는 여성은 칭송의 대상이 되었다. 여성에게 수절은 지상 과제가 되었고 여성이 누군가의 칭송을 받을 수 있는 길은 열녀가 되어 그 집안에 정려문을 세워주는 것이었다. 그러려면 수절에 그쳐서는 안 되고 순절殉節하는 것이 필요했다. 상황이 이 지경에 이르자 죽음을 강요당한 강제적인 순절녀[7]가 나오게 된 것은 당연지사였다. 죽어야 열녀가 될 수 있었고 열녀가 되도록 온갖 방법을 동원했고 마침내는 사회적인 풍조를 이루었다. 그래서 급기야는 천민 여성들도 열녀를 동경하게 되어 너도나도 열녀가 되었다. 청상과부의 수절·순절은 여성에게 주어지는

---

6 李朝初 特立法典 改嫁子孫 勿敍顯職 以是之故 兩班寡婦 皆守貞節 非本心而乃强制也 … 兩班之家 寡婦再嫁 則仕宦之路永絶 門閥之名難保 故雖寡婦其人 不願守節 而爲其父母兄弟者 强之使守... 族黨監視之 婢僕環守之 雖欲從人 無有自媒 悲堪崩城 怨可徹天.

7 구체적 예로, 그 출처를 밝힐 수는 없지만, 현전하는 고문서古文書 중에는 한 집안에서 시어머니, 며느리, 계집종이 연이어 순절하고, 그 지역의 태수가 그 세 여성을 입전한 열녀전을 지은 사실을 확인할 수 있었다.

최대의 찬사가 되었고 하나의 이념이 되어 수절하는 사회적 분위기를 진작했으니, 조선조를 몽땅 지배한 여성 이데올로기로 자리 잡았다. 이러한 수절 풍조를 바라본 조선조 사대부 남성 이익李瀷의 찬사를 들어보자.

> 우리 동방의 아름다운 풍속에는 중국도 그에 미치지 못할 것이 있으니, 그것은 천한 신분의 사람들도 능히 수절하여 개가하지 않은 것이다. 이 풍속은 나라 법에 개가한 자의 자손은 청로淸路를 허락하지 않는다는 데서 말미암았다. 군자의 덕은 바람이요, 소인의 덕은 풀이니, 바람이 지나면 풀이 스러지듯이 온 나라가 따라 함께 풍속을 이루었다. 저 마을의 천민들은 애초부터 자손들이 청반淸班에 오를 희망이 없는데도 왕왕 종이나 하우下愚 조차도 욕정을 금하고 정조를 지켜야 한다는 것을 아니 교화敎化가 심원深遠하게 스몄음을 이에서 알 수 있다.[8]

이익은 동방에 만연한 수절 풍조를 선진국 중국까지도 능가하는 아름다운 풍속이라며 자부심에 가득 차 극찬하고 있다. 그리고 이 수절 풍조의 전파가 개가한 자손에게는 정직에 나가는 것을 허락하지 않았던 양반가 여성의 재가 금지법에서 연유한 사실도 분명하게

---

8 我東國美俗 有中華所不及者 乃賤人能守節不再嫁 此由於國法 改嫁子孫 不許淸路故也 君子之德風也 小人之德草也 風尙草偃 一國靡然同俗 彼閭里氓 初無望於子孫淸班 而往往臧獲愚下 亦知禁慾守貞 敎化之入人深遠 此可見矣(이익, 『성호새설(星湖僿說』).

밝히고 있으며, 더 나아가 바람 같은 군자의 덕에 쏠리는 풀 같은 소인의 감화, 즉 공자가 말한 군자의 덕치가 야기한 효과로 비견하였다. 그야말로 조선을 휩쓴 수절풍조를 조선왕조가 이룩한 최고 경지의 문화적 수준임을 자부하고 극찬한 것이다.

중국에서는 송나라 정자가 정조론을 말하였고 그것이 여성의 정조 이데올로기를 진작시켜 열녀를 양산한 원인이 되었지만 이를 이념으로 하여 법제로까지 제정한 적은 없었으니 여성의 재가는 실제적으로 개방되어 있었다. 그러나 우리 조선에서는 양반가 여성의 재가 금지법을 제정하면서 그 법을 지지하는 이념을 정자의 정조론으로 지지했던 것이며, 이 법제와는 무관한 천민조차도 '목숨보다 중요한' 수절 이데올로기의 덫에 걸린 것이다. 이익은 천민조차도 동참의 대열에 낀 이 같은 사회적 열녀 풍조를 심원한 교화의 덕이라고 찬양하고 있지만 관직과는 거리가 먼 중인, 상인, 천민들이 여성의 수절이데올로기가 극성하고 있는 사회적 분위기에 휩쓸려 행한 극단적 수절은 사실상 강제 아니면 세뇌로 말미암은 이데올로기의 맹목적 신앙(혹은 부화뇌동)의 결과일 것이다. 인간의 이성적인 판단에 의거한 것이 아니라 비이성적인 조류에 모두가 쓸려갔다고 표현하는 것이 오히려 옳다. 그러므로 이긍익李肯翊은 재가 금지의 법제화로 조성된 기이한 사회적 부작용을 무척 불안하게 인식하였다.

> 우리 동방의 사족들이 재가할 수 없는 것은 본래 정해진 법이 아니었다. 시초에 개가한 여자의 자식들은 비록 명문거족이라 할지라도 청현직淸顯職에 오르는 것을 허가하지 않자 사부가士夫家에서는 마침내 재가녀에게 장가들지 않고 딸이 있

> 는 집에서도 지위가 낮은 집안에는 시집가지 않아 그것이 점차 풍속을 이루었다. 그러자 지금은 저절로 엄한 법제가 되어버려 다만 폐백만 받고 전안례奠鴈禮를 올리지 않았는데도 사위될 자가 갑작스럽게 죽는 사례가 있으며 혹은 나이가 어려 합근례合巹禮만 치루고 난 뒤 침상을 같이 함에 이르지 않아 죽는 자도 비일비재하여, 나이 겨우 14, 15세에 과부 된 자들이 이루 헤아릴 수 없이 많아 원통함이 맺히고 조화를 상하게 함이 지극하다.[9]

원래는 정법이 아니었던 재가 금지법이 국초에 시행되어 개가한 여자의 자식들은 비록 명문거족이라 할지라도 벼슬에 오르는 것을 허가하지 않자 선비집안에서는 마침내 재가 여성에게 장가들지 않게 되었는데 딸이 있는 집에서도 지위가 낮은 남자에게는 시집가지 않아 점차 풍조가 되고 엄한 법제가 되어갔다는 분석이다. 위에서 언급한 바처럼 혼담이 오가 약혼만 한 상태이거나 집안 간에 이루어지는 혼사에서 나이가 너무 어려 합근례만 치르고 부부관계를 맺은 적이 없는데도 미래의 신랑감이 불의의 사고나 병으로 죽게 되면 과부로 종신하거나 여의치 않을 경우 순절이라는 명목으로 자결해야 했던 것이다. 그런 결과 14－15세의 나이에 과부로 낙인찍혀 원통한 세월을 살 수밖에 없는 수많은 청상들의 존재가 사회적인 풍조를 이

9 我東士族婦人之不得改嫁 本非定法 其始也 改嫁女之子 雖名門巨閥 不許淸顯 士夫家遂不肯娶之 有女家 亦不肯嫁與鄙人 漸成風俗 今則自爲法制之嚴者 或只受幣 未及奠雁 而壻有暴亡者 或年幼 只合行巹 未及同牀而死者比比 而年纔十四五爲孀者 不可勝數 結寃傷和極矣(이능화, 위의 책 재인용).

룬 데 대해 우려하는 마음을 표명한 것이다.

이긍익이 나이 어린 청상들이 순절하는 부자연스럽고 억울한 사회적 풍조를 드러내놓고 문제 삼았다면, 박지원은 그가 소설적으로 쓴 〈열녀함양박씨전烈女咸陽朴氏傳〉에서 재가금지가 순절 풍조로 비화한 내력을 문학적 전략을 사용하여 무척 세밀하고 심도 있게 다루었다.[10] 열녀를 입전한 열녀전에서 순절이라는 사회적 풍조를 문제 삼은 역설적인 작품이다. 이처럼 정이천의 정조론이 이념을 제공하여 제정된 재가 금지법으로 인해 수많은 여성들은 죽음의 열녀 행렬에 강제적으로든 자의적으로든 참여하였고, 그 열녀들을 사회적으로 칭송하는 열녀담들이 수없이 많이 나오게 되었지만 이와는 반대로 다양한 재가담들도 출현하였다. 열녀담의 대척점에 정조론을 위배한 재가담이 있는 것이다.

남성에게는 무제한적으로 성적 방일을 허용하면서도 여성에게는 왜 수절은 목숨을 지키는 것보다 더 중요한 문제라고 가르쳐야 했을까. 성적 방일을 목적으로 한 축첩과 금욕을 명하는 재가 금지의 병존은, 되도록 많은 것을 소유하고 싶고 내가 소유한 것은 아무에게도 내어주지 않겠다는 조선조 가부장제 사회의 아집과 탐욕을 보여주는 최악의 제도였던 것이며, 이러한 남성 중심적인 독단을 벗어나지 못한 제도권 하에서는 인본주의적 여성관이 주도했으리라 여겨지는 재가담도 남성 중심적인 희화로 변형될 소지가 충분하였다. 예컨대, 재가담은 열녀담과 대척되는 위상을 지니지만, 남성의 축첩담과 맞물려 있기 때문이다. 재가담의 다발적 출현은 재가 금지의 법

10 뒷장에서 구체적으로 다룰 것임으로 이곳에서는 자세한 진술은 생략함.

제가 작동하는 사회였기에 가능하며 법제(이데올로기)와 인간의 본연성 사이의 갈등을 드러내 문제 삼은 것이 사실이지만, 남성의 이기적인 축첩의 함정에 재가가 이용되기도 했음을 보인다.

2) 초점 인물 유형과 재가담의 의미

재가담은 과부가 수절하지 않고 다른 남성에게 재가한 것을 화제로 삼은 이야기이다. 그런 점에서 수절하여 일부종사한 열녀담과는 상반적이며 반역적이다. 재가담에서 재가의 주체인 여성인물이 이야기의 초점인물인 것이 상식으로 여겨지는데 실상은 그렇지 않다. 재가한 여성보다 재가를 허가하여 성사시킨 남성이나 재가의 상대인 남성이 이야기의 중심인 경우가 오히려 더 많다. 초점 인물이 누구냐에 따라서 재가담의 성격은 달라지며 초점 인물의 다양성은 곧 당시 재가에 대한 인식의 혼재混在를 드러낸다. 이야기의 초입이 초점화자의 소재를 대략 보여주는데 본 분석에서 다룰 재가담[11]들의 초입을 소개하면 다음과 같다.

> ① 有一宰相之女 … 此宰相之姓名 不記 (〈憐孀女宰相囑武弁〉)
>
> ② 任進士希進 湖南人也 … 未幾年 任不淑 遺腹産一子 張氏 撫孤守節 … (〈遺訓〉)

---

11 위 자료는 『한국한문단편선』(이우성, 임형택 편찬)과 『청구야담』(이월영, 시귀선 역주)에서 취한 것으로, 제명은 원문에 붙어있는 것(『한국한문단편선』의 경우는 편저자들이 붙인 것임)을 그대로 사용하였다.

③ 南門外桃楮洞 權斯文遊於升庠 … (〈避雨〉)

④ 有宦 年少位高 家且富饒 居在果川路傍 … (〈義宦〉)

⑤ 嶺南有金肅川者 自罷肅川而歸 … (〈邊士行〉)

⑥ 古有一上舍生 家在東小門外 … (〈太學歸路〉)

⑦ 安東權進士某者 … 有獨子 … (〈古談〉)

⑧ 英廟末蔡生者 家勢貧窶 … (〈結芳緣二八娘子〉)

⑨ 安東古有權進士 … (〈得二妾權上舍福緣〉)

이 가운데 재가 당사자가 초점 인물인 경우는 ①뿐이다. 그러나 이 이야기 또한 그 결말에 가면 초점 인물의 대상은 부친인 재상으로 바뀐다. 재가녀 당사자가 이야기 전개의 중요한 인물로 부각되어 있는 것은 사실이며 이야기가 재상 딸에 대한 소개로부터 출발하지만 작품의 핵심이 되는 인물은 시종 재상이다. 청상이 된 딸의 고통을 목격한 재상은 치밀한 계획을 세워 딸을 재가시키고 그 딸은 아들자식을 낳아 잘 기르면서 행복한 삶을 살고 있으며 이러한 모든 과정을 비밀리에 부쳐 딸이 행복한 삶을 지속할 수 있도록 마감해주는 것도 재상이다. 말하자면 청상 딸을 재가시킨 재상에게 이야기의 비중이 더 실려 있다.

②는 임희진任希進에 대한 이야기로 시작되고 있지만, 그가 죽고 난 후반부부터는 청상과부로 남게 된 장씨녀張氏女로 옮겨가며, 재가 욕망을 극복해내고 살아온 과부 자신의 고통스러웠던 과거 삶에 대한 회고담이 전개된다. 그리하여 초점 인물로서의 비중은 장씨녀에게 더 있다.

③은 이야기 속의 세 인물, 권사문, 권사문이 비를 피하려다 인연

을 맺게 된 과부, 과부의 시부가 모두 비중 있게 등장하나, 과부의 특이한 처세가 더욱 눈길을 끈다.

위 세 이야기를 제외하고 나머지는 초점 인물이 모두 남성으로 되어 있다. 이 중 ④와 ⑤는 여성을 재가할 수 있도록 주선한 제 삼자(공히 전 남편으로 되어 있음)가 초첨 인물이며, 나머지는 모두 재가의 상대인 남성이다.

이상 살펴본 바처럼 여성의 재가를 다루면서도 초점 인물은 결국 남성 범주에 머물러 있었다 할 것이며, 다만 차이는 그 초점이 된 남성 인물이 여성의 재가를 바라보는 시선의 차이에 있음을 지적할 수 있다. 그러므로 초점 인물의 소재와 그 시각을 기준으로 삼아 이야기를 분류한 뒤 그 이야기들에 담겨진 여성에 대한 시선과 의미를 해석해보고자 한다.

(1) 여성 존재에 대한 인본적 고민

재가의 의미를 여성의 입장에서 바라보고 여성 존재의 삶을 인본적인 관점에서 고민하는 것을 보이는 재가담들을 먼저 소개할 수 있다. 이들 이야기에서는 여성이 불완전한 형태로나마 초점 인물의 위상을 지닌다. 앞서 예시한 이야기들 중 ①, ②, ③이 이에 해당한다. 이 세 편의 이야기들은 재가를 여성 중심적인 관점에서 다루었다는 점에서 일단 동일성을 지닌다.

①에서, 출가한 지 일 년도 못 되어 남편을 잃고 친정집에 와 기거하고 있던 청상靑孀이 응장성식한 채 거울에 비친 자신의 모습을 바라보다가 거울을 내던지고 통곡하는 것[12]은 너무도 젊은 나이에 남편의 죽음으로 인해 여성으로서의 자신의 인생이 끝난 것이나 마찬

가지인 것을 심각하게 괴로워하는 마음 때문이었다. 남편의 죽음은 자식조차 두지 못한 청상의 존재를 무의미한 것으로 만들기 때문이다. 남편의 피를 이어받은 자식이 있다면 삶을 지탱시키는 동력이 되거나 존재 이유를 부여하겠지만, 자식조차 없는 양반가의 이 여성은 아무런 존재 의미도 남아 있지 않은 것이다. 여성은 당사자의 존재 자체가 의미를 가지는 것이 아니라 누구의 아내, 누구의 모친으로 부속적으로만 존재했기 때문이다.

밖에 외출했다가 들어오면서 젊은 딸의 욕망과 절망감을 목격하고 인지한 재상은 한참을 고민한 끝에 딸을 재가시키기로 당장 마음을 굳힌다. 딸의 의중을 물어보거나 동의를 구하는 과정은 없었다. 목격한 사실로 미루어 보아 딸은 시집가 살아야 그래도 인간다운 삶을 살 수 있으리라고 판단했기 때문이다. 엄밀하게 말하면 이러한 판단과 결정도 가부장제 집안에서 결정권자인 가장이었기에 가능할 수 있었다.

그러나 재상 신분으로 딸을 공공연하게 공식적으로 재가시키는 것은 현실적으로 불가능한 일이었다. 재상은 가문의 위상을 추락시키지 않으면서도 딸을 안전하게 재가시키는 방법을 모색하였고 그것을 과감하게 실행했다. 그래서 피붙이라고는 없는 무변武弁에게 딸을 맡기어 아무도 모르는 곳 북관에 가 살도록 주선해 한 밤중에 실려 보내면서 딸에게 친정과는 영원히 발길을 끊으라고 당부한다. 그런 후에 딸이 순절한 것으로 위장하고, 가족까지도 '시신'에 접근하는 것을 막으며, 스스로 거짓 염까지 하여 그 관을 시댁에 보내어 집

---

12 凝粧盛飾 對鏡自照 擲鏡而掩面大哭.

안 선산에 묻는 '죽음의 의식'을 완벽하게 치른다. 딸에게는 기존의 관계와 완전하게 단절하게 함으로써 새로운 삶을 조성해준 반면, 대외적으로는 순절한 것으로 처리하여 양가의 가문에 해를 끼치는 문제를 깨끗하게 처리한 것이다. 재상의 신분과 가문에 위해가 되지 않으면서도 딸의 삶의 문제를 우선시하여 정조 이데올로기를 실질적으로는 위반하는 길을 선택한 것이다. 재상은 너무도 층이 두터운 사회적 관념 및 제도의 벽에 직접 부딪히는 것은 무력한 자멸을 자초할 뿐이라는 것을 또한 잘 알고 있었다. 그러기에 위장을 통해 공식적으로는 사회적 제도를 거스르는 흔적을 조금도 남기지 않고서 완벽한 전략을 세워 딸의 재가를 성사시킨 것이다.

②에서는 여성화자의 고백을 통하여, 여성의 성적 본능을 부정하고 말살하는 사회적 제도의 잔인함을 극명하게 토로한다. 어린 나이에 과부가 되어 18세 때 음분이 날 직전까지 이르렀다가 가까스로 극복해내고 그 결과 번성한 자손을 이룰 수 있었으나, 죽기 직전 손부 및 증손들을 모아 놓고 수절의 어려움을 이야기하며 만약 자신과 같은 처지를 당하거든 억지로 애써 수절하지 말 것이며 이를 가법으로 삼아달라고 유언한다.

이는 청상으로서 형언할 수 없을 정도로 가혹한 인고의 세월을 살았던 여성화자의 고백적 언설이어서 철저하게 여성의 입장을 대변하는 것으로 볼 수 있다. 이 여성은 청상으로 살아왔던 인고의 세월은 그 무엇으로도 보상받을 수 없었다고 고백하고 있다. 즉 몸이 요구하는 삶의 절실함이 외적인 이데올로기에 의해 철저하게 억압당하는 것은 여성의 존재 자체를 멸하는 것과 대등한 것임을 고발한 것이다. 그런데 이처럼 무엇으로도 보상받을 수 없을 만큼 절실하고 강력했던 성적 욕망에 시달리면서도 결국 수절할 수밖에 없었던 것은 사대부 집안 여성을 가두고 있는 재가금지라는 사회적 벽을 양반가 여성인 개인의 힘으로는 뛰어 넘을 수 없었기 때문이었다. 그러므로 수절하지 말라는 것을 가법으로 삼아라고 유언하는 것은 성적 욕망을 억누른 채 살아온 과부로서의 자신의 일생이 너무도 불행했음을 역설한 것이지, 현실적으로 수절하지 말라는 가법의 전수가 가능할 수는 없었다. 죽음 직전에 평생 마음에 품었던 한을 비로소 풀어놓은 것으로 죽음이 닥치는 순간에도 그 한을 마음에 품고 있었다는 것을 보여준다.

위 두 이야기는 성적인 존재로서의 여성의 진상을 인정한 동시에 일탈적인 방법이 아니고서는 여성의 재가가 사실상 불가능했던 조선조의 실상을 보여준다. 죽음을 위장하면서까지 재가한 것은 재가를 가로막는 사회적 장벽의 고도를 보여주지만 동시에 포기할 수 없는 삶의 욕망을 웅변하는 것이며, 음분이 날 직전까지 갔지만 결국 되돌아와 죽음 같은 인고의 세월을 통과해야 했던 것 또한 아무리 사적인 욕망이 강해도 여성 스스로는 사회적 장벽 앞에서 좌절될 수밖에 없음을 보여준다. 그러나 두 이야기 사이에는 또한 결정적인 차이가 있으니, 그것은 전자는 재가를 이룬 것이요 후자는 끝내 재가를 저버릴 수밖에 없었던 점이다. 그리고 이는 집안의 가장인 남성 인물의 개입 여부가 재가의 성사 여부를 가르며, 여성은 자의적인 의사로 재가를 결정하고 실천하는 것이 원천적으로 불가능했음을 암시한다.

③의 초점 인물은 이야기 서두를 보면 권사문처럼 보이지만 그를 중심으로 과부 여성, 과부의 시부인 모동지某同知 등 세 인물이 대등

한 수준으로 이야기의 중심을 이룬다. 그러나 궁극적으로는 과부 여성이 보여주는 예상을 뛰어넘는 독특한 처사가 줄거리의 핵심으로 여겨진다. 과부는 중인 집안 출신 여성이다. 그래서 재가해도 법제적인 불이익을 받는 것에서는 일단 자유롭다. 그녀는 15세에 시집와 합방도 해보지 못하고서 남편을 잃고 시부를 모시고 살고 있는데, 시부는 그녀가 음양지리陰陽之理도 모르는 사실을 불쌍하게 여기고 재가하라고 종용한다. 과부는 시부와의 의리[13]를 저버리지도 못하고 다른 한 편으로는 음양지리에 대한 호기심과 미련을 버리지 못한 채 지내다가 결국 피를 피하느라 처마에 있는 권사문을 집으로 끌어들여 운우지정을 나눴지만 그 관계에서 별다른 의미를 얻지 못한다. 시부가 재가를 권했던 것은 인간으로서 음양지리는 알아야 한다는 보편적 상식 때문이었지만, 시부의 끈질긴 권유로 인생의 최종적인 목적을 운우지정을 이루는데 두었던 과부가 운우지정을 나눈 뒤 허망함을 느낄 뿐이었다.

이 이야기에서 시부와 과부는 모두 수절 이데올로기의 압박에는 초연하다. 과부가 재가하지 않는 것도 시부에 대한 의리 때문이다. 신분상 구애받을 필요가 없는 것이기도 하겠지만 그런 풍조에 무심할 수 있는 그들의 인생관이 그 결정적 원인처럼 보인다. 그래서 시부는 자신의 체험으로 비추어볼 때 남녀 간의 음양지리를 아는 것이 인생에서 가장 중요하다 생각[14]하고 조금의 망설임도 없이 며느리를

---

13 죽은 남편을 위해 수절한다는 생각은 작품에 전혀 드러나 있지 않다. 과부의 고려 대상은 시부이지 남편이 아닌 것이다.

14 老人曰 吾之子婦也 吾子十五娶此婦 未及合禮而死 此婦今年爲二十四 雖得成婚 尙未知陰陽之理 尋常矜惻 不忘于心 凡生天地之間者 雖微物皆知其理 而渠獨不知 故

위해 재가할 것을 종용했고, 시부의 권유에 경도된 며느리도 자신이 경험해보지 못한 음양지리를 아는 것이 자신이 도달할 궁극적인 지점으로 여겼던 것으로 이해된다. 그래서 권사문을 끌어들여 음양지리를 체험했지만 그녀가 기대했던 것과는 거리가 먼 허망함만 남았고 이후로 권사문과 관계를 지속하면서도 특별한 의미를 찾을 수 없었다. 그 사이에 권사문의 아내가 죽어 권사문에게 정식으로 재가할 수 있는 여건이 되었음에도 불구하고 시부의 죽음을 계기로 자신이 더 이상 세상에 살 의무가 없다는 것을 알리고 스스로 세상을 떠난다.[15]

이 과부의 행동이 상식적인 차원에서는 납득하기 어렵지만 음양지리를 두고 경험하기 전과 후의 태도 변화가 그녀 처신에 대한 해석의 관건이다. 너무 어린 나이에 시집왔고 또 어린 나이에 남편을 잃게 된 과부에게 시부는 유일한 의지처였으므로 시부에 대한 도리가 그녀 삶의 동력이었을 수 있다. 남편에 대한 수절은 그녀의 염두에 없었다 해도 시부에 대한 의리 때문에 재가하는 것을 꺼렸던 것도 같은 맥락으로 이해 가능하다. 그러면서도 음양지리에 대해서는 큰 기대를 가졌던 것으로 짐작된다. 그러나 운우지정의 뒷맛은 그녀에게는 허탈감을 줄 뿐[16]이었다. 그녀가 인생에서 희망할 수 있는 마

吾每勸其改嫁.

15 厥女曰 吾旣生於世間 不識陰陽之理 而媤父亦勸之故 向邀書房主者此也 旣知陰陽之理 則卽日滅死 萬萬無恨 而竊念媤父無他子女 只依吾一介女子 若吾一死 則媤父身世 極爲矜憐 隱忍至此 今則媤父以天年下世 葬埋已畢 吾復何所望 而久住於此耶 從此與書房主永訣矣.

16 權生少年 夜逢年少美女 且無傍人 風情所動 豈有虛度之理 仍與結媾 厥婦別無喜色 但爲嗟悽.

지막의 기대마저 그녀의 감각으로는 아니었던 것이다. 기대한 만큼 더 허망했을 수도 있다. 그래서 재가를 통해 새로운 삶을 살겠다는 의지는 아예 꺾인 것이다. 그러기에, 의무에서건 신의에서건, 삶의 유일한 동력이었던 시부가 죽자 아무런 미련도 없이 삶을 끝낸 것으로 이해된다.

위 세 편의 이야기는 초점 인물이 누구이건 간에 여성의 재가를 정조론이라는 여성 이데올로기를 탈피해 여성의 존재를 배려하는 인본적인 관점에서 접근한 이야기라는 점에서 공통된다.

①과 ②는 성적 욕망과 사회적 여성 이데올로기의 벽이 심각하게 갈등할 수밖에 없는 것을 전제로 전개된 이야기인 점이 같으나, 남성이 주도하여 편법으로 성취한 것과 그런 조력자조차 없는 여성은 욕망이 극단까지 치닫다가도 사회적인 금기의 벽 앞에서 좌절되어 포기할 수밖에 없었던 점에서 대조적이다. 위 두 이야기를 통해 볼 때 특히 양반가 여성의 경우 여성이 자력으로 자신의 존재를 설계해 나갈 수 없다는 것을 오히려 확인할 수 있다. 그럼에도 불구하고 두 이야기는, 욕망의 강렬성과 이데올로기 벽의 난공불락을 팽팽하게 대립시켜 여성존재에 대한 인본주의적 관점을 제고한 작품들이다.

③은 수절 이데올로기도 초월해 있지만 일반 여성에게서 수절 이데올로기의 족쇄를 벗기려 할 때 유용되곤 하는 음양지리의 당위성도 부정된 작품이다. 인간으로 태어나 음양지리는 알아야 한다는 음양지리론은 수절을 극복하는 반동적 빌미를 제공해주는 것처럼 여겨지지만 오히려 남성 중심적인 축첩을 조장하는 빌미[17]로 쓰였는

17 뒤에서 다룰 작품들이 재가를 주선할 때 쓰는 논리이다.

데, 시부가 그리도 중시한 음양지리 경험의 당위성 주장조차도 결국은 남성 중심적인 이해의 강요라고 볼 수 있다. 수절 이데올로기에서 탈피한 이 여성에게 음양지리 또한 남성에게 기대야 하는 성적 종속이었고 자족적인 삶을 영위할 수 없는 것을 깨달았기에 미련 없이 버렸던 것으로 이해된다. 위 이야기는 개체를 무시한 보편의 강요가 특정인에게는 치명적일 수 있다는 것을 보여준 것으로 이해된다.

(2) 소유 남성의 관용과 여성의 수혜

본래의 소유주였던 남성(남편)이 자신의 성적 무능력을 반성하고서 젊은 아내(첩)에게 인간적 관용을 베푼다는 의도에서 젊고 건장한 남성에게 여성을 넘겨주거나 소유를 포기함으로써 재가의 기회를 주는 이야기들이 존재한다. 본 소유주 남편의 관대한 조처로 말미암아 그의 소유물이었던 여성은 재가할 수 있다는 이야기 틀을 가진다. ④와 ⑤가 이에 해당한다.

④의 초입에 소개되어 있는 초점 인물은, 과거 보러 길을 가고 있는 선비를 납치하여 자신 소유의 여자와 합방시킨 뒤 과거에 합격하도록 주선해주고 여자를 선비의 첩으로 받아들이게 하는 환관이다. 이야기의 종결 또한 의로운 환관[義宦]의 후덕함을 찬양하는 것으로 맺고 있어 그가 초점 인물임이 명확하다. 재가당한 여성은 작품 안에서 그 존재조차 미미하다. 소유한 여성의 재가가 화제인데도 불구하고 여성의 입장과 관련된 여성의 언어는 아예 없다. 단지 소유주 남성의 관대한 조처에 이야기의 초점이 맞춰 있다.

환관이 양가집 여자이면서도 의지할 데 없이 자신에게 와 살고 있는 재색이 뛰어난 젊은 여인[18]에게 연민을 느끼고 무리한 방법까지 동원해가면서 재혼을 성사시키는 점으로 보아, 그가 문제 삼은 점은 인간 누구에게나 본연하다고 여겨지는 성적 욕망이다. 환관 자신은 거세당한 존재이므로 성적 쾌감을 얻을 수도 없었을 뿐더러 상대 여성에게 줄 수 없는 것을 안타깝게 여긴 나머지 과거 길에 오른 젊은 남성을 무작위적이고 강제적으로 선택하고 데려와 그녀와 합방시킨다.[19]

그렇다면 자신 소유의 여성을 다른 남성에게 줄 수 있었던 이 환관은 유가적 정조관을 극복한 것으로 이해할 수 있을까? 환관의 행동 원인은 일차적으로 환관이라는 정체성에 있다. 음양의 이치를 알 수 있는 기회조차 박탈당한 그들로서는 음양의 이치를 알지 못하는 것이 최대의 수치요 최대의 한이었다. 유가의 음양론에 따르면 우주의 모든 만물은 음양 이치의 지배를 받는다. 인간 또한 이 지배 논리에서 벗어날 수 없으며 남녀의 결합은 음양 결합의 인간적 구현이다. 그래서 혼기가 되어 결혼해서 남녀 관계를 맺고 자식 낳고 사는 것이 순천順天이요, 남녀 관계를 이루지 않는 것은 음양의 이치를 위배하는 역천逆天이다. 조선조에서 결혼은 필연으로 불혼은 인륜을 저버리는 패륜으로 인식되었던 것도 같은 이유에서이다. 그러기에 남녀가 성적인 관계를 맺고 사는 것을 음양의 이치로 호도하면서, 성적인 불구자나 불혼자들을 음양의 이치를 모르는 한심하고 불쌍한 존재로 비하하는 경향이 있었다. 여성이 성적인 경험이 없는 것 또

18 彼娥本以良家女 貧困無依 爲我所畜 姿色如彼 且有才藝 然空老春閨 尋常憐之.

19 嘗當科時 一日晨朝 命奴三人曰 往候路傍 若以科行者上京者 勿論某人 初逢者必招來.

한 음양의 이치를 모르는 것이고, 남성 누군가 음양의 이치를 알게 해준 것을 큰 시혜인양 호도하는 빙자가 되었다.[20] 남녀의 성적인 관계 자체를 남성의 시혜로 여기는 것이 남성 일반의 관점이었던 것처럼 여겨진다.

⑤ 이야기의 초점 인물은 두 명의 나이 어린 첩을 소유하고서 관직에서 은퇴한 채 고향에서 말년을 지내고 있는 부유한 노인 김숙천이다. 그는 어느 날 자신이 기르고 있는 매가 구름 낀 하늘을 멀리 날고 싶은 생각[雲霄之想]을 지니고 답답해하는 것을 불쌍하게 여기고 풀어주어 하늘로 훨훨 날아갈 수 있게 한다. 그런 뒤 자신이 거느리고 있던 나이 어린 두 첩에게도 수백금의 재물을 나누어주며 젊은 장정에게 재가하여 아들 딸 낳고 살라며 내보낸다.[21] 자신의 소유권 안에 갇혀 날고 싶은 욕망을 좌절당한 채 살아야 하는 매가 불쌍하듯 젊고 아름다운 그녀들이 구석진 방에 깊이 갇힌 채 노약자의 소유로 허송세월 보내는 것을 불쌍하게 여겼던 것이다.

④와 ⑤는 모두 본래 소유주였던 남성이, 성적으로 무능력한 자신이 상대 여성을 성적으로 충족시킬 수 없는 사실을 돌아보고 관용을 베풀어 여성을 재가시키거나 남자와 만날 기회를 가질 수 있도록 배려해 주는 것을 이야기의 골격으로 하고 있다. 그래서 이야기의 줄거리가 상대 여성보다는 남성의 관대한 베풂 과정과 종결에 초점이 맞추어져 있다. 여성의 성적인 욕망을 인본적인 수준에서 인정하고

---

20 1장에서 소개한 『명엽지해』에 실린 박순(朴淳)의 이야기를 참고할 수 있다.

21 肅川曰 吾已盡縱名鷹於霜風矣 入見汝等稚齒艷色 深閉曲房 空拘於老夫之手 亦何異凌風瞥雲之志 苦其緡鏇之羈絆乎 故吾給汝馬而添汝貨 足汝一家之產 而歸汝父母兄弟之所 汝其無以我爲慮 必皆精擇而嫁少壯 育男女以享百年之樂也.

그 성적 욕망이 끊임없이 좌절되고 있는 사실에 연민을 느끼고서 관용을 베푼 점은 여성을 단지 정조 이데올로기의 화신으로 형상한 열녀 찬양자에 비하면 인간적이라 할 수 있다. 그러나 여성을 성적 존재를 넘어서 자기 개성을 지닌 독립적인 인격체로 인정하는 것과는 이 또한 거리가 멀다. 오히려 남성 중심적인 여성관에 매몰되어, 여성을 '음양지리'라는 또 다른 이념으로 재단함으로써 여성의 의견과는 무관하게 여성을 처리하고 있기 때문이다.

④의 환관은 여성의 새로운 소유주를 찾기 위해서 과거 길에 오른 선비를 무작위적인 방법으로 선택하였으며 그 선비에게 여성은 천침의 용도로 쓰이는 첩妾[22]의 의미를 지녔을 뿐이다. 여성이 재혼 후에 닥칠 여러 심각할 수 있는 문제점들에 대한 고려 및 고민은 아예 없다. 또 여성의 의향이나 가부를 물은 적도 없다. 여성은 첩의 존재로 규정되어 단지 남성의 성적 대상으로 머무는 것을 당연하게 여기고 있으며, 단지 음양지리를 알 수 있게 해 준 환관의 관대한 처사에 찬사를 보낼 뿐, 정작 재가녀 당사자는 이야기에서조차 관심의 대상이 아니다. 그러나 자신의 소유권을 젊은 남성에게 넘겨주면서까지 자신 소유의 여성에게 음양지리를 알게 해주었다는 점에서 또한 모든 부정성은 불식되고 의로운 환관[義宦]으로 불릴 수 있었다.

⑤ 또한 새장 속에 갇힌 애완물 매의 비상 욕망에 연민을 느껴 그들을 풀어준 뒤 자신에게 갇혀 있는 또 다른 애완물 두 첩에게 동류의 연민을 느껴 재가할 수 있도록 풀어주면서 두 첩의 의향을 묻지도 않았으며 앞으로 전개될 수 있는 수많은 곡절들에 관해서도 아

22 始謂士人曰 ... 彼旣薦枕則可率去矣... 士人決科得妾 喜還嶺南鄉里皆賀之.

무런 문제의식을 가지지 않았다. 단지 '음양지리' 이념에 의거해 여성의 성적 욕망을 모호하게 인정함으로써 여성 정조론 이념을 극복한 것이다. ④와 ⑤의 남성 모두 성적으로 무능한 자신을 되돌아보고 상대 여성의 거취를 자신의 독단으로 그리고 강제적으로 결정하고 있는 것이다. 그래서 이 또한 여성 존재를 단지 성적 존재로만 바라보는 협애한 여성관을 보인다.

그래서 이들 재가담에서 여성의 재가는 여성 존재의 문제가 아니라 자신의 소유를 포기하고 양도하면서까지 여성에게 음양지리를 알도록 관용을 베푼 남성의 처사에 이야기의 중점이 놓여있으며 여성은 그 덕분에 음양지리를 알 수 있는 기회를 획득하게 된 수혜자로 남는다. 양도도 남성 관점이요, 수혜도 남성 관점에 의거한 것이다. 그래서 이 두 이야기는 여성재가의 본질적인 문제에는 접근하지 않은 채, 여성에게 음양지리를 알 수 있는 기회를 제공해준 소유주의 살신성인적 관용에 경탄하지만, 여성 존재를 남성 간에 주고받는 소유물로서의 인식을 더욱 구체적으로 드러낸다. 아울러 남녀 간의 성적인 관계 또한 시혜 수혜라는 모식 안에서 인식하고 있음을 드러낸다. 다시 말하면 여성의 남녀 관계는 남성의 허여하에 가능하다는 것을 전제하였다.

이는 조선사회의 여성 삶을 지배하던 생물학적 남녀 결합의 당위성 역설에 논리적 근거로 원용되었던 또 다른 이념 음양관이 작용한 결과이며, 여성 존재를 종자從者 – 수혜자受惠者로만 규정하는 철저히 남성 중심적인 사회이었기에 오히려 가능할 수 있는 이야기이다.

(3) 성적으로 시혜한 남성의 횡재

⑥, ⑦, ⑧, ⑨는 음양지리의 결핍 상태에 있는 청상에게 그 이치를 알게 해주고 수용해준 것에 감사하여 은혜를 입은 여성 집안에서 그 보답으로 남성에게 많은 재물을 안겨주는 것을 기본 줄거리로 한 이야기이다. 남성의 성적인 시혜에 여성 집안에서 그 보답으로 남성에게 횡재를 안겨 주는 것이다. 앞서 다룬 유형의 재가담에서는 여성을 소유한 자가 관용을 베풀어 여성이 음양지리를 알게 되는 것으로, 소유의 이전이 이루어지고 소유를 넘기는 남성이 초점이었던 반면에, 이 유형 이야기에서는 여성에게 성적으로 봉사하는 남성이 시혜자로 역할하며 이야기의 초점 또한 성적 상대 남성이다. 남녀의 성적 결합에 유가적인 음양지리를 결부해 여성이 필연적으로 알아야할 이치를 알게 해주었다는 의미를 부각하여 희극적으로 서사된 이야기이다.

⑥에서 가난한 상사上舍에게 접근한 청상은 거의 구걸하다시피하여 운우지정을 나누는데 그것이 상사에게는 거듭되는 행운의 계기가 되어 합궁전合宮前에 남편을 잃은 또 다른 규수를 얻어 두 첩을 거느리게 되며 그로 말미암아 물질적 풍요와 관직도 얻는다.

⑥의 서생은 늘 태학太學의 조석 식당에 참가하여 남은 음식을 가져와서 아내에게 먹일 정도로 빈한한 선비이다. 그날도 소매 속에 밥을 넣고 돌아오는 도중, '기추箕箒를 받들겠다'며 끈질기게 뒤 쫓아오는 여자를 만나 마침내는 데려와 동침하게 된다. 그녀는 음양지리도 경험하지 못한 채 청상이 되자 이를 불쌍하게 여긴 부친 이동지李同知가 그날 그녀로 하여금 '문밖에 나가 처음 만나게 되는 의관남자衣冠男子를 무조건 따라가라.'[23]고 한 지시를 따른 것이었다. 결국 그

녀는 첩실로 들어가게 되고 그녀로 인해 서생 부부는 물질적 풍요를 누릴 수 있게 된다. 그러던 어느 날 그녀는 모 재상의 딸로 합궁 전 과부인 여자를 다시 서생의 첩으로 소개하고 그로 인해 서생은 관직에 오르게 되어 '삼녀동실三女同室'하며 화목하게 살게 된 것으로 종결된다.

음양지리를 모르는 청상, 합궁 전 과부 등 실질적으로 미혼과 다름없는 이들이 공식적으로 재혼할 수 없었던 이유는 무엇이었을까? 재혼에 대한 부정적 관습 및 법제 탓이었다. 전자 여성의 경우에, 거리에서 처음 만나는 의관남자를 무조건 따르라 한 것은 사회적인 풍토상 정상적인 재혼이 불가능했기에 이왕이면 양반의 첩실로 가는 것을 선택한 때문으로 볼 수 있다. 후자인 재상의 딸 경우, 병들어 죽었다고 시댁에 부음을 전하고 허장虛葬까지 치른[24] 뒤에 서생의 첩으로 들어가는 것을 보아, 양반가 여성의 재가는 죽음을 위장하고 죽음의 의식까지 치러야 할 정도로 더욱 어려웠다는 사실을 보여준다.

특히 친족 남성이 조력하여 재가한 여성들은 그 대부분이 음양지리를 모르는 청상이었고 과부에게 생존의 동력으로 작용할 수 있는 자식마저 없어서 시댁에도 친가에도 소속될 명분이 애매하다. 그래서 오히려 청상이 순절하는 경우가 더 많을 수 밖에 없다. 남녀 주종의 관계에서 주자가 없는 종자는 그 존재 의미가 없는 것과 마찬가지이기 때문이다. 오죽했으면 남편이 죽은 과부를 아직 죽지 못한

---

23 妾青年早寡 不識陰陽之理 父母憐之 一日謂妾曰 隨往衣冠男子之初逢者而事之.

24 遂以病沒 傳訃舅家 虛葬山下 …
이는 (1)단락에서 다룬 재상 딸의 경우와 흡사하다. 신분 높은 집안에서 위장 장례식을 치루고 비밀 재가한 사례가 실제 존재했을 것으로 보인다.

사람[未亡人]이라 명명하여 그 존재 의미의 불식을 함축했을까. 그러기에 청상의 친족은 무슨 방법을 써서라도 존재 이유를 상실한 청상을 처분하고 싶었을 것이다. 예컨대 순절을 강요하거나 비밀리 재가를 추진하는 방법을 택했을 수 있다. 이처럼 처치 곤란한 존재였기에 이런 여성을 받아들여 잠자리를 같이 한 것은 버려진 존재를 수습한 것이요, 죽은 것과 다름없는 존재에 생기를 부여해준 것으로 해석될 수 있었다. 그래서 여성의 육친들은 여성을 받아준 서생에게 물질적 풍요를 이뤄주고 관직에 오를 수 있도록 조처해주는 보답도 기꺼이 하였다.

⑦의 중심인물은 재가녀 상대 남성의 부친이다. 가법을 중시하는 그가 아들의 외도를 역이용하여 억세고 사나운 며느리의 기를 꺾어서 아들의 첩을 불평 없이 인정하여 평지풍파를 일으키지 않고 살게 하는 전말을 이야기하고 있다.

이 이야기에서 재가 여성은 14세에 출가하여 15세에 남편을 잃고 엄친마저 돌아가시고 없는 상황에서 불가피하게 오라비에게 의지해 살고 있었다. 그녀의 오라비는 누이를 재가시키겠다는 강력한 의지를 지니고 있었지만 가문을 더럽힌다는 족당族黨의 극심한 반대에 부딪히자 누이를 가마에 싣고 성문 밖을 나서 특별히 정한 곳 없이 길을 가다가 점사에서 권생을 만나자 술을 먹여 취하게 한다. 그리고 누이를 권생이 자는 방안으로 들여보내 운운지정을 맺게 하고 자신은 그곳을 떠나버리는 것으로 이야기는 시작된다. 오라버니가 누이를 재가시키겠다는 의지가 강한 것으로 표현되어 있지만, 집안의 극심한 반대에도 불구하고 그만이 유독 누이를 반드시 재가시키고야 말겠다는 작정을 하고 무리한 방법까지 써가며 일을 성사시킨 진정한 이유는 무엇일까.

지금까지 살펴본 바에 의하면 모든 재가에는 다 남성이 개입하고 있다. 소유주 남편이거나 친족 남성이다. 친족 남성의 경우는 부친이거나 시부였다. 그런데 이 이야기의 경우는 오라비이다. 오라비가 여성 재가 조력자(이곳에서는 강제자에 가깝다)로 나섰던 것은 집안에 그 이외에는 과부를 책임질 남성이 없었기 때문이었다. 말하자면 부친의 일을 떠맡게 된 것이다. 이 작품의 경우 오라비는 누이를 재가시키려는 의지가 거의 강박 수준이며 강제적이고 폭력적이다. 술 취해 자는 생면부지의 남성 방에 누이를 마음대로 넣어 운우지정을 맺도록 한 것이었으니, 이는 엄밀한 의미에서 성을 매개로 한 유기이다. 젊은 몸을 가진 여인이었기에 젊은 서생이 성적으로 수습하리라 확신하고 버린 것이다. 오라비는 존재 자체가 부담스러운 처지 곤란한 누이를 어떤 방식으로든지 다른 남성에게 넘기는 것이 목적이었으며 그 목적을 이루는데 있어 가장 강력하다고 여겨지는 젊은 여성의 성적 매력을 이용한 것이다.

초점 인물 권 진사는 가부장제의 전형적인 인물이다. 집안에서의 권위는 하늘을 찌를듯하여 자신을 거스르는 것을 용납하지 않으며 그가 곧 법인 존재이다. 권진사가 외도한 아들을 죽이겠다고 분노했던 이유도 사실은 며느리의 기를 꺾어 길들이려는 목적에서였다. 즉 순종적이지 않고 사납고 질투심 많은 며느리를 철저하게 굴복시키기 위해 외도한 아들놈을 죽이겠다고 연극하여 며느리의 전면적인 항복을 받아낸 것이다. 권 진사는 오히려 남성의 성적 방종은 기본적으로 문제 삼지 않았으며 아들인 남편의 권위에 도전하는 며느리를 방치할 수 없어 직접 나서 해결했던 것이다. 그러기에 여성의 재가가 핵심이기보다는 누이의 재가를 성사시킨 오라비의 독특한 조력과 뜻하지 않게 젊은 여성을 첩으로 들이는 행운의 과정이 주된 줄거리를 이루는 이 이야기 또한 지극히 남성 중심적인 시각으로 처리되어 있다는 점을 간과할 수 없다.

⑧은 청상 딸이 있는 역관 출신 부자 김가金家와 몰락한 양반 집안으로 오직 아들에게만 모든 희망을 걸고 있는 채가蔡家가 복잡다단한 우여곡절을 겪은 후 결친하게 되는 것을 그린 소설적 이야기이다. 물질적 풍요와 발랄한 선진적 사고를 지닌 중인과 낡은 이데올로기를 고집하고 있는 빈한한 몰락 양반이 팽팽한 줄다리기를 거듭하다 결국은 물질적 공세에 고식적인 이데올로기가 점점 힘을 잃고 완전하게 굴복하는 과정을 리얼하게 그린 이 이야기는, 물질과 이념 간의 갈등이 조성된 조선조 후기 당시의 사회상을 잘 반영하고 있다.

부친의 명령으로 성묫길을 떠난 채생은 도중에 괴한들에게 강제 납치당해 그 당시 장안 최고의 부자로 칭해지는 김령金令의 집으로 안내된다. 그곳에서 그는 합근례도 치르기 전에 남편을 잃은 김령의 외동딸과 화촉을 밝힌다.

김령의 말에 의거하면 전후 사정은 다음과 같다. 그의 딸은 청춘으로 빈 방을 지키는 사정이 지극히 가엾으나 예법 상 절개를 지켜야 하고 또 남의 이목을 꺼려 곧바로 다른 곳으로 재가시키지도 못한 채 삼년이 지났다. 그런데 이전 날 밤 딸아이가 갑자기 슬피 우는데 소리마다 한이 서려있고 마디마디 단장하는듯하여 이를 들으면 길가는 사람이라도 마음이 아플 정도였다. 이에 새벽에 하인을 시켜 대로에서 기다리고 있다가 현우귀천賢愚貴賤을 막론하고 처음 만나는 나이 젊은 장부를 맞아오게 하였으니, 이는 딸에게 가연佳緣을 맺어

주려 했던 것[25]이었다.

딸의 애끓는 슬픔을 목격한 김령은 그것이 독수공방으로부터 오는 것이라 여겼고 그 독수공방의 결핍을 충족시킬 남성을 급구하여 운우지정을 맺게 하고는 관계를 지속시켜주기 위해서 채생의 부친을 끈질긴 물질적 공세로 설득해 결국 딸을 채생의 첩으로 들일 수 있었다. 김령의 딸을 받아들인 대가로 채생 집안은 후한 물질적 후원을 받아 부유하게 되었다. 그러나 딸을 위해 그처럼 극단적인 방법으로 남성을 구해주어야 했을 타당한 이유는 발견할 수 없다. 김령이 남성을 급구한 방식은 일종의 도박이나 다름없다. 미혼과 다름없는 젊은 딸이 첩으로 들어가 실제로 겪어야 할 문제에 대한 진지한 고민은 표현되지도 않았고 오히려 채생이 난데없이 얻게 된 횡재에 중점이 놓여있다. 다시 말해서 청상의 재가를 인본적 관점에서 진지하게 접근하기보다는 채생이 재가녀를 첩으로 받아들임으로 인해 얻은 현실적인 득에 더 큰 서사적인 비중이 있다.

⑨는 아내를 잃고 홀아비로 살고 있는 빈한하기 짝이 없는 권진사가 하루아침에 두 첩을 얻게 된 희화적인 이야기이다. 그런데 권진사가 두 첩을 얻게 된 계기는 권진사의 한 첩으로 들어간 청상의 재가와 관련되어 있다. 이야기의 초입부터 권진사가 초점 인물[26]이며 결말 또한 두 첩을 얻음으로써 횡재하게 된 권진사의 행운에 대한

---

25 主翁曰 五家世以象胥資業 位添金緋 家饒銀貨 詎不自足 而但身外 專有一女 受人儷皮 未趂醟禮 而夫壻遽夭 青春空閨 情事極憐 而禮守有防 瞻聆有碍 未便他適 奄至三稔 女忽於前宵 悲號哀鳴 聲聲呑恨 寸寸斷腸 雖行路之人 亦當爲之傷感 ... 乃使童僕晨候天衢 毋論賢愚貴賤 必以初逢一少年丈夫 極力邀致 以占佳緣…

26 安東古有權進士 早年上庠 家計至貧 又喪配偶.

찬탄[27]으로 맺음한다.

⑨ 이야기에서 이방이 자신을 보쌈해가리라는 풍문을 전해 듣고 그 사태를 피하기 위해 계교를 꾸민 과부는 밤중에 권 진사를 자신의 방안으로 유인하여 여장을 해서 그녀 대신 보쌈당하도록 한다. 그 결과 권 진사는 아전이 보쌈해온 청상을 위로하기 위해 들여보낸 아전 딸을 겁간한 뒤 약점을 빌미로 아전을 협박하여 그 딸을 첩으로 얻게 되며 청상 또한 '수절 과부로서 까닭도 없이 이웃집 양반과 더불어 손잡고 옷까지 바꿔 입었으니 평생 지켜온 정절이 이미 훼손되어 남은 것 없다.'[28]며 자청하여 진사의 첩으로 들어간다.

이처럼 이 이야기는 여성이 중심인 재가담이라기보다 남성이 중심이 된 축첩담이며 정절 이데올로기가 오히려 남성·여성에게 실질적으로 초래할 수 있는 역학구조의 일면을 희화한 작품이다. 여성의 재가를 인본적인 관점에서 접근한 것과는 무관하고 궁상맞은 호색한好色漢인 양반이 일거에 두 명의 부유하고 젊은 미모의 첩을 얻게 된 횡재를 남성 중심적인 선망을 투사하여 구성한 희극인 것이다. 수절은 가부장제의 남성 중심적인 여성 이데올로기이지만 그 이데올로기에 반하는 재가도 결국은 양반 남성에게 횡재로 작용할 수 있는 구조적인 소지가 있었던 것이다.

자식조차 없는 청상의 경우(본 단락에서 다룬 청상들의 공통된 특징임), 재가가 법적으로든 도덕적으로든 허용되지 않은 상태에서, 그

---

27 少焉吏房治送其女 權進士以窮鰥身世 一朝得二小星 大喜過望 并率二妾 而隣寡既不貧 且吏房之分財甚饒足 以此猝成富家翁 安享平生 子孫亦盛云云.

28 然吾以守寡之女 無端隣班攜手而入 換衣而着 平生貞節 毁敗無餘 今則將與進士主同居以生.

상황을 벗어나기 위한 비방의 탈출 방법을 모색하게 되고, 이는 결과적으로 남성의 축첩과 연결 고리가 지어진 것으로 이해된다. 자식도 없는 나이 어린 청상이 감내하기 어려운 사정에 처했는데 자신을 첩으로라도 수용해주는 남성은 메마른 대지에 우로를 내려주는 하늘과 같은 은인으로 해석되었으니, 청상을 성적으로 받아들인 남성은 물질적 풍요와 젊고 아름다운 첩을 일거에 양득하는 횡재를 한 것이다. 결국 여성의 정조를 생명보다 중하다고 여기면서 음양지리의 터득 또한 당위여야 했던 풍토에서 굴절되어 발생한 기현상으로 이해된다.

위 세 편의 이야기는 재가 금지와 축첩 허가라는 이율배반적인 현상이 공존한 현실에서 유가의 형이상학적 원리인 음양론을 왜곡 변질시켜 이용해서 남녀 간의 성적 관계를 과장하여 규정한 기형적인 이야기들이다. 그래서 여성의 재가가 여성 중심적인 인본주의적 접근과는 무관하게 남성의 저급한 원망을 투사한 부도덕한 이야기로 비화되고 말았다. 이는 여성 수절과 남성 축첩이라는 양립 불가능한 이율배반적 현상이 동시에 존재하는 사회에서 발생할 수 있는 지극히 불공정한 기현상을 민낯으로 보인 것이다.

3) 재가담의 모순과 그 원인

이상 살핀 바처럼 재가담과 열녀담은 대척점에 서 있으면서도 오히려 상관성이 있음을 살필 수 있다. 수절 이데올로기가 극성한 사회에서 재가가 원천적으로 불가능하거나 사회적으로 기피해야 하는 상황에서 이루어진 재가이기에 갖은 방법들이 모색되고 급기야는 남성들의 축첩에 이용되는 일탈적이고 비틀린 현상들을 낳았기 때문이다.

모든 재가담에서 남성의 조력 없이는 재가가 이루어질 수 없다는 것이 확인되었다. 동시에 재가 결정에 여성의 의사가 관여한 경우도 없다. 여성의 발언 혹은 의견은 아예 존재하지 않는다. 설혹 존재한다 해도(2의 경우) 남성이 개입하지 않은 한 성사할 수 없었다. 재가 결정에서부터 과정 결과에 남성이 있는 것이다.

그런데 남성의 조력이 어떤 경우에는 지나치게 강제적이고 폭력적이다. 청상 딸이 죽은 것으로 공식화하고 다른 남성에게 딸을 넘기는 경우는 그래도 인간적이지만, 지극히 남성 중심적인 음양론에 의거해 어리고 대책 없는 여성들을 젊은 남성을 찾아가도록 밖으로 내모는가 하면, 심지어는 성적인 매력을 매개로 한 유기의 경우도 발견되는데, 이런 행동들조차 관용과 시혜로 처리된다. 이는 수절 이념과 음양론 이념이 복합적으로 작용한 결과로 이해된다. 그래서 많은 재가담들은 여성의 재가가 진지하게 다뤄지기보다는 남성의 관용을 찬양하거나, 여성의 재가가 남성의 자연스런 축첩으로 이어져 희화되기도 한다. 여성존재에 대한 인본적인 배려로 접근하기 보다는 여성을 성적인 존재로만 취급하는 관점이 개입하고 남성 중심적인 횡재담으로 비화한 것이다.

이를 통해 볼 때 '독립된 인격체'로서의 여성 인식이 전제되어야 비로소 여성 삶의 문제를 진지하게 다룬 재가담이 존재할 수 있다는 판단이 가능하며, 서민의식의 성장으로 인본주의적 관심이 고조되어갔다고 판단되는 조선조 후기에도, 여성은 여전히 정체성이 부재한 주변적 타자로 존재했을 뿐임을 이 재가담들을 통해 더욱더 분명하게 확인할 수 있다.

2 여성 신분 상승담의 남녀 관계 유형과 의미

본 단락에서는 여성이 종자從者로서의 존재를 탈피하고 여성 자신이 주도하고 계획하여 신분 상승의 꿈을 성취한 이야기들을 다루고자 한다.

여성의 신분 상승 화소는 우리 민족의 신화적 모친인 웅녀 이야기에서부터 비롯하여 현대 소설·현대극에 이르기까지 다양한 양태로 전개되었으니 이는 민중에게 지속적으로 부각되어 장수를 누려온 가장 대표적인 소재 중 하나이다. 그러나 본 단락에서 다루고자 하는 여성 신분 상승담은 여성이 스스로 주체적으로 노력한 결과 신분 상승을 성취한다는 단서가 붙는다. 단지 남자를 잘 점지한 덕택으로 그 남자의 그늘을 빌어 신분 상승한 이야기나, 귀족 남성에게 선택되어 행운을 얻는 신데렐라형 여성담은 대상에서 제외한다. 여성 문학적 관점에서 봤을 때 이런 이야기들은 여성을 수동적이고 복종적인 여성 이데올로기 범주 안에 두고 의존적인 수혜자로 안주하며 허망한 꿈을 꾸도록 하였을 뿐, 여성 스스로가 독립적인 주체로서 이룰 수 있었던 것은 아니기 때문이다. 본 논의가 다루는 여성 신분 상승담은 여성이 자기 삶의 주체자로 존재한다는 점이 전제된다.

여성 신분 상승담은 자아실현에 대한 인간(여성)적 욕망이 묵종여성이데올로기를 거부하거나 극복하고 태어난 이야기이다. 여성 재가담이 조선조의 여성 정절 이데올로기를 극복하거나 위배하고 성적 욕망을 따르는 것에서 이루어진 것과 그 궤를 같이 한다. 그러므로 본 단락에서 다루려는 이야기의 여성들은 '침묵과 부재' 속에서 '대상對象·종자從者·타자他者'로 살았던 조선조 일반 여성들의 삶의 틀을 스스로 벗고 주체적 노력을 통해 자신의 삶을 개척하고 재정립한 점에서 일단 진취적이다.

그러나 신분 상승에 필요한 필수적인 대사회적인 관계가 여성에게는 원천적으로 차단되어 있는 조선조 사회에서, 여성이 신분 상승을 꾀하는 데에는 사회와의 관계를 이어줄 매체로서의 남성이 반드시 필요했다. 그러므로 여성 신분 상승담에서는 '여성의 남성 선택 및 관계 정립'이 중요하게 작용한다. 그 관계 정립은 공통적으로 기존 남녀 관계의 틀을 파기하고 있다. 신분 상승을 주도하는 여성의 목적 및 지향 여하에 따라 그에 적합한 남성을 선택하고 남성과의 관계를 여성이 주도적으로 정립해나가기 때문이다. 바로 그 남성 선택과 관계 정립 여하에 작품 해석의 관건이 있으며 그에 따른 유형 분류가 가능하다.

논의의 편의를 위해 필자가 자료로 활용한 여성담들을 일단 유형별로 정리해보면 다음과 같다.

1. 1) 일타홍一朶紅과 심희수沈希秀[29]
   2) 노진盧禛과 선천기宣川妓[30]
2. 급수비汲水婢와 우하형禹夏亨[31]
3. 1) 길지를 차지한 계집종[32]

---

29 이월영·시귀선 역주, 『청구야담』, 한국문화사, 1995.

30 위의 책.

31 『계서야담』(한국설화문학전집1, 동국대학교부설 한국문학연구소 편).

2) 평양기생[33]

3) 이기축李起築 이야기[34]

이 세 가지 종류의 이야기를 분류한 기준은 앞서 밝혔듯이 선택한 남성과의 관계 정립 양상이다. 1은 여성의 주체적인 헌신으로 둘 사이의 사랑이 깊어지고 그 사랑의 힘이 남성으로 하여금 입신양명하게 하고 결국 여성도 그 신분에 완전하게 편입하는 유형이다. 3은 1과는 정반대로 여성이 상대 남성(남편)을 일방적으로 조종하여 목적을 성취하는 이야기 유형이다. 2는 여성과 남성이 공조를 통해 이룩한 신분 상승의 결과를 대등하게 향유하는 이야기 유형이다.

이 세 유형에 등장하는 여성들은 주체적인 욕망과 실천력을 가진 진취적 여성이라는 점에서 공통적이다. 그러나 관계 정립 양상에 따라, 남편 선택의 목적 및 남성과 여성 자신의 존재에 대한 인식은 각기 다르게 나타난다. 새로운 남녀 관계의 정립은 기존 남녀 관계의 틀을 파기하는 파격적인 삶을 선택한 것이며 주체적인 삶을 살기 위해 외적 장애를 극복하기 위해서 전략적으로 선택하고 굴절된 삶이기도 하다. 이 같은 굴절된 삶의 의미를 올바로 해석해 낼 수 있을 때 각 유형의 여성 신분 상승담에 내재해 있는 절망·희망·비애를 제대로 이해할 수 있을 것이다. 이처럼 다기한 양상으로 전개된 여성 신분 상승담들은 '여성 존재' 더 나아가서는 '인간 존재'의 문제에 대

32 이월영 시귀선 역주, 위의 책.

33 위의 책.

34 『계서야담』(위의 책).

해 심각한 사유를 요구한다. 본 단락 논의의 발단은 바로 이 때문에 마련되었다.[35]

1) 헌신과 사랑을 통한 신분 상승의 완결

뛰어난 지력과 추진력을 가진 천한 신분의 여성이 뛰어난 잠재 능력을 가지고서도 불우한 형편에 처해 있는 양반 남성을 발견하고 자발적이고 희생적인 헌신과 사랑을 통해 그 남성을 입신양명하도록 유도함으로써 자신의 신분 상승도 함께 성취하는 여성담들이 있다. 이야기가 처음부터 끝까지 여성 중심으로 서사되는 점에서 이야기의 주인공적 인물은 여성이다. 『청구야담』에 실린 이야기 중 〈일타홍과 심희수〉, 〈노진과 선천기〉가 이에 해당하는 여성담이지만, 그 중 〈일타홍과 심희수〉 이야기가 더 탄탄한 구성을 가지고 있고 여성 인물과 남성 인물이 관계 맺는 방식 및 관계를 유지해나가는 과정이 더욱 곡절이 있고 개연성이 있으므로 이 작품을 분석하기로 한다. 자세한 논의의 편의를 위해 〈일타홍과 심희수〉를 요약한다.

① 일송一松 심희수는 일찍 고아가 되어 배움을 잃고서 밤낮 기생집만 드나들며 호탕한 짓만 일삼는 탕자로 사람들은 그를 광동狂童

---

35 1의 1) 일타홍과 심희수, 2의 급수비와 우하형, 3의 1) 길지를 차지한 계집종을 구체적인 분석의 대상 작품으로 선정하고, 나머지 작품들은 보조적인 설명이 필요할 때만 활용할 것이다. 동일한 부류에 속할 경우, 남성과의 관계 정립, 신분 상승 지향의 의미, 방법 모색 등이 동일하여 동일한 차원의 문제의식을 가지고 있는 것으로 해석할 수 있다. 그러므로 논의의 초점이 모아져 산만하지 않도록 하기 위해서 각 유형에서 대표적인 작품을 각각 한 편씩 선택하여 분석할 것이다.

이라고 지목하였다. 하루는 재상이 베푼 잔치에 끼어 있다가 금산錦山에서 갓 올라온 일타홍이라는 명기를 만났는데, 그녀는 심희수의 집에 가 그의 모친에게 심희수가 공부하여 과거에 급제하도록 곁에서 권면하겠다는 청원을 올리고 동거를 허락받는다.

② 그날부터 일타홍은 창루에 발을 끊고 심희수 집에 숨어 살면서 심희수로 하여금 학업에 힘쓰도록 권면하였고, 자신 때문에 장가들지 않으려는 심희수를 달래 결혼도 시킨다. 그러나 세월이 지나면서 심희수는 나태해져 다시 공부를 게을리 한다. 이에 결단을 내린 일타홍은 심희수가 등과하면 다시 오겠다는 말을 남기고 심희수가 외출한 틈을 타 그 집을 떠난다.

③ 심희수 집을 떠난 일타홍은 아내 없이 홀아비로 살고 있는 재상 집을 찾아가 침선針線과 주식酒食을 정성껏 주관하며 극진하게 모신다. 재상은 일타홍을 신임하여 부녀 관계를 맺고 서로 의지하며 산다. 한편 집에 돌아온 심희수는 일타홍이 떠난 연유를 알고 일타홍을 다시 만날 일념으로 공부에 매진하여 수년 사이에 과거에 급제한다.

④ 심희수가 신은으로 유가하는 날 부집父執인 노 재상 댁에 찾아가 인사드리면서 그곳에서 일타홍과 상봉하게 된다. 심희수는 저간의 사정을 말하고 재상께서 일타홍을 양보해달라고 곡진하게 부탁하여 가까스로 허락받은 후 일타홍을 데리고 집으로 돌아온다. 그래서 이전의 좋았던 관계를 회복하게 된다.

⑤ 천관랑天官郎이 된 심희수에게 하루는 일타홍이 심희수의 성취만을 위하느라고 10년 동안 소식을 끊고 산 부모님께 인사를 드리고 싶다며 고향인 금산 태수로 갈 수 있도록 소를 올려 달라고

부탁한다. 그 부탁을 전적으로 받아들인 심희수는 일타홍을 데리고 금산 태수로 가게 되고 고향에 도착한 일타홍은 부모님을 한번 만나보고는 가족에게 영원한 작별을 고한다.

⑥ 하루는 관무를 보고 있는 심희수에게 내실에서 사람을 보내어 심희수를 뵙자고 빈번하게 청한다. 그래서 내실로 들어가니 일타홍은 영결을 고하면서 죽으면 심희수 선산에 유체를 반장返葬해달라고 유언한다. 심희수는 금강을 건너 귀경하면서 일타홍을 위한 애도시를 짓는다.

이상 기술한 줄거리를 보면 강한 애정담적 성격을 지닌 여성 신분상승담임을 알 수 있다. 광동에 불과할 뿐인 심희수를 보고 그를 자신이 맡아 돌보아 대성하도록 하겠다며 그를 선택한 것은 일타홍이었다. 기녀 일타홍이 심희수에게 피택된 것이 아니라 일타홍이 강한 의지를 가지고 의도적으로 심희수를 선택한 것이다. 이 이야기의 선택·피택 관계에서부터 일반적인 남녀 관계와는 그 구도가 다르다. 여성이 남성을 선택하고 남성은 여성의 선택을 입은 것이다. 그런데 객관적으로 여성의 환심을 살 이유가 없는 가난하고 거친 광동을 일타홍이 굳이 집착하면서까지 선택한 이유는 무엇이었을까? 일타홍은 심희수를 본 순간 그 거칠고 사나운 내면에 가진 큰 잠재 능력을 간파하였기 때문이었다.[36] 현 상태로 방치하면 방탕한 색귀로 끝나

36 일타홍이 심희수의 모친을 찾아 뵙고 말하는 대목이다: 今日某宰相宴會 適見貴宅都令矣 諸人皆狂童目之 而以賤妾愚見可知貴大人氣象 然而其氣太麤粗 可謂色中餓鬼也 今若不得抑制 則將至不成人之境 不如因其勢而利導之 妾自今日爲都令 斂跡於歌舞花柳之場 與之周旋於筆硯西籍之間 冀其有成就之道矣 未知夫人意如何 妾如或以情

고 말 것이 안타까웠고, 자신이 그를 도와 입신양명시켜 귀한 대인으로 완성시킬 자신이 있었기 때문이다.

그리고 이러한 일련의 결정 과정에는 일타홍 자신의 욕망을 심희수에게 투사한 것으로 이해된다. 일타홍은 우선 뛰어난 지인지감을 지닌 여성이었다. 심희수의 광기 어린 행동 이면에서 그가 지닌 대인 기질을 읽어낸 것도 그렇지만, 심희수가 거친 기질을 스스로 조절하지 못하고 제어되지 않을 때마다 일타홍은 지략을 내어 결국 자신이 의도하는 바대로 그를 유도하는 것 및 시의적절한 선택과 처신 등을 볼 때 그 누구도 능가할 수 없는 지혜와 판단력을 지닌 여성이었다. 그러나 '천한 신분'의 '여성'임으로 인해 그 뛰어난 능력을 성취할 수 있는 방법은 어디에도 없었다. 심희수를 본 순간 일타홍은 동병상린의 연민과 애정을 느꼈을 것으로 짐작된다. 훌륭한 자질을 가진 대인감인데도 형편이 열악하여 그대로 두었다가는 추락하고 말 것이라는 것을 인지한 일타홍은 자신을 아예 투신하여 심희수를 대성할 수 있도록 모든 방법을 동원해 유도한 것이다.

그런데 일타홍은 우선은 자신의 존재를 위하거나 격상하는 것도 염두에 두지 않았다. 심희수 집에 들어가 동거하면서도 자신을 심희수의 아내로 자처하지 않는다. 심희수는 이미 일타홍에게 전적으로 마음이 기울어 결혼하는 것을 마다했지만 일타홍은 그런 심희수를 완곡하게 설득하여 결혼하도록 만들었다. 심희수가 떳떳한 양반 성인으로서 행세하려면 정상적인 결혼이 필요했기 때문이었다. 일타홍은 자신의 성취를 위해서 일단 자신마저도 버릴 수 있었다.

慾而有此言 則何必取貧寒寡宅之子乎 妾雖侍側 決不使任情受 傷矣 此則勿慮矣.

일타홍은 심희수의 본질을 꿰뚫고 있었다. 그래서 다시 나태해져 공부하는 것을 거부하고 게으름 피우는 심희수를 격발하기 위해 심희수를 떠나는 비방을 사용한다. 그와 일단 떨어져 있어야 심희수가 후회 각성하고 일타홍을 다시 만나기 위해서 과거급제에 몰입할 것이라는 것을 알았고, 일타홍의 추측대로 심희수는 일타홍을 다시 만나겠다는 일념으로 공부하여 수년 내에 과거에 급제하여 일타홍을 찾게 된 것이다.

그런데 그녀가 심희수의 집을 나서 찾아간 곳은 늙어 의지할 자 없이 홀로 살고 있는 홀아비 노 재상 댁이었다. 그곳에서 일타홍은 재상의 신임을 얻어 부녀 관계를 맺고 서로 의지하며 살게 된다. 그 둘이 부녀 관계까지 맺고 의지하며 살게 되기까지의 저간의 자세한 사정은 알 수 없지만, 자신을 안전하게 보전하면서 동시에 심희수와의 의리도 지키며 재회의 날을 기다린 것이다. 심희수가 도약하기 위해서는 마음을 다잡기 위한 또 한 번의 특단이 필요했고 심희수가 재정립하고 도약하여 현달해 찾아올 그 기간 동안 일타홍은 재상집에서 유폐된 기간을 보내면서 자신의 본 신분을 더 깨끗하게 씻어낼 수 있었다.

결국 심희수는 현달하여 일타홍을 찾아오고 재상에게서 일타홍을 안전하게 인계받는다. 일타홍과 심희수의 결합이 비로소 현실적으로 완전하게 이루어진 것이다. 그 둘 사이의 믿음과 사랑에 여타의 존재는 끼어들 여지가 없었다. 그런데 일타홍은 심희수를 만난 이후 10년 동안을 부모와 소식을 단절한 채 살았던 것을 환기하고 부모님과 상봉하기 위해 심희수에게 금산 원님으로 가자고 간청한다. 심희수는 단지 일타홍의 원을 풀어주기 위해서 금산 원님으로 자청해

나간다. 심희수가 일타홍에게 가지고 있는 믿음과 애정의 정도를 짐작가능하게 하는 대목이기도 하다. 그런데 그리해서 이룬 부모와의 상봉을 일타홍은 단 1회에 그칠 뿐이다. 일타홍이 간절하게 열망했던 만남이지만 모순적이게도 부모님에게 영원한 별리를 고한다. 심희수에게 간청해 부모님을 찾아뵌 것은 인지상정이요, 영원한 별리를 통보한 것은 자신 과거와 영원히 단절하기 위해 내린 냉철하고 이성적인 결단으로 이해된다. 부모님과 이루어진 단 한 차례의 상봉은 결국 철저한 과거 단절을 위한 만남이기도 했다는 의미이다.

그런데 지금까지 이루어진 이야기 과정을 살펴볼 때 그 단계마다 일타홍의 신변에도 매번 변화가 있었다는 사실을 간과할 수 없다. 일타홍이 심희수 집으로 들어온 시점부터 그녀는 이미 자신의 원 신분을 벗어나 새로운 신분으로 이동해갔기 때문이다. 심희수 집으로 들어오면서 그녀는 그곳에 숨어 살며 기적妓籍에서 빠져나온다. 모든 지략을 동원해 심희수를 추동하고 몰아 공부하도록 만들며 물심양면 도왔지만 심희수의 집은 그녀의 원 신분을 감추며 새로운 삶을 살 수 있는 기반을 마련한 곳이기도 했다. 또 재상의 집에 들어가 재상의 신임을 얻어 양딸로 행사함으로써 또 한 번의 신분 세탁을 안전하게 할 수 있었다. 여하튼 심희수를 위해 집을 떠난 것은 자신을 버리는 행위와 유사한 헌신적 희생이었지만 이로 말미암아 성취한 결과는 한층 더 컸다. 그녀의 헌신적인 한걸음 한걸음은 자신이 설계한 궁극적인 목적을 향해 점점 다가가는 행보이기도 했다.

재상 집을 떠나 심희수와 함께 돌아간 뒤 그 둘 사이의 관계는 공고해질 만큼 공고해져 부부사이 이상이었고, 심희수는 사정이 여하하든 일타홍이 원하는 대로 따라 주었다. 그간 그 둘이 쌓아온 정과 믿음이 있었기에 가능한 일이었다. 그래서 심지어는 심희수와의 관계를 위해서 10년간 연락을 끊고 살았던 부모를 만나볼 의향으로 금산 태수로 나갈 수 있도록 소를 올려달라는 일타홍의 부탁조차 심희수는 최선을 다해 받아들인다. 오로지 일타홍이 원하는 바를 들어주기 위해서 순순히 지방 태수로 자청하여 떠난 것이다. 금산에 이른 일타홍은 마침내 부모를 만나 뵌다. 그러나 만남과 동시에 가족과 영영 인연을 끊었으니, 심희수를 위해서도 자신의 원래 신분에서 완전하게 벗어나기 위해서도 치러야 할 의식인 셈이었다.

이러한 사실은 이어 나오는 죽음 유언에서 또 다시 드러난다. 일타홍이 자신이 죽은 후에 시신을 심희수의 선산에 반장返葬해줄 것을 부탁한 것은 영원히 그 가문의 일원으로 남겠다는 의지와 다름없다. 그녀는 죽음 후까지 자신이 목적한 신분 상승의 목적을 완결했다고 볼 수 있다. 이처럼 심희수에 대한 그녀의 희생적인 헌신은 매 단계 자신의 존재를 승격시키는데 작용했다. 자신의 목적을 위해 스스로 헌신하면서 더 큰 진척을 얻어냈으며 이는 모두 그녀의 면밀한 계획하에 이루어진 것이다. 이야기의 후반부로 갈수록 심희수와 일타홍의 관계가 둘만의 관계 속으로 더욱더 집중하는 것도 결국 그 둘이 이루어낸 아름답고 견고한 사랑이야기이면서 일타홍이 결국 도달하게 된 신분 상승의 완결성을 보이는 것이다.

일타홍의 헌신은 심희수를 향한 사랑의 감정과 결합하였고, 심희수 또한 일타홍을 향한 사랑의 마음은 그 둘의 관계를 더 할 수 없이 공고하게 만들었다. 일타홍은 자신의 지인지감과 지략과 시의적절한 처신을 통해 그 둘 사이의 사랑을 더욱 공고하게 완성해 가면서도 동시에 자신의 신원을 차츰 격상해 갔으며 결국 본 신원에서 완전히 떠나 심희수의 가문 안에 안장될 수 있었다. 일타홍 이야기는 지고지순한 사랑 이야기이면서 동시에 여성이 자신의 재예를 남성에게 투사하여 완성한 격조 높은 신분 상승담이기도 하다.

2) 여성과 남성의 공조와 성취의 공유

두번째 유형의 여성 신분 상승담은 여성이 남성을 선택하고 그 남성에게 투자하고 공조하여 얻은 성취를 공유하는 이야기이다. 앞서 다룬 여성 신분 상승담에서는 여성이 무조건적으로 헌신·희생하는 것으로 시작하고 여성이 남성의 대 사회적인 처신에 끼어들지 않지만, 본 유형의 이야기는 남성의 사회적 대면까지도 일정 정도 관여하며 관계 정립에서도 헌신보다는 대등하게 공조하는 면모를 보인다. 이에 해당하는 여성 신분 상승담인 〈급수비와 우하영〉의 개요를 소개한다.

① 지극히 궁색한 무변 우하영이 관서 변방의 읍에서 수자리할 때 퇴기로 급수비가 된 자와 우연히 만나 동침한다. 그녀는 첩의 직분을 자처하며 우하형의 의복과 음식을 거르지 않고 마련해준다.
② 우하형이 벼슬 기한이 다 되어 상경하자 그녀는 그동안 모았던 재산을 모두 우하형에게 주면서 벼슬길을 도모하라고 권하며 훗날 관사에서 상봉할 것을 기약한다.
③ 그녀는 그 후 홀아비로 살고 있는 장교將校 집에 들어가 치산을 담당하여 재산을 증식해 주는 한편, 조보朝報를 입수하여 우하형의 벼슬 현황을 살핀다.

④ 7년 후 우하형이 관서關西 요읍要邑에 제수된다. 그녀는 장교와의 관계를 청산하고 관아로 우하형을 찾아간다. 우하형은 마침 홀아비로 살고 있던 상태여서 그녀는 정침正寢 권한을 소유하고 적자와 비복을 현명하게 구처한다.

⑤ 그녀는 그 후에도 여전히 조보를 통해 정세를 파악하고 우하영을 조종하여 마침내는 절도사에 오르게 한다. 우하형은 70세로 천수를 마친다.

⑥ 우하형이 죽자 그녀는 모든 집안일을 적자嫡子 며느리에게 위임하고 곡기를 끊고서 죽는다.

⑦ 우하형의 관이 움직이지 않다가 그녀의 관과 나란히 한 후에야 나아간다. 그녀의 묘는 우하형의 묘에서 10여보 되는 곳에 있다.

우하형과 급수비의 만남과 동거 생활은 상보적인 관계로 출발하였다. 그들은 영락해있는 처지의 유사성으로 말미암아 연민의 정이 싹트고 서로를 의지하면서 동거 생활에 들어간 것으로 이해된다. 그 둘은 동거 생활에 들어가면서 서로의 사정과 입장을 분명하게 밝힌다. 동거에 들어가면서 그 둘이 나눈 대화를 소개한다.

> "선달님께서는 이미 저를 첩으로 삼으셨는데 장차 무슨 물건으로 음식과 의복의 자본을 삼으시겠습니까." "나의 집은 본디 가난한 데다 하물며 천리 객지에 와 있어 손에 가진 것이라곤 아무것도 없네. 내 이미 자네와 같이 살게 되었으니 바라는 바는 때 낀 옷을 빨아주고 터진 양말을 꿰매주는 것일 뿐이네. 자네에게 줄 물건이 어찌 있겠는가." "저도 익히 알고

> 있습니다. 제가 이미 몸을 허락하고 첩이 되었으니, 선달님의 의복에 드는 비용을 제가 감당하겠습니다. 걱정하지 마십시오."[37]

우하형이 그녀를 부양할 수 있는 경제 능력이 없는 사실을 잘 알면서도 동거 생활에 필요한 음식과 의복의 조달 문제를 꺼내 우하형의 말을 분명하게 듣고서야 자신이 그 모두를 책임지겠다고 밝힌 것은 서로의 수수관계를 명확히 해둔 것이었다. 일타홍처럼 한번 보자마자 일방적인 헌신을 결정한 것과는 분명하게 다르다.

변방에서 임기가 끝난 우하형은 상경하기를 포기하고 고향인 평산平山에 돌아가 농사나 짓고 살고자 하였다. 그는 빈한하게 무변 말직 생활을 하면서 미래에 대한 희망을 잃은 채 자포자기적인 절망감으로 그 같은 생각을 가졌던 것이다. 그런 우하형에게 동거했던 급수비는 그간 자신이 모았던 돈을 다 주면서 상경해서 벼슬길을 도모하라고 권하며 다음과 같이 말한다.

> 선달님의 관상을 보니 적막한 사람이 아닙니다. 앞으로 곤수閫帥의 지위에는 오를 수 있을 것입니다. 남자로 해볼 만한 기회가 있는 데도 재산이 없다는 이유로 초야에 매몰되어서야 되겠습니까. 몹시 애석한 일입니다. 제가 몇 해 동안 모아놓

37 女謂夏亨曰 先達旣我爲妾 將以何物爲飮食衣服之資乎 曰 吾本家貧 況此千里客中手無所持者 吾旣與汝同室 則所望不過澣濯垢衣 補綻弊襪而已 其何物之汲於汝乎 其女曰 妾亦知之熟矣 吾旣許身爲妾 則先達之衣資 吾自當之 須勿慮也 禹亨曰 此則非所望也.

> 은 은화가 있는데 6백 냥은 될 것입니다. 그것을 전별금으로 드리겠으니 안장을 갖춘 말과 의복을 준비하여 고향으로 가지 마시고 곧바로 서울로 가셔서 벼슬을 구하십시오. 십 년을 기한으로 한다면 하실 수 있을 것입니다.[38]

일타홍이 심희수를 보고 그 잠재적인 가능성을 간파했듯이 급수비도 빈한한 무변 우하형에게 감춰진 남다른 능력을 간파하고 그가 현달할 수 있도록 도와주기로 결정한다. 동거생활 동안 급수비는 우하형에게 적절한 도움만 준다면 충분히 현달할 수 있다고 확인한다. 그녀는 우하형에게 일방적인 물질적 도움을 주어 현달할 수 있는 기반을 마련해주면서도 앞으로의 그들 관계를 명확하게 규정하는 것 또한 빠트리지 않았다. 우하형의 현달 기한을 10년으로 장담했으며 우하형이 본도의 태수가 되어 오면 그날로 찾아가겠다는 언약도 남긴다. 이런 말의 이면에는 우하형에 대한 그녀의 뒷바라지는 일종의 투자이고 그 투자에 대한 결과는 함께 향유하겠다는 생각을 분명하게 밝힌 것이다. 일타홍의 무조건적인 헌신 양태로 시작한 것과는 분명히 다르다. 급수비의 선택과 도움은 조건을 명시한 계약의 색체가 짙다.

우하형이 현달하기 위해 그 둘은 일정 기간 동안 이별하는 것이 불가피했다. 그 이별 기간을 통과하는 급수비의 방식 또한 일타홍과

---

38 女曰 吾見君容儀氣象 非草草之人也 前程優可至閫帥 男子旣有可爲之機 何可坐於無財而埋沒於草野乎 甚可歎惜 吾有積年銀貨 可至六百兩 以此贐之矣 可備鞍馬及衣資幸勿歸鄕直向洛下而求仕焉 十年爲限 則可以有爲也.

는 많이 다르다. 일타홍에게 그 별리 기간은 나태해진 심희수를 격발시키기 위해 취해진 조처였지만, 스스로에게는 심희수와의 사랑의 관계를 철저히 지키면서 동시에 기생의 신분을 완전하게 벗기 위한 통과의례적인 시간이기도 했다. 세간과 분리되어 세상에서 잊히는 유폐 기간이었던 것이다. 그러나 급수비는 자신이 별리 동안 살아갈 수밖에 없는 현실적인 삶의 방식에 대해서 떳떳하고 솔직하게 밝힌다.

> 저는 천한 사람입니다. 선달님을 위해 어찌 수절할 수 있겠습니까. 마땅히 몸을 모처에 의탁해 있다가 선달님께서 본도의 태수가 되어 오시면 그날로 당장 나아가 뵙겠습니다.[39]

그녀는 자신의 신분 세탁을 위해 세상과 등지고 단절하는 행동을 취하지 않는다. 심희수는 몰락했지만 양반이었는데 우하형은 빈한한 무변일 뿐이어서 상대되는 여성의 신분이 그 제약을 덜 받았을 수도 있다. 여하튼 급수비는 여전히 기녀의 신분으로 남아 새 삶의 시작을 기다리고 준비한다. 그러기에 우하형과 대등한 관계 속에서 투자하고 그 결과를 향유하겠다는 합리적인 계산이 더 용이할 수 있었다.

우하형과 이별한 그녀는 홀아비로 살고 있는 어느 장교將校 집에 들어가 동거한다. 그녀는 가산을 담당하면서 미리 건기件記를 작성해 놓은 다음 방법을 강구하여 재산을 증식해준다. 그녀는 서로의 필요

39 吾賤人也 爲先達何可守節 當託身於某處 先達作宰本道然後 卽日當進謁.

에 의거해 동거를 계약했던 장교에게 일방적으로 부양당하는 불공정한 관계를 면하기 위해서 스스로 계획을 세워 재산을 증식해준 것이다. 그러면서 다른 한편으로는 조보를 통해 벼슬의 근황을 살피면서 우하형과의 재회를 준비하였다. 우하형과의 관계에서 그러했듯이 장교와의 관계에서도 대등함을 유지했으니, 단지 기식寄食하는 데 머무르지 않고 치산治産해주는 역할로 자신의 위상을 정립했다. 이처럼 평등한 수수 관계를 유지해왔기에 장교에게 헤어짐을 통보하면서도 그녀는 떳떳할 수 있었다.

우하형과 다시 만나 살게 된 그녀는 이제 적극적으로 우하형의 벼슬길에 관여한다. 그녀는 우하형에게 조보를 구해 오도록 하여 그것을 보고 정사政事를 미루어 헤아렸다. 그래서 전관銓官으로 교체될 자를 미리 짐작해 점찍어서 우하형에게 그를 상대로 뇌물 공세를 펴 환심을 사도록 하였다. 그러면 당사자는 분에 넘치는 대우를 받고 감격하여 전관이 된 후 우하형을 극력 추천하였다. 이렇게 하여 우하형은 승진을 거듭해서 마침내는 절도사의 지위까지 오르게 되었다. 이처럼 그녀는 우하형의 환로에 간접적이지만 적극적으로 개입했던 것이다.

일타홍과 심희수의 관계와 이 둘의 관계를 비교해볼 수 있다. 일타홍과 심희수 사이에는 내외의 유별이 확실하게 있었다. 일타홍이 심희수를 성공시켰던 것은 심희수에게 있는 잠재 능력을 갖은 헌신과 희생을 통해 끌어낸 결과였지 심희수의 벼슬길에 어떤 식으로 개입해 주선한 적은 없었다. 내조자로서의 여성 본분을 일타홍은 결코 넘어서지 않았던 것이다. 그러나 급수비는 우하형에게 마음을 주고 동거한 후로도 우하형에게 전적으로 종속되지 않았다. 우하형으로

하여금 서울로 올라가 벼슬길을 찾으라고 권유하여 결정한 뒤, 떳떳하게 밝히고서 다른 남성과 계약적 동거에 들어갔으며 우하형이 관서지방 주요 읍의 태수로 나가자 그녀는 그간의 생활을 정리하여 수수 관계를 따져 분명하게 매듭짓고서, 우하형과 별리하기 전 약속했듯이, 우하형이 있는 관아로 찾아간 것이다. 처음부터 끝까지 주체적인 자기 결정에 따라 주종 관계에 얽매이는 일 없이 대등한 관계 정립 속에서 가능성에 투자했고 인생을 모험했던 것이다.

이처럼 그녀는 모든 행보를 자신이 계획하고 결정하였다. 우하형과의 관계에서 우하형이 오히려 믿고 따르는 입장이었다. 능력 면에서 급수비는 우하형보다 우위였고 우하형은 남성으로서의 권위를 내세우거나 불만을 표명한 적 없이 처음부터 끝까지 급수비의 제안을 믿고 따른 결과 본인의 힘으로는 도저히 오를 수 없는 지위에까지 오를 수 있었으니, 그들은 대등한 관계 속에서 급수비가 모든 일을 주도하며 공조했다 할 수 있다.

이런 공조를 통해 오르게 된 우하형의 지위는 비단 우하형의 것만일 수 없다. 우하형이 이룬 성취는 급수비의 적극적인 물질적인 후원 및 구체적인 지도가 없었다면 불가능한 결과였기 때문이다. 그러나 한편으로 생각할 때 우하형이 절대적으로 급수비를 믿고 따를 수 있었던 것이 성취의 알파 오메가였다고도 말할 수 있다. ⑦항에서 정침正寢 권한을 소유하고 적자와 노비를 구처하였다 하는 것은 그녀가 더 이상 첩 신분으로 존재하지 않는 것을 간접적으로 표현한 것이다. 급수비의 적극적인 공조 결과 이룩한 우하형의 성취는 곧 그녀의 것이기도 했다.

상호 대등한 공조 관계 속에서 여성이 모든 일을 계획하고 주도해

나갔지만 여성이기 때문에 대 사회적 관계에 직접 나설 수는 없었다. 대 사회적인 관계는 여성 신분으로서는 원천적으로 불가능한 일이었기 때문이다. 그가 우하형과의 공조 속에서 끊임없이 우하형을 지시하여 목적을 달성했던 것은 단지 우하형의 현달만을 위한 것은 아니었다. 자신의 능력을 시험하여 자기의 존재를 확인하고 신분 상승을 꾀했다고 이해할 때, 우하형은 곧 그녀의 분신이었다 해도 과언이 아니다. 그들은 한 몸처럼 호흡이 잘 맞았고 만남에서 죽음에 이르기까지 공생 공조의 끈을 놓지 않았다. 그래서 사회적으로는 비록 그녀의 존재가 드러난 적 없지만 주어진 조건을 최대한 활용하면서 남성과 공조하는 참여를 통해 자신의 능력을 실현한 것으로 이해할 수 있다. 이러한 사실은 우하형이 죽어 예법에 따라 치상하고 성복成服한 뒤 그 적자에게 하는 다음과 같은 그녀의 말에서 직접 확인할 수 있다.

> 영감께서 시골의 무변으로 지위가 아장에까지 이르렀으니 영화로움을 이미 다 했고 희년을 넘겼으니 수명 또한 남김없이 다 한 것이다. 무슨 남은 서운함이 있겠느냐. 게다가 나로 말할 것 같으면 지어미로서 지아비를 섬기는 것이 본디 당연한 도리이니 내 지나치게 자랑할 무엇이 있겠느냐마는, 여러 해 동안 정성과 힘을 모두 써 벼슬 구하는 방법을 도와 지금에 이르렀으니, 귀함도 이미 지극하고 책임 또한 다 하였다. 돌아보건대 시골의 천한 사람으로 무재武宰의 소실이 되어 여러 읍에서 후한 녹을 향유했으니 어찌 원통한 마음인들 있겠느냐.[40]

우하형과 자신이 누렸던 지위 및 복록은 더할 수 없이 지극하여 여감이 없다고 표현했을 뿐만 아니라 자신이 온 정성과 힘을 쏟은 결과 우하형이 지금에 이를 수 있었던 사실도 아울러 분명하게 밝히고 있다. 우하형은 그녀가 적극적으로 조언하고 공조하여 성취한 신분 상승의 결과를 사회적으로 행사하고 있는 그녀의 분신이기도 했던 것이다.

우하형이 죽자 장례를 치르고 성복한 뒤 집안의 전권을 자부子婦에게 넘기고 곡기를 끊어 자결한 것도 우하형은 곧 그녀의 분신이었다는 관점에서 보면 쉽게 납득된다. 그녀의 모든 성취를 한 몸에 체현하고 있는 우하형의 죽음으로 인해 그녀가 더 이상 존재할 의욕을 상실한 것은 당연하다. 존재의 일체감은 그녀만 소유했던 것이 아니다. 우하형의 관을 발인하려 하자 꿈쩍도 않다가 그녀의 관을 다스려 함께 발인하자 우하형의 관이 비로소 움직였다는 것[41]은, 그 둘은 생사를 같이 해야 할 존재라는 것을 상징한다. 그 두 사람의 무덤은 결국 나란히 세워졌으니 죽음의 길조차 함께 떠나 같은 곳에 묻힌 것이다.

결론적으로 말하자면 급수비는 상대 남성 우하형과의 '공조 → 일체화 → 공유'라는 관계 정립을 통하여, 주체적 존재의 몫을 확실하게 행하고 대등한 관계 속에서 신분상승의 성취를 함께 공유했던 것

40 令監以鄕曲武弁 位至亞將 榮已極矣 年過稀年 壽亦極矣 有何餘憾 且以我言之 爲婦事夫 自是當然之道理 有何自爲誇矜 而積年以來 費盡誠力 贊助求仕之方 得至于今貴已極矣 責亦盡矣 顧以遐方賤人得備小室於武宰 享厚祿於列邑 今有何痛冤之懷.

41 及兵使之葬期已迫 將遷柩而柩重不可擧 數千百人無如之何 擧家惶惶 諸人皆曰 無或係意於小室而然耶 乃治其小室之勒 將行同發 則兵使之柩 輕擧而行 人皆異之.

이다. 그녀가 비록 사회적으로는 노출되지 않은 채 우하형이 모든 대 사회적인 관계를 대행했지만 만남에서부터 유지해온 상호 대등한 공조 관계 속에서 그 둘은 일체화되어 신분 상승의 꿈을 일궜고 죽음의 길까지 동행한 것이다. 급수비의 삶은 사회적 행사가 단절된 (하층민) 여성 조건에서 그녀가 취득할 수 있는 최고의 자아 성취였다고 여긴다.

3) 남성을 조종해 이룬 여성의 독자적 성취

이 유형에서 남편은 여성이 목적 달성을 위해 방편적으로 선택하여 활용한 대리인일 뿐이다. 위에서 다룬 두 이야기와는 달리, 여성이 선택한 남성은 뛰어난 자질을 가진 인물이 아니라 어리석고 순하여 여성의 말에 무조건적으로 순종하는 무능한 남성이다. 그런 남성을 의도적으로 선택하여 활용한 여성은 남편을 필요에 따라 마음대로 조종하여 신분 상승의 꿈을 성취한다. 이 유형에 해당하는 〈길지를 차지한 계집종[點穴童婢慧識]〉의 내용을 요약하여 소개한다.

① 관동에 곽생郭生이라는 자가 문벌이 높고 연로하며 부유하였는데 한 중과 너 나 하며 허물없이 지냈다. 곽생이 죽자 그 중이 나타나 평소의 은혜에 보답하겠다며 한 길지를 잡아주었으나 상주는 그것을 거절하고 다른 곳을 택한다. 중은 여러 대에 걸쳐 공경公卿이 나올 장지를 저버리고 겨우 군수나 나올 장지를 택한다고 애석해 한다. 그때 도시락을 지고 따라다니던 계집종이 그 말을 엿듣고는 남몰래 자신의 부친 해골을 파내어 그곳에 옮겨 묻

고 봉분하지 않는다. 그리고는 면천免賤할 계책으로 모친을 모시고 도망하여 기내畿內로 들어간다.

② 그녀는 방적 일을 열심히 하여 재산을 모았는데 마침 하는 일마다 천우신조인지 순조롭게 이루어져 큰 부를 이룬다. 그러자 부귀한 자제들이 다투어 그에게 청혼했지만 그녀는 모두 마다하고 일찍 고아가 되어 고용살이로 연명하고 있는 아둔한 몰락 양반 김씨를 선택하여 결혼한다.

③ 그녀는 남편으로 하여금 농사일을 그만두게 하고 스승까지 초대하여 공부시켰지만 1년이 지나도 한 글자도 익히지 못할 정도였다. 그러나 그녀의 말에는 무조건적으로 순종한다. 여자는 천교遷喬할 목적으로 서울 안으로 들어가 이이첨과 이웃해 살면서 남편으로 하여금 종일토록 의관을 정제하고 반듯이 앉아 책을 펴고 책상 앞에 앉아있되 쓸데없이 입 여는 일이 없도록 하라고 지시한다. 그러자 온 마을에 도덕군자라는 명성이 퍼진다.

④ 이이첨이 병이 들자 그녀는 그 병이 나을 처방을 예시해주고 그로 말미암아 이이첨의 절대적인 신임을 얻는다. 이이첨은 재상에게 여러 차례 김씨를 천거한 결과 관직 임명장이 그녀의 남편에게 여러 차례 내려왔지만 끝내 사절한다. 그로 인해 도덕군자의 명성이 더욱 높아진다.

⑤ 또 다시 교경郊坰으로 이주하여 세 아들을 낳았는데 모두 재주가 뛰어나 고문高門에 장가들어 문사文辭가 크게 발전하였다. 하루는 그녀가 아들에게 이이첨의 죄상을 낱낱이 열거한 소장을 짓게 하여 그것을 남편으로 하여금 베껴 올리게 한 결과 견책을 받았으나 얼마 안 있어 개옥改玉되고 남편은 그 때 올린 소로 인해 고

관대직으로 추대되어 천수天壽를 누렸다. 세 아들들은 차례로 등과하여 청요직淸要職에 오른다.

⑥ 하루는 세 아들이 한 권귀權貴를 반박하려고 모여 상의하자 모친은 자신의 출신을 아들들에게 고백하며 말린다. 그때 도둑이 들었다가 그 말을 엿듣고 후한 사례를 얻어낼 작정으로 곽씨 가에 찾아가 알린다. 군색하게 살고 있던 곽씨는 곧바로 찾아온다. 그녀는 그를 족남族男으로 대우하며 출입하게 한다. 또 아들들이 주선하여 음직을 얻게 해주었고 그래서 결국 군수郡守에까지 오른다.

이 이야기는 우선 풍수담과 추노담이 이야기의 외곽을 싸고 있고 그 안에 계집종의 신분 상승을 이야기한 신분 상승담이 들어 있는, 액자식 구성을 갖추고 있다. 이 이야기에는 계집종이 신분상승의 꿈을 가지고 실천에 돌입하기 이전 부분인, 중이 상주에게 장지를 알선해주는 대목(①)을 제외하고는, 줄곧 그녀만이 전면적으로 부각된다. 그녀는 명당 얻을 기회를 포착하자 모든 것을 자로 잰 듯한 계획을 세워 실행에 옮긴다. 가장 먼저 세운 계획은 면천免賤하는 것이었다. 그래서 자신들의 신분을 완전히 감출 수 있고 또 많은 사람들을 접하면서 방도를 찾아볼 수 있는 기내畿內로 거주지를 옮긴다. 시운도 따랐지만 워낙 명민한 그녀였기에 치산에 발군의 능력을 발휘해 어렵지 않게 재산을 모으자 제 이단계의 전략에 들어간다. 그것은 바로 신분 상승을 위해 치밀한 계획을 세워 실천하는 것이었다.

그 일환으로 제일 먼저 착수한 것이 결혼할 남성을 선택하는 일이었다. 결혼의 목적은 그녀가 벌일 계획을 위한 기반을 마련하는 데 있었다. 다른 부류의 여성 신분 상승담에서처럼 남성을 선택하는 것은 사회와 원천적으로 차단된 여성적 한계가 그 일차적 원인일 것이지만, 본 이야기에서는 다른 이야기에서 볼 수 있는 애정적 관계조차 부재한다. 그래서 남편을 선택하는 방식도 각별하다. 그녀의 위상에 어울리는 유수한 남성들이 그녀에 관한 풍문을 듣고 몰려들었지만 그녀는 다 마다하고 바보나 다름없는 몰락양반의 후손을 선택한다. 남성이 필요했고 양반이어야 했다. 그러나 일반 여성들이 바라는 이상적인 남성상과는 동떨어진 것이었다. 그것은 무조건 자신의 뜻에 따라줄 남성이 필요해서였다. 그래서 가정 내에서의 그들 부부의 역할은 남성 중심적인 주종관계를 완전하게 전복시켰다. 남편은 한 해를 하루도 거르지 않고 수고롭게 애써도 한 글자도 제대로 모를 정도로 형편없는 바보였지만 정직하며 그녀가 지시하는 대로 한 번도 거스른 적이 없이 한결같이 따르면서도 양반 후손이라는 체통을 보유하고 있는 남성이었기 때문이다.

그 당시 최고 권력자인 이이첨의 이웃으로 이사해간 그녀는 남편을 주변 사람들에게 도덕군자로 인식시키는데 성공한다. 멍청한 양반 남성을 조종하여 도덕군자의 형상을 만들어낸 그녀의 기획은 가히 절묘하다. 언제나 변함없이 책상 앞에 단정하게 앉아 책만을 읽되 망령된 말을 입 밖으로 내지 말라고 지시한다. 남편의 멍청하고 정직하고 순한 성품을 적절하게 활용하여 완전한 도덕군자의 형상을 연출한 것이다.

굳이 이이첨의 이웃에 집을 잡아 이이첨의 눈에 남편이 감히 범접하지 못할 군자로 인식되게 한 것도 다 계산된 전략이었으니 그렇게 근접한 인물이 또 꼭 이이첨이어야 하는 필연적인 이유가 그녀의 계획안에 있었다. 그녀의 조종에 의해 완벽하게 포장된 남편이 그 당시 최고 권력자인 이이첨의 천거를 받아 여러 번 벼슬이 제수되었어도 굳이 거절해야 할 이력을 쌓기 위해서였으며, 또 다시 교경郊埛으로 옮겨가 이이첨의 악행을 모두 열거한 소를 올리게 할 목적이 있었기 때문이었다. 그녀는 탁월한 지인지감의 소유자였다. 이이첨은 언젠가 관영貫盈할 날이 있고 개옥改玉은 일어날 수밖에 없을 거라는 앞날의 사태를 미리 내다보고 이이첨을 역 이용한 것이다.

이처럼 그녀는 지인지감을 무기로 삼아 주어진 여건을 최대한 활용한다. 남편을 전면에 내세워 자신의 뜻대로 조종하면서 목적을 차근차근 이뤄나갔던 것이고, 결국 남편을 고관대작의 자리에 오르게 하고, 그녀가 낳은 두 아들은 그녀의 바람에 부응해 모두 과거에 급제하여 청요직淸要職에 오를 수 있었다. 이쯤 되자 천한 계집종 신분의 흔적은 어느 곳에도 남아있지 않게 되었다.

신중하고 현명한 일 처리는 위기에 처했을 때 더욱 빛을 발하는 법이다. 이제 모든 것이 더 바랄 수 없을 정도로 이루어진 상태였다. 그러나 그 끝을 모르고 치달으면 언젠가는 추락하고 마는 것이 인간사를 지배하는 섭리이다. 권귀權貴를 탄핵하겠노라고 열정을 토로하는 아들들에게 그녀는 제동을 걸면서 근본 출신을 인지시켜 언행을 조심하라고 주의시킨다. 권귀를 둘러싸고 아들들이 소란을 피우면 그들의 신분까지도 들통이 날 염려가 있을 것을 우려했기 때문이다. 정점에 이른 이때 자숙하고 안분해야 한다고 인지한 것이다.

그러나 그때 집에 든 도둑이 모자가 나누는 대화를 듣고 곽씨에게 달려가 밀고하여 곽씨가 찾아온 위기 상황에서, 그녀는 또 다시 기민한 임기응변으로 일을 순조롭게 처리한다. 이 부분은 풍수담의 완결을 위해 마련된 삽화적 서사이지만 동시에 신분 상승을 공고히 하고 기존의 주종 관계에서 완전하게 탈피하는 결말을 보여준다. 옛 주인과 그녀는 대외적으로 친족남매라고 알려지게 되고 옛 주인은 그 집안을 드나들면서 그녀 아들들의 힘을 입어 음직을 얻고 결국 군수의 지위에 이른다. 그래서 그들은 대외적으로 친족관계로 굳어진다. 도망 나온 비천한 계집종이 남편을 선택하고 조종하여 고관대작 자리까지 올랐으며, 아들 대에 이르러서는 늘 그들의 신분을 탄로할 위험성이 있는 옛 주인을 친족으로 둔갑시킴으로써, 결국은 그들의 능력으로 세상에 대처하여 살 수 있도록 완벽한 신분 상승을 이룬 것이다.

본 유형 여성 신분 상승담의 남녀 관계 정립 양상은 앞서 다룬 두 유형의 이야기들과 전혀 다르다. 본 유형에서는 여성이 남성을 완전하게 압도하여 거의 수족처럼 다룬다. 일타홍과 심희수, 급수비와 우하형의 관계는 비록 여성이 비록 주도했다 할지라도 기본적으로는 여성이 남성의 능력을 인정하고 또 애정 관계로 이어지므로 남녀 애정담 성격도 지닌다. 그러나 이 유형 이야기는 애정담과는 거리가 멀다.

일타홍은 심희수의 현달을 목적하고 그를 위해 희생적으로 헌신했으며 급수비 또한 동반자적인 균형을 잃지 않으면서 상호간의 애정이 그들을 끝까지 결합하고 분투케 하였다. 이 두 여성 모두 남편으로서의 위상을 인정하지 않거나 격하하거나 전도를 꾀한 적은 없다. 그러나 이 여성은 달랐다. 남편을 오히려 자신의 명령에 전적으로 복종하게 만들고 종처럼 다루었다. 자신이 겪었던 종으로서의 역할을 양반인 남편에게 그대로 적용했다고 볼 수 있다. 남편은 오직 대외적인 얼굴 노릇을 위한 방편이었으며 동시에 아들을 생산하기 위한 도구였다. 오히려 착실한 종이 되어줄 인물을 구하느라 굳이 바보를 선택했던 것이다.

〈평양 기생의 식감[策勳名良妻明鑑]〉[42]도 여성이 천민이었던 점, 뛰어난 지인지감으로 면밀 주도하게 계획하여 일을 진행시킨 점, 조건 좋은 남성들을 모두 물리치고 가장 모자란 비렁뱅이 노총각을 남편으로 선택한 점, 남편을 조종하여 신분 상승을 모색하는 점, 기존 부부이데올로기의 틀에서 완전히 벗어나 있는 점, 목적 달성을 위해 갖은 수단을 다 동원하는 점 등, 그 기본적인 서사 골격이 〈길지를 차지한 계집종〉과 동일하다. 이처럼 특이한 유형의 신분상승담이 여러 편[43] 전하는 것은 여성의 주체적 자아실현에 대한 욕망이 응집되어 나타난 것으로 이해된다.

속담에 '종이 종을 부리면 식칼로 형문刑問을 친다'는 말이 있다. 기회가 주어지면 당했던 원망감을 과도하게 노출하는 것이 당한 자

---

42 ① 16,7세의 평양기생이 온갖 고초를 다 당하면서도 몸을 깨끗이 지키며, 남편은 百年之客이므로 내 스스로 선택하겠다고 고집한다. 그 소문이 원근에 퍼져 몰려든 조건 좋은 豪富 好風神을 다 물리치고 비렁뱅이와 다름없는 한 노총각을 택하여 결혼한다. ② 부부는 서울로 상경하여 서문 밖에서 장안에 제일가는 色酒家를 경영한다. 酒徒인 墨洞에 사는 김정언 이좌랑 무리가 늘 찾아와 외상술을 마시며 친근해진다. 그녀는 다시 묵동으로 술집을 옮겨가 김,이 무리가 멀리 찾아오는 노고를 덜어준다. ③ 그녀는 김정언에게 목불식정한 남편에게 글을 깨우쳐 달라 청하고, 다음날 남편에게 통감 4권에 표식을 하며 돌려보내며 꼭 그곳을 가르쳐 달라고 고집할 것을 지시한다. 결국 김정언 이좌랑은 그녀가 때를 얻어 양반 신분으로 상승하려는 욕망을 가지고 있음을 알게 되고 그녀의 선견지명에 놀란다. ④ 수일 후 승평 제공이 반정을 일으키고 논공행상할 때 평양기생의 술빚을 거론하게 되고 모두 동의하여 그녀의 남편이 삼등녹훈(三等錄勳)되었고, 한성 좌윤에 제수되었는데, 마침내는 병조참판에 이르렀다 한다.

43 〈이기축 이야기〉도 간략하지만 그 기본 골격은 이와 같다.

의 속성이라는 의미이다. 종의 입장에서, 그리고 성적性的으로 결정된 또 다른 종從 여성의 입장에서 역할을 바꾸어 지배해보고 싶은 욕구가 생기는 것은 당연하다. 이 여성들은 그 두 가지 종의 요소를 동시에 지닌 인물이었다. 천민으로 태어난 종이었고 여성으로 태어난 종이었다. 그러나 이들 여성은 주어진 기존 위상을 완전히 역전시켰다. 천한 종이 양반을 종처럼 부렸고 여필종부해야 하는 아내가 하늘 같은 남편을 수족처럼 부렸다. 신분이 결정하는 지배논리, 성이 결정하는 지배논리를 이 여성들은 능력에 의한 지배논리로 역전한 것이다. 본 부류 여성 신분 상승담들은, '바보 남편의 선택을 통한 부부관계 주도권의 완전한 장악 → 남편 조종을 통한 신분 상승 목적 달성'으로 도식화할 수 있다. 타고난 능력과 주체적 욕망을 소유한 여성이 성적·신분적 제약에 결박되어 무엇도 할 수 없는 조건 속에서 갖은 방법으로 신분 상승을 달성하고 그 결과를 만끽했다고 볼 수 있다. 그러나 속수무책인 신분과 성에 갇혀 있는 자의 피폐하고 파괴적인 대응논리가 노출된 신분 상승담임으로 인해 새로운 긍정적인 여성모델을 제시할 수는 없었다. 그럼에도 불구하고 이들 이야기는 무능하고 이기적인 남성 중심적 양반 사회에 대한 조롱인 것이요, 그 권력체계에 대한 근본적인 심정적 도전을 드러낸 점만으로도 충분한 의미를 가진다.

4) 굴절된 현상들의 함의

가정 안에서의 여성의 근본적인 체험을 레이버지는 '반복과 기다림'으로 규정하였다. 전통적으로 남성들은 '탐색'을 통한 선조적線條的인

시간을 체험하는 것과는 달리 가정에 구속된 여성은 시간을 일종의 정지로 체험한다는 것이다.[44] 이러한 판단은 동서양을 막론하고 적용된다. 남녀 평등에 대한 의식이 싹트기 이전 시대의 전통적인 여성들은 집안에 감금된 채 '반복적인 가사일과 기다림', '침묵과 부재'로 일관된 생활을 강요당했을 뿐 자기 결정에 따라 주체적으로 행동하는 것은 불가능했다. 이러한 관점에서 볼 때 여성 신분 상승담의 주인공 여성들은 주체적인 자신의 의지로 새로운 삶을 개척해나간 점에서 무척 선진적이다.

그러나 여성 신분 상승담들에서 보이는 특성들이 전적으로 긍정할 수만은 없는 문제점들을 내포하는데, 이는 이 이야기들이 여성 억압과 여성의 자아 실현 욕망 사이의 갈등에서 굴절되고 왜곡되어 나온 데에 그 원인이 있다. 그러면 앞서 살핀 여성 신분 상승담에 내포된 특성적인 문제점들을 분석해보자.

첫째, 신분 상승담의 대상 인물은 기녀 아니면 계집종으로 지극히 천한 신분의 여성 인물이라는 특성을 지닌다. 신분 상승이란 아래에서 위로의 신분 이동이기 때문에 천한 신분에서 귀한(혹은 더 나은) 신분으로 이동하는 것이 그 속성상 자연스러운 현상이지만, 중인 혹은 서민층 인물도 발견되지 않을 뿐더러, 그것도 여성 인물에 한정될 뿐이다. 천한 신분의 남성이 신분 상승한 것을 다룬 경우는 없다. 그래서 역설적이지만 '천한 신분의 여성'이어서 신분 상승이 가능했다는 가설도 가능하다. 이들은 사회적으로 방치된 열외적 존재이었기에 사회적인 이목을 피하여 오히려 새로운 삶을 모색할 수 있었다.

---

44 죠셉 도노반, 이월영·김익두 역, 『페미니즘 이론』, 문예출판사, 1993, p.319.

누구의 눈도 닿지 않는 음지에서 피는 꽃이 안전할 수 있는 이치와 같은 것이다. 남성은 천한 신분이어도 신분 상승에서 요구되는 대 사회적 관계를 모면하거나 모색할 방법이 아예 없었다. 남성이라면 여성 뒤에 숨어 조종하는 일이 근본적으로 불가능하다는 의미이다.

둘째, 여성 신분 상승담에서는 본질적으로 부도덕하고 권모술수적인 편법이 빈번하게 사용되는 특성을 지닌다. 물론 이러한 방법들은 목적을 달성하기 위한 노력의 과정에서 사용되는 지략이기도 하지만 그 부정성은 분명하다. 일타홍이 심희수의 집에 들어가 동거하면서도 심희수로 하여금 혼인하게 하는 것도 오늘날의 관점에서 보자면 심각하게 패륜적이다. 그러나 그 당시를 지배하던 여성관에서는 조금도 문제될 것이 없었을 뿐더러, 오히려 일타홍이 첩으로 자처했기 때문에 그 집에 머무를 명분을 찾을 수 있었다. 그래서 일타홍은 자칫 기존 남녀 틀에서 벗어나지 않은 전형적인 여성상으로 오인될 가능성도 있다.

일타홍이 첩으로서 자신을 정립하고 희생을 자처한 것은 이처럼 그 당시 관념상으로는 부도덕한 것이 아니요, 오히려 남성을 위해 모든 것을 바치는 여성의 희생에 찬사를 아끼지 않을 수 있지만, 급수비의 권모술수에 이르면 그 권모술수 자체가 본질적으로 부정적으로 보인다. 말하자면 시공간적인 문화적 차이라 말할 수 있는 명분조차 지지할 수 없는 것이다. 우하형이 벼슬하기를 기다릴 동안 장교의 집에 들어가 그와 임시 동거한 것도 자신들의 목적을 위해 물질적인 이유에서 타인을 방편적으로 이용한 것에 불과하다. 또 조보를 통해 조정의 상황을 파악한 뒤 우하형의 현달을 위해 특정인에게 미리 뇌물 공세를 퍼부어 환심을 사두는 것도 명백한 부정인 것이다.

이처럼 이야기 곳곳에서 자신의 편의에 따라 목적 달성을 위해 수단과 방법을 가리지 않고 부정한 편법을 사용하는 것은 사실 심각한 수준으로 부도덕하다. 그러나 신분 상승담의 주체인 여성들은 신분적으로도 성적으로도 주어진 현실적 한계를 타파할 올바른 방법이 원천적으로 막힌 상태에서 그 출구를 찾느라 모색하다 택한 편법이며, 여성의 주체적 욕망과 사회적 억압 간의 갈등에서 빚어진 불가피한 굴절로 이해할 때 그 편법의 의미는 달리 해석할 여지가 있다.

그중에서도 가장 심각한 굴절을 보이는 것은 세번째 유형 여성 신분 상승담에서 보이는 '남편과의 관계 설정'이다. 능력에 의거한 주종 관계 도치 자체가 남성 중심적인 양반 사회의 내면적 무능력을 풍자한 문학적 트릭으로 이해할 수 있겠으나, 후련한 카타르시스로 인식하기에는 무척 심한 독설이 배어 있다. 이를 확장해 해석한다면 핍박받는 자의 사회적 복수, 능력을 제대로 평가받지 못하는 사회에 대해 취할 가능성이 있는 극단적 대응의 의미를 가지기 때문이다. 이 여성담들의 여성들은 부부 관계에서 종자從者로 규정된 여성 역할을 남편에게 투사하고 자신이 주인이 되었으며 남성을 단지 대 사회적인 방편으로 삼아 마음대로 부렸다. 그리고 남성 중심적 사회에서 행해지는 부정한 편법들을 모방하여 자신의 목적을 달성하였다. 심각하게 들여다보면 조선조 남성중심 양반 사회에 대해서 이보다 더 심한 조롱이 있을까. 그러므로 세번째 유형의 여성 신분 상승담은 흥미로운 기담奇談 이상의 의미를 지닌다.

그러나 위에서 지적한 여러 문제점들이 있음에도 불구하고 여성 신분 상승담들은 부정할 수 없는 분명한 의의를 지닌다. 계급주의적이고 성차별적인 불평등한 사회가 담지하고 있는 패악성과 위험성을 신랄하게 고발하고 있는 점이다. 그래서 여성 억압을 일삼는 경직된 남성 중심적 가부장 사회의 병폐를 상징적으로 드러낸 풍자문학으로 그 문학적 위상을 긍정할 수 있다.

4장

소품문 작가 박지원과 이옥의 여성관

소품문은 중국 명·청 시대의 양명좌파 문인들이 성리학적인 문학 이념을 전면적으로 거부하며 시작한 자유로운 글쓰기이다. 소품문은 조선조 후기 일부 문인들에게도 심중한 영향을 끼쳐 기존과는 다른 새로운 스타일의 글들을 출현시켰다. 그리고 이러한 글쓰기가 바로 정조의 문체반정을 야기하는데 이와 관련된 대표적인 문인이 박지원과 이옥이다. 이들은 공히 소품문의 선두격인 인물이었으며, 당시의 유가적 지배 이데올로기와는 일정 정도 충돌하거나 일탈해있는 성향의 작가라는 공통점을 지닌다. 허구적인 '소설'을 썼다는 점은 이미 그 시대의 아웃사이더[1]임을 드러내지만, 이들이 지향하는 문학의 지점은 그들 이전의 일탈 수준에서 분명하게 한걸음 더 나아가 있다.

조선조 작가들이 여성관이나 여성문제에 대한 문제의식을 공식적

---

1 『금오신화』의 작가 김시습, 〈홍길동전〉 및 일사전逸士傳들의 작가 허균, 〈구운몽〉의 작가 김만중 등은 모두 성리학적인 이데올로기와는 일정 정도 거리가 있거나 일탈한 방외인적인 인물들이다. 당시 사대부들이 보편적으로 불편하게 여기는 '소설'을 창작한 것은 이미 그 시대의 지배 이념에 전적으로 순종하지 않았다는 표지이기 때문이다. 1장 머리말 참고.

으로 별도의 형식으로 피력하거나 이를 소재로 문학화한 경우는 드물다. 여성에게 주어진 도덕률이 워낙 엄격하고 분명하고 단순했기 때문이다. 재가담과 여성 신분 상승담이 야담에서 회자된 것은 역으로 여성이 재가하는 것도 어렵고 여성이 주체적으로 자아를 실현하는 것도 어렵기 때문이었다. 다시 말해서 양반가 여성이 재가하거나 사회적인 대인관계가 차단된 여성이 이런저런 계획하에 자신의 신분을 상승시키는 것 등은 현실적으로 이루어지기 어려운 비상한 사건이었던 것이다. 그래서 항간에 회자되고 이를 야담으로 기록한 것이다.

여성이 타인의 입에 오르내리고 소문을 타는 경우는 대부분 여성의 정조와 관련된 경우였다. 부정적인 경우 추문은 발 없는 소문을 타고 일파만파 퍼져 마녀사냥감이 되었고 긍정적인 찬양은 열녀에게 국한되었다. 열녀는 사회적으로 사대부 남성들의 찬양을 한 몸에 받아, 그들이 일개 여성의 열녀전을 지어주고 나라에서는 정려문을 세워주었다. 여성이 가문을 빛낼 수 있는 유일한 길은 열녀가 되어 정려되는 것이었다.

그런데 앞서 언급했던 것처럼 조선의 '열녀'는 승격을 거듭하여 일부종사한 여성에서 수절한 과부로, 수절한 과부에서 순절한 여성으로 바뀌었고, 이러한 승격화는 순절 풍조를 조장하는 결과를 낳았다. 다시 말해서 순절해야만 열녀로 입전될 수 있었다. 그런데 여성의 순절이 풍조를 이루게 된 데에는 사회 구조적 의미가 분명히 있음에도 불구하고 그 문제점을 인지하고 문제 삼은 지식인은 많지 않았다. 지식인은 여성의 순절을 찬양했을 뿐이었지, 그 순절을 인본적 관점에서 심각하게 문제 삼은 경우는 많지 않을 뿐더러 쉽지도 않았다. 순절 풍조가 사회 구조적인 문제임을 암시하고 문제 삼은 작가로는 박지원이 대표적이다. 그는 의도적으로 실존했던 열녀를 태수의 신분으로 입전한 〈열녀전〉속에서 순절 풍조의 폐해를 심각하게 문제 삼았다. 사실에 근거하면서도 허구적으로 가공하여 전략적인 방식으로 순절 풍조의 진상에 접근하고 비판한 것이다.

정조의 문체반정 철퇴를 가장 강하게 맞은 작가는 단연 이옥이다. 그는 끝까지 소품 문학 작가로서의 입지를 견지했으며 그 때문에 어려운 삶을 살 수밖에 없었다. 이옥은 스스로 대놓고 문학의 가장 좋은 소재는 '남녀지정', 즉 남녀 간의 성애라고 말할 정도였다. 이 사실 하나 만으로도 그는 지식인으로서 지켜야 할 성리학적 이데올로기를 벗어나 있는 것으로 평가할 수 있다. 그렇듯 그는 남녀 간의 애정 및 욕정으로 말미암은 '남녀지정'을 거침없이 표현하였으며, 일부 연구자들은 이로 인해 이옥을 여성 정감을 소유했고 여성에게 우호적인 근대적인 작가로 인식하였는데, 이에 관해서는 더욱 면밀한 분석이 필요하다.

본 장에서는 조선조 후기의 가장 문제적인 소품문 작가로 평가할 수 있는 박지원의 열녀전과 이옥의 '남녀지정'담을 분석하여 이들 작가들이 지닌 여성관을 더 나아가 이들이 공유하는 공통점과 대조적인 세계관을 확인할 것이다. 문제적인 작가들의 문제성은 긍정적일 수도 부정적일 수도 있으며 이는 작품의 면밀한 분석을 통해 밝혀야 할 것이다.

1 〈열녀함양박씨전〉을 통해 본 박지원의 열녀 인식

1) 문제제기

박지원의 열녀 풍조에 대한 관점은 그가 쓴 열녀전인 〈열녀함양박씨전〉을 통해 접근할 수 있다. 박지원은 기본적으로 당대를 풍미한 순절 풍조에 대하여 문제의식을 가지고 있었으며 이러한 문제의식을 살핀다는 것은 곧 그의 이 작품을 다룬다는 것과 동의어이다.

박지원의 〈열녀함양박씨전〉은 순절한 과부 함양 박씨를 입전한 열녀전이다. 조선시대에 유행했던 바의 열녀전은 통상 입전 대상인 여성의 열절 행위를 칭송하고 기리는 데 그 목적이 있었다. 그러나 〈열녀함양박씨전〉은 실존했던 인물을 입전한 이른바 열녀전임에도 불구하고 허구적인 문학적 전략을 사용하고 있으며 그런 까닭에 이 작품에 대한 논자들의 해석은 다양하며 극과 극을 이루는 경우도 있다. 이 작품을 두고, 수절(순절)을 비판한 작품이라고 평하는가 하면,[2] 열녀의 이상형을 제시한 작품이라고 평가하기도[3] 한다. 심지어는, '연암은 〈열녀함양박씨전〉에서 여성의 수절을 찬미했을 뿐'[4]이라

---

2 이우성, 「실학파의 문학과 사회관」, 『한국의 역사상』, 창작과 비평사, 1982.
김혈조, 「연암의 '열녀함양박씨전'재고」(새로운 자료를 겸하여), 『대동한문학연구』24, 대동한문학회, 2006.

3 김수중, 「〈열녀함양박씨전〉에 나타난 정절의식 분석」, 『한국언어문학』76집, 한국언어문학회, 2011.3.

4 강명관, 「열녀함양박씨전 재론」, 『동양한문학연구』32집, 동양한문학회, 2011, p. 22.

고 평하여 일반 열녀전과 다를 바가 없는 것으로 평가한다. 수절을 비판한 작품으로 해석하는 이가 있는 반면에 수절을 찬양한 작품으로 보는 이도 있어서 상반적인 해석들이 공존한다.

이처럼 한 작품을 두고 상반된 해석들이 존재하는 이유는 무엇일까? 이는 〈열녀함양박씨전〉의 독특한 구성 양식 및 기술 화법 때문이다. 우선 이 작품이 열녀 함양 박씨를 입전한 열녀전임에도 불구하고 본전本傳과 거의 대등한 양을 차지하는 본전과는 별개의 열녀담을 병서幷序 안에 담고 있어 독자의 시선을 강하게 끈다. 이 부가적 열녀담이 오히려 본전보다 비중 있는 열녀담으로 여겨질 가능성도 있다. 아울러 앞에서는 순절한 열녀를 비판하는 듯하지만 뒤에서는 찬양하는 작가의 소회를 담고 있어[5] 어디에 초점을 맞추느냐에 따라 비판으로 여기는 것도 찬양으로 여기는 것도 가능하다. 그래서인지 한 연구자는 '과부가 순절을 하거나 하층 여성까지 수절 내지 순절을 하는 것은 바람직하지 않다는 정도의 의미'로 보고 '유보적인 비판'[6]이라는 말로 정리함으로써 〈열녀함양박씨전〉이 지니고 있는 문제의식마저도 애매모호한 것으로 평가절하하였다.

그러나 〈열녀함양박씨전〉이 열절 여성 이데올로기와 관계된 순절이라는 사회 풍조를 심각하게 문제 삼은 점은 결코 부인할 수 없

---

5 열녀풍조의 만연을 기술한 서(序)부분 마지막에서 '烈則烈矣 豈非過歟'라고 귀결짓고 있어 순절까지도 낙지 밟듯하는 사회풍조를 문제 삼고 있는 것으로 이해되는 반면, 함양박씨의 순절을 다 기술하고 난 뒤 마지막에 '竟遂其初志 豈非烈也'라고 맺음하고 있어 그의 순절을 찬양하고 있는 것으로 이해할 수도 있어, 상호 모순되는 것처럼 여겨지는 것이다.

6 최지녀, 「열녀함양박씨전 연구」, 『국문학연구』16, 국문학회, 2007.

다.[7] 〈열녀함양박씨전〉은 입전 당사자 여성의 열행을 기리기 위해 지은 일반 열녀전과는 분명히 다르다. 오히려 심각해질 대로 심각해진 당시의 열녀 풍조와 그 원인을 문제 삼고 비판한 반역적인 열녀전이다.

만약 일반 열녀전처럼 그 집필 목적을 순절한 여성을 찬양하는 데 두었다면 대상 열녀의 순절을 찬양하는 데만 집중했어야 한다. 또 만약 앞의 수절 과부를 진정한 열녀상으로 제시하려 했다[8]면 왜 다른 여성의 입전 속에 끼워 넣어야만 했을까. 병서와 본전으로 구성하여 초점을 분산하면서 의미를 구축한 것은 박지원이 섬세하게 기획한 문학적인 전략으로 여겨진다. 덕분에 이 작품은 다분히 허구적인 소설로 변모할 수 있었다. 병서 안에 있는 수절 과부의 찬양에 경도되거나 본전인 순절 여성의 찬양에 매몰되면 박지원이 구조적 병치를 통해 이끌어내려 했던 의미를 놓치게 된다. 병서와 본전의 병치는 구조적 전략이며 그 구조적 전략을 올바로 분석해야만 허구화를 통해서까지 전략적으로 입전한 본 작품의 의도에 접근할 수 있다

---

7 수절과 순사를 강요하는 '도덕적 사회적 규범'에 대한 비판(이우성, 앞의 논문, p.77)이라는 초기연구의 논지 및 '단순히 순절한 박씨를 미화 칭송하기 위하여 지은 것이 아니고, 순절의 폐단을 심각하게 비판한 것'이라고 주장한(김혈조, 앞의 논문) 논지에 필자는 기본적으로는 동의한다. 그러나 단순히 '규범'이나 '순절'에 대한 문제 의식에 그치지 않고, '순절'이라는 열녀 광풍에 도달시킨 지배계층의 '여성이데올로기'와 갖은 방법을 동원했던 '조장'을 문제삼은 작품으로 본다.

8 김수중의 논지가 그것이다. 이와는 상반된 주제의식 파악으로, '과부의 수절에 대한 비판'으로 본 초기 연구도 있다(이가원, 「〈열녀함양박씨전〉연구」, 『연암소설연구』, 을유문화사, 1966, p.743.). 그러나 박지원이 개인 과부의 수절을 찬양하거나 비판한 것이라고는 여겨지지 않는다. 과부들이 과도하게 수절하거나 순절하게 된 사회적 '성풍(成風)'을 조장한 세력과 이데올로기를 비판하려 한 것으로 보아야 한다.

고 생각한다.

필자는 〈열녀함양박씨전〉에서 박지원의 열녀관 혹은 이상적인 열녀상을 파악하려 한 접근 방법이 기존 연구에서 큰 비중을 차지했던 사실을 근본적으로 문제 삼는다. 박지원은 자신의 열절관과 열녀상을 제시하기 위해 본 작품을 지었던 것이 아니다. 오히려 당시 사회를 지배하고 있는 여성이데올로기와 그 조장이 몰고 온 극단적 열녀풍조의 반 인륜성을 진단하고 문제삼아 풍자한 것이다. 다만 그 비판 의식을 드러내놓고 일관성 있게 설파한 것이 아니라 '드러냄'과 '은폐', '대비'와 '연관' 등의 전략적 교차를 통해 우회적으로 담아내고 있을 뿐이다. 그러므로 작품에 대한 면밀한 구조적 분석만이 작품에 담은 의미를 올바르게 해석할 수 있는 방법이라고 생각한다.

2) 〈열녀함양박씨전〉의 문학적 전략

〈열녀함양박씨전〉은 표면적으로는 병서幷序와 본전本傳으로 구성되어 있다. 그런데 병서의 내용은 조선조 4백 년을 지배해온 열절 풍조의 변천을 기술한 것과 수절 과부의 독백을 액자형식으로 담은 수절 과부담으로 구성되어 있다. 말하자면 병서 안에 서序에 해당하는 전반부와 독립된 형태의 수절 과부담守節寡婦譚이 함께 들어 있는 것이다. 그런데 병서의 전반부를 차지하는 서는 뒤이어 나오는 병서 내의 수절 과부담뿐만 아니라 본전本傳인 순절 열녀담殉節烈女譚과도 연관되어 있어 전체적인 서문으로 간주하는 것이 더 합당하다. 〈열녀함양박씨전〉은 함양 박씨를 입전한 열녀전임을 표방했으므로 순절 열녀담과 대조하기 위해 제시한 수절 과부담을 병서 안에 방편적으로 담을 수밖에 없었던 것으로 이해된다. 그러므로 구조적 맥락을 고려한 구성을 정리하면 다음과 같다.

① 총서: 齊人有言曰 烈女不更二夫 – 烈則烈矣豈非過歟.

② 수절 과부담: 昔有昆弟名宦 – 遂子母相持而泣 (줄거리)

서술자 평: 君子聞之曰 – 故微一死 無以見殊節於寡婦之門.

③ 순절 열녀담: 余視事安義之越明年 – 雖名合晉其實竟守空衣云(줄거리)

서술자 평: 居昌愼敦恒立言士也 – 竟遂其初志 豈非烈也.

①, ②, ③은 독립적이면서 동시에 서로 연관·대비되는 불균형한 조합을 이룬다. 각 부분을 지배하는 목소리도 각기 다르다. ①에서는 작가의 목소리가 주도하며, ②에서는 액자 형식 속에 담긴 수절 과부의 고백적인 목소리가 핵심을 이루고, ③은 작가와 순절 열녀에 대해 알고 있는 지인들과의 문답이 주를 이루는데 이를 지배하는 목소리는 전문傳聞이다. 그러면 각 부분의 내용을 각각 분석한 후 구조적 전략을 종합하여 이해하기로 한다.

(1) 총서: '열녀' 변천의 기술과 서술자 태도의 반전

여기에서 분석하는 대상은 앞서 밝힌 '총서'로, 열녀는 '두 지아비를 섬기지 않는다[不更二夫]'라고 열녀의 개념을 정의하면서 시작하며 이어 조선 4백 년을 지배한 열절 풍조의 내력을 조리 있게 설명하고 있다. 조선조에 들어와서 양반가 여성을 대상으로 마련한 재가 금지법이 이 법제와는 무관한 일반 백성들까지도 교화한 나머지 귀천貴

賤·현미顯微의 구별 없이 모두 수절하며 과부로 살아가는[守寡] 풍속이 이루어졌다는 것, 이 지경에 이르자 '불경이부'라는 열녀의 본 개념은 무색해지고 말아 수절하는 '과부寡婦'로만 그 의미가 한정되었다는 것, 이에 그치지 않고 더 나아가 수절하며 과부로 살아가는 것만으로는 절節이 되기에 부족한 사회적인 열녀 풍조가 조성되어 순절殉節을 낙지樂地 밟듯 하게 되었고 이로 인해 순절해야만 열녀로 정려 받을 수 있다고 진술하였다. 이처럼 조성된 열녀 풍조에 대해서 작가는 '열은 열이지만 지나친 것 아닌가[烈則烈矣 豈非過歟]'라고 평하는 말로 끝을 맺었다.

이 총서는 조선조에 순절이 풍미하게 된 내력을 체계적으로 정리함과 동시에 그에 관한 문제 의식까지도 표현하였다. 다만 요점만을 간략하게 기술했으므로 각 맥락이 지닌 함의를 구체적으로 밝힐 필요가 있다.

열녀의 개념으로 제시된 '두 지아비를 섬기지 않는다[不更二夫]'의 예로 『시경』 〈백주편栢舟篇〉을 언급하였다. 〈백주편〉은 위衛나라 세자 공백共白이 이른 나이에 죽자 아내인 공강共姜을 부모가 강제로 재가시키려 하므로 공강이 시를 지어 수절하면서 과부로 살겠다는 자신의 의지를 밝힌 것이 그 내용이다. 공강이 수절 의지를 강하게 가졌던 것은 남편과의 사랑(혹은 신의) 때문이었다. 말하자면 부부 간의 신의나 사랑과 같은 사적인 정이 수절하려는 원인이었다. 열녀의 수절은 본디 그렇게 시작되었다.

그런데 조선조에 들어오자 여성의 수절에 나라의 법이 관여하기 시작한다. '개가한 여성의 자손은 정직正職에 임명하지 않는다'[9]는 것은, 『경국대전』에 실린 재가 금지법의 내용으로 양반가 여성의 재가를 법으로 금지한 것이다. 박지원은 조선조에 만연하게 된 열녀 풍조의 촉발 원인이 이 법제에 있다고 보았다. 그래서 4백 년 지속된 '교화'의 시발점으로 이를 언급한 것이다. 그런데 이 재가 금지법의 이론적 근거로 작용한 것은 '굶어죽는 일은 대단히 하찮지만(餓死事極小), 절개를 잃는 일을 대단히 중대하다(失節事極大)'라는 송나라 정이천程伊川의 정조론貞操論이다.[10] 이 도덕적인 이념을 빌미 삼아 조선의 사대부 남성들은 열녀를 양산했던 것이다.

재가 금지법은 사실상 한정된 벼슬자리 때문에 양반 적통에게만 그 기회를 주기 위해 만든 법제이다. 박지원이 총서에서도 언급했듯이 애초에는 서민 여성과는 무관한 법제였다. 그러나 정이천의 정조론이 빌미가 되면서 여성의 수절은 하나의 이념이 되었고, 가부장제인 조선 사회는 여성의 수절을 갖은 방법을 통해 조장하였다. 예컨대 열녀문을 세워 열녀를 장려해주고, 순절한 여인을 입전한 열녀전을 지어 대대적으로 전파하였으며, 언문판 삼강행실도와 여훈을 출판하여 민간에 파급시켰다.[11] 재가금지법을 제정함과 동시에 그 법조문의 정신을 정이천의 정조론으로 지지하면서 열녀문, 여훈, 열녀전 등의 선전 기제를 통해 정조 이데올로기를 대대적으로 전파한 것이다. 그 결과 여성들은 강제적이건 자의적이건 열녀 풍조 속에 휩쓸릴 수밖에 없었다. 이러한 사정을 박지원은 '국조 4백 년 동안 백

---

9 國典改嫁子孫勿敍正職.

10 이능화, 앞의 책, 제12장 〈법금제가(法禁再嫁)〉 참고.

11 이러한 실상은 강명관의 『열녀의 탄생』 중 「여성의식화 텍스트의 도입, 제작과 보급」(돌베게, 2009.5, 89－228면)을 참조할 수 있다.

성들은 이미 오랜 도에 씻겨 교화되어[12] 귀한 여성이건 천한 여성이건, 한미한 집안이건 현달한 집안이건을 막론하고 모두 다 수절하여 드디어는 풍속을 이루었다.'[13]라고 기술한 것이다. 이러한 열녀 풍조의 심각성을 간명하지만 적나라하게 기술한 것이 바로 뒤이어 나오는 대목이다.

> 심지어는 농가의 젊은 부녀자 시골의 젊은 과부들까지도, 부모가 강압하는 것도 아니고 자손들이 벼슬에 임명되지 않을 수치심을 당할 형편에 있는 것이 아닌데도, 과부로 수절하는 것만으로는 절부가 되기에 부족하다고 여겨, 스스로 낮의 촛불을 꺼버리고 순사하여 무덤에 묻히기를 기도하여 물에 빠져죽고 불에 타 죽고 짐주를 마시고 죽고, 목을 매 죽는 것을 마치 낙지樂地 밟듯 하는 일이 왕왕 있으니, 열은 열이지만 지나친 것 아닌가.[14]

윗글은, 정이천의 정조론을 이념적 근거로 삼아 양반가 여성의 재

12 재가 금지 법제와는 무관한 서민·천민 여성들까지도 순절하는 풍조가 만연했던 것을 성리학적 여성이데올로기의 '교화(敎化)'로 본 것이 당시 사대부들의 보편적인 인식이었다. 앞서 소개한 이익(李瀷)의 논설을 그 예로 들 수 있다.: 我東國美俗 有中華所不及者 乃賤人能守節不再嫁 此由於國法 改嫁子孫 不許淸路故也 君子之德風也 小人之德草也 風尙草偃 一國靡然同俗 彼閭里氓 初無望於子孫淸班 而往往臧獲愚下 亦知禁慾守貞 敎化之入人深遠 此可見矣(『성호사설(星湖僿說)』).

13 乃國朝四百年來 百姓旣沐久道之化 則女無貴賤 族無微顯 莫不守寡 遂以成俗.

14 至若田舍少婦 委衖靑孀 非有父母不諒之逼 非有子孫勿敍之恥 而守寡不足以爲節 則往往自滅晝燭 祈殉夜臺 水火鴆繯如蹈樂地 烈則烈矣 豈非過歟.

가 금지를 법으로 제정했고 열녀문, 열녀전, 여훈 등 공적 장치를 통해 국가가 여성 이데올로기를 주도하고 조장한 결과 다다르게 된 극단적인 열녀 풍조에 관해 말한 것이다. 4백여 년 동안 진행된 이 같은 국가 주도적 교화(조장, 세뇌)는 신앙이 되어 버려, 과부가 수절하는 것만으로는 신앙심이 모자란 것으로 여겨졌다. 신앙의 최고 경지는 순교이며 진정한 신자는 그 순교를 '낙지樂地' 밟듯 기꺼이 행하는 것이다. 순교하듯 순절해야만 열녀가 될 수 있을 정도로 열녀 광풍이 휩쓸고 있는 사회 현상을 암암리에 말한 것이다. 위 인용문은 바로 그런 경지를 '은폐'하여 요약한 것이다.

조선조 4백 년이라는 시공간을 통해 점진적으로 확산된 수절 이데올로기의 극단이 어딘지를 한 눈에 보여주었으며, 이런 극단에 이른 사회적 현상을 '열은 열이지만 지나친 것 아닌가.'라는 한 문장 속에 비판적으로 평가하였다. 이 종결적 평은 순절을 감행하는 청상들에 대한 비판일 수 없다. 그러한 풍조의 만연을 개탄한 것이며, 결국 재가 금지법을 제정하고 여러 가지 정치적이고 공적인 기제를 통해 순절을 조장해온 지배 세력의 조작에 그 책임을 물을 수밖에 없다.

만약 '열은 열이지만 지나친 것 아닌가'라는 이 종결어가 없었다면, 재가 금지법과는 무관한 서민 여성들에게조차도 수절은 기본이 되었으며 순절이 만연할 정도로 '교화'되었노라고 순절을 찬양하는 논리로 읽혀질 수 있다. 그러나 순절 풍조의 만연에 '지나치다' 종결함으로써 열녀의 개념을 수절守節에서 수과守寡로 급기야는 순절殉節로 변화시킨 '교화(세뇌)' 세력을 비판하는 것으로 반전되었다.

이상 살펴본 바처럼, 작가는 총서에서 부부간의 사랑에서 출발했던 '열'이 재가 금지법과 함께 시작된 열녀 이데올로기의 조장을 통해 다다르게 된 순절 풍조의 만연까지를 기술한 뒤, 이에 대한 비판의식을 간명하게 설파함으로써 순절 풍조에 대한 찬양으로 은폐될 수도 있었을 비판적 시각을 드러내어 반전시켰다. 이러한 문제의식은 '은폐'와 '드러냄'[15]의 반복을 통해 ②수절 과부담과 ③순절 과부담에서도 이어진다.

(2) 수절 과부담: 열녀 실상과 열녀 규정의 교직

열녀 풍조를 문제 삼은 총서에 뒤이어 사대부 집안 여성의 수절 과부담이 나온다. 젊은 나이에 과부가 되어 수절하고 산, 총서에서 두 번째 열녀 개념으로 언급한 수절 '과부'담이다. 작가는 본전인 '순절' 열녀담으로 곧바로 들어가지 않고 앞서 수절 과부담을 소개하고 있어 〈열녀함양박씨전〉이 본전에만 집중하지 않았음을 알 수 있다. 수절 과부담은 사대부가 여성이 청상이 되어 겪었던 인고의 세월을 이야기하는 일인칭 고백담이 핵심이다. 액자 형식으로 된 과부의 고백이 이루어지 전에 수절 과부와 두 아들과의 대화가 소개되어 있으며 고백담 뒤에는 군자의 평과 작가(기술자)의 해석이 첨가되어 있다.

수절 과부담에서 과부의 고백이 이루어지게 된 동기는 이렇다. 수절 과부의 두 아들은 이름난 벼슬아치들로 그들은 청직淸職에 오르려는 어떤 인물을 방해하고자 하여 모친 앞에서 상의한다. 모친이 방해하려는 이유를 묻자 아들들은 '그 선대에 과부가 있었는데 바깥

---

15 열녀에 대한 찬양으로 일관하는 듯 읽혀지다가 결국 비판적인 논조로 귀결한 것을, '은폐'와 '드러냄' 수법으로 보았다. '400년 교화'라는 표현은 400년 동안 조장된 여성 이데올로기의 '세뇌'를 의미한다. '교화'는 '세뇌'를 미화하여 은폐한 표현이다.

의론이 자못 시끄럽다'[16]고 대답한다. 모친은 '규방의 일을 어떻게 알았느냐'고 물었고 아들들은 '풍문風聞'이라고 대답한다. 그러자 모친은 풍문의 문제성을 지적하며 아들을 책망한다.

> 풍風이라는 것은 소리는 있어도 형체가 없고, 눈으로 보아도 보이지 않으며, 손으로 잡아도 잡히지 않는다. 허공에서 일어나 만물을 들떠 움직이게 만드는데, 어찌하여 형체도 없는 일을 가지고 떠 움직이는 가운데 사람을 논하는 것이니? 게다가 너희들은 과부의 아들이다. 과부의 아들이면서도 과부를 논할 수 있니?[17]

앞 절에서 다룬 조선 4백 년 동안 여성을 지배해온 열절 풍조의 풍과 이곳의 풍문의 '풍'은 상통한다. 훼절한 여성에 대한 풍문은 꼬리를 물고 이어져 마녀사냥식 단죄가 진행되었을 것이고 이러한 사회적 분위기가 수절 풍조의 만연에 한 원인으로 작용했을 것은 분명하기 때문이다. 풍문을 기반으로 한 마녀사냥식 훼절 여성 단죄와 순절을 기리는 칭송은 이처럼 동전의 양면과 같다. 열녀를 기리어 표창하는 세력이 사대부 남성이었던 것처럼 풍문에 기대어 단죄를 일삼는 자들도 사대부 남성이었음을 보여준다.

어떤 인물의 청직 등용을 방해하는 두 아들의 행태에 일침을 가한 모친은 당시의 여성 이데올로기를 과부에게 적용하여 단죄하는

---

16 其先有寡婦 外議頗喧.

17 母曰 風者有聲而無形也 目視之而無覩也 手執之而無獲也 從空而起 能使萬物浮動.

것이 기실 풍문에 의거하고 있는 사실을 논리적으로 비판하고 있다. 과부의 아들로서 과부의 내면적 실상도 모른 채 단지 '풍문'에 의거해 과부 여성을 단죄하려는 아들들을 나무라며 자신이 겪었던 과부 생활의 내면적 진상을 토로한다.

그녀가 토로한 내용은 청춘의 나이에 과부가 되고 나서 겪어야만 했던 수절 생활의 어려움이다. 혈기 왕성한 청춘이 형영상조形影相弔하는 밤이면 정욕을 극복하기 위해 셀 수 없을 정도로 굴리고 굴렸던 닳고 닳은 동전을 '죽음을 참아냈던 부절[忍死符]'이라고 명명했으니 이는 그 인고의 세월이 죽을 만큼 어려웠다는 것을 보여준다. 인간에게 본연한 정욕을 생각한다면 여성이라고 차마 수절할 것을 강요할 수 없다는 인본적인 관점이 이 고백 안에 표현되어 있다. 그 고백을 들은 두 아들이 모친을 껴안고 흐느껴 운 것은 모친이 살았던 그 인고의 세월을 자식 된 자로서 이해 한 것이요, 과부의 훼절을 풍문에 의거해 단죄하려 했던 경거망동을 참회한 것이다.

젊은 나이에 과부가 되었던 수절 과부가 직접 자신의 언어로 진솔하게 토로한 고백담이어서 이는 청상들의 내면적 진상을 사실적으로 반영한다. 그런데 청춘에 과부가 되어서 죽을 만큼 극복하기 어려운 성적욕망을 억누르고 수절해야만 했던 사정은 분명하다. 그녀는 양반집안 여성이었으며 장래가 촉망되는 두 아들이 이미 존재했다. 재가금지법이 작동하고 있는 현실에서 자식을 둔 양반가 여성이 재가하는 것은 꿈도 꿀 수 없었다. 그녀의 수절은 다른 선택의 여지가 없이 정해진 당연한 처신이었다.

사실 이 여성은 오히려 당시의 금기를 범하고 있다. 사대부 집안 여성으로서 풍문이 좋지 않은 과부의 자식에 대한 처벌을 저지하는 것도 모자라, 감히 성적인 욕망을 입에 올리며 그 과부의 처신을 오히려 옹호하는 듯이 발언했기 때문이다. 젊어서는 성적인 욕망 때문에 이루 다 말할 수 없이 흔들렸노라고 고백하는 이 여성을 두고 당시의 일반 사대부남성들은 어떻게 생각했을까. 중국 당나라 시인 장적張籍이 지은 〈절부음節婦吟〉[18]의 여성 화자를 두고 후대 평자들이 '절부의 여부'에 대해 두고두고 논란하였다[19]고 하는데, 청춘의 욕망을 극복하는 것이 죽을 만큼 힘들었노라고 감히 고백하는 이 여성을 열녀라고 주저 없이 수긍하는 것이 당시의 현실로서는 결코 쉽지 않았을 것이다.

청상의 내면적 실상에 대한 고백은 당시 사회를 지배하던 열녀 풍조 하에서는 반역에 가깝다. 이 여성의 고백은 그 자체로 당시 여성 사회를 지배하던 열녀 이데올로기에 정면으로 반발한 것과 같다. 여성은 자신의 수절을 과시하기 위하여 혹은 인정받기 위하여 고백한 것이 아니다. 그녀는 일반 청상들이 겪고 있을 삶의 진실이 무엇인지 밝히고 싶어 당시 지배 계급 여성 이데올로기의 잣대로 여성을

---

18 당신은 저에게 지아비가 있음을 알고서도, 君知妾有夫
저에게 쌍명주를 주었지요. 贈妾雙明珠
당신의 전면한 마음에 감동하여, 感君纏綿意
붉은 비단 저고리에 달아두었지요. 繫在紅羅襦
저의 시댁은 높은 누대가 원림에 줄지어 서 있고, 妾家高樓連苑起
남편은 창을 잡고 궁궐에 서있지요. 良人執戟明光裡
당신의 마음 씀이 해와 달 같음을 알지만, 知君用心如日月
지아비를 섬기면서 생사를 같이 하기로 맹서했지요. 事夫誓擬同生死
당신에게 쌍명주를 되돌려주며 눈물을 흘리나니, 還君明珠雙淚垂
당신을 왜 시집가지 전에 만나지 않았을까요. 何不相逢未嫁時

19 섭경병(葉慶柄), 『중국문학사』, 홍도문화사업유한공사(弘道文化事業有限公司), 1967, p.233.

징벌하는 열녀 풍조를 거부하는 입장에서 자신의 청상 시절 내면적 진상을 실토했으며, 박지원은 수절과부의 입을 빌어 그들의 내면적 진상을 '드러내었다.'

그러나 수절 과부의 고백을 전해들은 어떤 군자가 평했던 말 '열녀라고 일컬을 만하다[是可謂烈女矣]'는 평가가 뒤를 이어 나옴으로써, 수절 과부의 반격적 토로(드러냄)를 열녀의 논리로 호도 은폐하고 있다. 욕망을 누르고 '수절을 완성'한 점에 있어서는 분명 열녀이기 때문이다. 여기에 작가의 전략이 존재한다. 열녀 이데올로기의 반인간성을 공격하기 위해 과부 여성으로 하여금 청상의 내면적 진상을 실토하게 했음(드러냄)에도 불구하고, 군자의 평을 첨가하여 열녀담으로 종결짓게(은폐) 한 것이다. 그래서 결국 열녀담을 통해 열녀 이데올로기와 그 풍조의 반인륜적 잔혹성을 고발한 것이다.[20]

그런데 작가는 이 열녀담에 대한 평어를 다음과 같이 덧붙여 놓았다.

> 아! 굳은 절개로 지킨 맑은 행실[苦節淸修]이 이와 같은데도 당세에 드러나지 않고 이름이 인몰되어 전하지 않으니 어째서인가. 과부가 의리를 지키는 것이 온 나라에서 마땅히 지켜야할 도리[常經]가 되었기 때문에 죽지 않고서는 과부 집안으

20 박지원이 이 여성을 이상적인 열녀상으로 제시했다는 기존의 논의가 재고되어야 함을 다시 한 번 환기시킨다. 이 수절과부담은 열녀의 본보기를 보여주기 위해서 제시된 것이 아니라, 청상의 내면적 실상을 적나라하게 보여주어 청상을 억압하는 열녀이데올로기가 얼마나 비인간적인지 가늠할 수 있게 하기 때문이다.

로서 특별한 절개로 보이지 않았기 때문이다.[21]

이 여성은 죽을 만큼 극복하기 힘들었던 정욕을 억누르고 수절을 완성하여 명실상부 훌륭한 열녀라 이를 만한 데도 그녀에 대해 전하는 소문[傳聞]이 사라지고 없는 것은, 죽어 순절해야만 비로소 열녀로 등극할 수 있는 당시의 열녀 풍조 때문이라는 작가의 해석이다. 이어 소개될 '진정한 열녀' 즉 순절한 함양 열녀 박씨와 대조하여 제시한 것처럼 구성된 것이며, 총서에서 작가가 개진했던 당시 사회의 열녀 풍조의 진면목을 재차 확인시킨 것이기도 하다. 그래서 '진정한 열녀'담이면서 본전에 해당하는 순절 열녀담이 뒤이어 나온다.

이상 살펴본 바처럼, 이 수절 과부담에서도 세 가지 목소리가 번갈아 나오면서(사대부 남성, 과부, 작가) 본지를 '드러내고(과부의 토로)' '은폐하는(군자의 열녀 찬사)' 역학구조를 통해 상반된 해석의 가능성을 열어두었다. 그러나 수절 과부가 청상의 내면적 진상을 토로하여 당시의 지배적인 열녀 이데올로기를 반격한 것이 이 수절 과부담의 핵심인 것은 부인할 수 없다.

(3) 순절 열녀담: 전문傳聞과 평어評語의 교직

수절 과부담이 수절 과부 당사자의 생생한 일인칭 고백을 담는데 주력했다면, 순절 열녀담은 필자 박지원이 아전들[群吏]에게 전해들은 내용[傳聞]을 문답 형식으로 옮겨 서술한 것이 주를 이룬다. 그리고

---

21 噫其苦節淸修若此也 無以表見於當世 名堙沒而不傳何也 寡婦之守義 乃通國之常經 故微一死 無 以見殊節於寡婦之門.

말미에 필자 박지원의 논평이 첨가되어 있다. 우선 아전들과의 문답으로 파악되는 함얌 박씨가 순절한 내용은 대략 다음과 같다.

> 통인 박상효의 조카딸 함양 박씨가 남편의 삼년상을 마치고 약을 마시고 자결했다. 함양 박씨는 대대로 아전을 지내오던 중인 집안의 딸로 조실부모하고 큰 아버지에게서 길러졌다. 아전 집안 자식인 임술증에게 19세에 시집갔다가 반년도 지나지 않아 죽은 남편의 장례를 예를 다하여 치르고, 시부모에게도 며느리로서의 도리를 다하여 모셨다. 혼례를 치르기 몇 달 전 신랑감이 죽은 시체나 다름없음을 안 양부모는 약혼을 물리려 했으나 박씨는 처음 정했던 의리를 지키겠다고 고집하여 결국 혼례를 치렀다. 명분상 합근례를 치렀어도 실상은 빈 옷을 지켰던 것에 불과했다.

이는 아전들이 열녀 박씨에 대해 박지원에게 전달했던 내용들을 열거한 것이다. 모두 열녀의 전형적인 모습들이지만 남편의 삼년상을 마치고 남편이 죽었던 그날 그 시각에 자결하여 순절함으로써 '진정한' 열녀로 완성된다. 그런데 수절 과부담과는 상반적으로 순절녀 박씨 당사자의 목소리는 아예 없다. 모두 전해지는 소문 즉 전문일 뿐이어서 그녀가 겪을 수밖에 없었을 내면적 실상과 고민·고통은 모두의 관심 밖에 있다. 순절하기 위하여 음약했다는 사실이 전해지면서 박지원이 아전들의 입을 통해 접수한 것은 그녀의 행실을 관찰하고 접했던 사람들의 전언이며 풍문일 뿐이다. 열녀 풍조가 만들어낸 열녀상에 입각해 이해될 수 있을 뿐 개인으로서의 삶의 모습은 없다. 순절 열녀의 단순한 재생산으로 읽힌다. 그런데 아전들이 박씨의 열절 행위를 반복해 찬양하는 와중에 한 아전은 다음과 같은 평을 덧붙인다.

> 박씨녀는 지아비의 상을 맡아 예를 다하여 치렀고 시부모를 모심에 며느리로서의 도리를 다 하니 양 읍의 친척과 이웃 마을 사람들이 모두 그녀의 현숙함을 칭찬하였는데 **이제야 과연 징험되었습죠.**[22]

박지원이 안의현 현감 재직 당시의 어느 날 박지원에게 열녀의 순절 내용을 전하는 상황은 몹시 부산스럽다. 특히 아전들이 박씨의 열행을 다투어 아뢰는 광경은 슬픔에 잠긴 분위기와는 거리가 멀고 오히려 들뜨고 수선스럽다. 그런 와중에 한 아전이 위와 같이 말한 것이다. '이제야 과연 징험되었다'는 것은, 열녀로서의 완결을 의미하는 것이며 그런 결과가 올 것이라고 예상하거나 기대하고 있었다는 표현으로 읽을 수 있다. 주변 사람들은 박씨의 열행에 관한 소문을 듣고 언젠가는 '당연히' 순절로 마감하리라는 예상하고 기다렸으며 그 기대가 어긋나지 않았다는 것을 재확인한 것이다. 박지원은 이처럼 곳곳에 은밀한 해석적 코드를 숨겨두고 있다. 이러한 예상과 기대에 부응하기 위해서 박씨는 결국 자결할 수 밖에 없었다고 표현하는 것은 지나친 말일까?

이 순절 열녀담을 기술한 뒤 필자 박지원이 첨가한 평결담도 유의

---

22 朴女執夫喪 盡其禮 事舅姑 盡婦道 兩邑之親戚隣里 莫不稱其賢 **今而後果驗之矣**.

할 필요가 있다. 길지 않은 분량이지만 다음처럼 세 부분으로 나눌 수 있으며, 이 평결담을 총서 및 수절과부담의 분석과 관련지어 해석할 때 본 작품의 의미는 비로소 완결된다.

① 함양 군수 윤광석과 산청 현감 이면제는 입전하여 열녀전을 썼으며, 거창 선비 신돈항 또한 그녀의 절의를 찬차撰次했다고 소개함.

② 박씨가 죽은 내면적 진상을 '젊은 나이의 과부가 오래도록 세상에 머물러 있다면 친척들에게 오래도록 한심스럽고 가련한 대상이 될 것이고 마을 사람들의 터무니없는 추측의 대상이 되는 것을 면하지 못하리니 속히 죽는 것만 못하다고, 시종 그 마음으로 여기지 않았을까?'[23]라고 추측함.

③ 다시 객관적 입장에서, '아! 초상을 당하고도 차마 죽지 못한 것은 장례가 남았었기 때문이요, 장례를 치르고도 차마 죽지 못했던 것은 소상이 남아 있었기 때문이요, 소상을 치르고도 차마 죽지 못했던 것은 대상이 남아 있었기 때문이었다. 대상을 치르자 상기喪期가 다하여 같은 날 같은 시각에 순사하여 처음 가졌던 뜻을 이루었으니 어찌 열녀가 아니겠는가!'[24]라고 열녀전을 맺고 있음.

---

23 始終其心豈不曰 弱齡嫠婦之久留於世 長爲親戚之所嗟憐 未免隣之所妄忖 不如速無此身也.

24 噫成服而忍死者爲有窀穸也 旣葬而忍死者爲有小祥也 小祥而忍死者爲有大祥也 旣大祥則喪期盡 而同日同時之殉 竟遂其初志 豈非烈也.

①에서 사대부 남성들이 경쟁적으로 입전한 것을 소개한 작가의 의도는 무엇일까? 사대부 남성들의 경쟁적인 입전은 열녀 풍조의 계기를 제공하고 확산하고 관리해온 주범임을 '드러내는' 것으로 여겨진다.[25] 단순한 사실을 기록해놓은 듯하지만, 총서에서 언급 한 바 조선조 4백 년 동안 지속되어온 '교화'의 현주소를 구체적으로 밝힌 것이다. 아울러 수절을 훌륭하게 완성한 수절 과부는 이름조차 민멸되어 전하지 않는 것과는 대조적으로 죽어야만(순절해야만) 열녀로 추앙하던 당시의 극단적인 열녀 풍조도 명백하게 보여주었다. 총서에서 문제 삼았던 열녀 풍조 조장과 열녀광풍이 자초한 순절의 문제성을 다시 제시하여 총서와 호응관계를 이끌어 냈다.

②는 순절 여성의 내면적 진상에 대해 박지원이 추측한 것으로 수절 과부담과 더불어 대비, 호응 관계를 지닌다. 순절 열녀담은 제 삼자의 전문으로만 구성된 점에서 당사자의 일인칭 고백이 핵심인 수절 과부담과 대비된다. 순절 열녀의 전형적인 삶을 재생산한 것으로 여겨질 만큼 열녀 개인이 겪었을 당사자의 사적인 사정은 드러나 있지 않다. 그 감춰진 내면적인 진상을 작가가 추측해본 것이다. 자식도 없는 청상은 당시의 사회적 분위기에서는 존재할 가치를 거의 상실할 수밖에 없다. 다만 터무니없는 추측의 대상, 풍문의 온상이 될 뿐으로 구차하고 치욕스러운 삶만이 그녀를 기다리고 있을 뿐이다. 차라리 죽어 열녀로 칭송되는 것이 자신을 위해서나 가족을 위해서 바람직하다고 생각하기 마련이다. 이것이 청상의 순절과 관계된 내

---

25 김혈조는 「연암의 〈열녀함양박씨전〉재고」 – 새로운 자료 소개를 겸하여 – (『대동한문학』24, 2006)에서 이들의 입전이 사실이었음을 밝혔다.

면적 진상일 것이라는 박지원의 추측이다. 이는 수절 과부가 아들들을 책하면서 문제 삼았던 풍문(풍조라 해도 무방)의 해악적 위력을 다시 문제 삼은 것이다. 작가가 추측을 통해 풍문 속에 '은폐'된 내면적 진상을 '드러낸' 것이다. 그런 의미에서 ①과 대조된다.

③은, 본전에 해당하는 순절 열녀담이 풍조 대변적인 관점에서 순절 열녀를 다뤘듯이 동일한 풍조 대변적인 관점으로 순절 열녀를 찬양하여 본전과 호응을 이룬다. 함양 박씨의 순절이 당시 풍조가 열광하던 열녀의 전형임을 다시 환기하면서 순절에 대한 찬양과 조장이 여전히 진행 중임을 보여준다. 그런 점에서 ①과 호응 관계에 있다.

이처럼 이 논평 부분은 총서, 수절 과부담, 순절 열녀담과 상호 조응함과 동시에 '은폐'와 '드러냄'이라는 모호한 장치를 사용하여 순절 풍조에 대한 강한 비판의식을 담아내는 것으로 종결지었다.

3) 〈열녀함양박씨전〉에서 보인 문제 인식의 근거

박지원은 교조적인 유교 이데올로기에 대해서 비판적인 시각을 가졌던 인물이다. 그런 사유의 단서를 『열하일기』에서도 쉽게 찾을 수 있으니 〈관내정사편〉에 실린 〈호질〉을 일례로 들 수 있다. 〈호질〉의 핵심은 호랑이가 위선·위학의 대가인 북곽 선생을 꾸짖는 대목에 있으며, 이는 상대주의적인 세계관에 입각해 인간과 성리학의 편협하고 독단적이고 위선적인 오만을 맹렬하게 공격한 것이다. 그러니 성리학을 종교처럼 신봉하면서 그 이념에서 한 치라도 벗어나는 것을 용납하지 않은 채 다양성과 독창성을 억누르는 조선조 사회의 가부장제 지배 이념이 박지원에게는 불평 부당한 것으로 인식될 수밖에

없었다.[26]

그런데 〈태학유관록, 초십일〉에 실린, 태학관에 기거하는 중국 선비 곡정鵠汀, 지정志亭과 더불어 나눈 '불경이부不更二夫'에 관련된 논의는 〈열녀함양박씨전〉의 문제의식과 직접적인 관련을 지닌다. 그곳에서 연암은 '귀국가처貴國佳處'를 묻는 곡정의 질문에 '네 개의 아름다운 것[四佳]'[27]을 말하면서 그중 하나를 '여자는 두 지아비를 섬기지 않는 것[女子不更二夫]'이라고 답하는데, 이야기의 맥락을 따라가면 결국 '절개를 지키며 과부로 사는 것이 풍속을 이룬 것[守寡成俗]'의 고질적 폐단을 비판하는 곡정의 논지로 귀결된다. 논의의 편의를 위해 연암과 지정, 곡정과의 대화 부분을 소개한다.

> 지정이 말했다. "여자가 두 지아비를 섬기지 않는 것을 어찌 온 나라에서 다 그럴 수 있습니까?" 내가 말했다. "온 나라의 천한 백성들까지 다 그럴 수 있다고 말하는 것은 아닙니다만, 명색이 사족인 사람들은 심하게 빈궁하고 삼종三從이 이미 끝난 상태라 할지라도 종신토록 절개를 지키면서 과부로 지냅니다. 그래서 천한 노비 종들에게까지도 자연스럽게 풍속을 이룬 것이 4백 년이 되었습니다." 지정이 말했다. "금지하지 않습니까?" 내가 말했다. "드러난 법령은 없습니다." 곡정이 말했다. "중국에서도 이러한 풍속이 고질적인 병폐를 이뤘

---

26 『열하일기』에서 열하의 석학들과 만나 그들과 필담을 통해 드러내는 상대주의적 세계관들도 그 일 예로 들 수 있다.

27 余曰 弊邦雖僻居海陬 亦有四佳俗 尙儒敎一佳也 地無可患二佳也 魚鹽不藉三佳也 女子不更二夫四佳也.

습니다. 납채만 치루고 초례는 하지 않았는데도, 합근례만 치루고 합방은 채 하지도 않았는데도 불행히 사고를 당하면 종신토록 절개를 지키며 과부로 삽니다. 이는 그래도 괜찮은 편이지요. 심지어는 집안 간의 오래된 친분으로 뱃속 태아를 가리키면서 사돈관계를 논하거나 다박머리일 때 부모들이 결친을 말하였는데, 불행한 일이 있으면 짐주를 마시거나 목을 매어 따라 죽어 합장되기를 구하니, 비례非禮하기 막대합니다. 군자들은 그것을 시분尸奔이라 기롱하고 또는 절음節淫이라 명명하기도 하지요. 나라에서는 법으로 거듭 엄금하여 부모들에게 죄를 묻는데도 풍속을 이루고 말았습니다. 동남부가 더욱 심하지요. 그래서 유식한 집안에서는 계례笄禮를 치른 후에야 중매를 통합니다. 이는 모두 말세의 일입니다."[28]

'여자가 두 지아비를 섬기지 않는 것을 어찌 온 나라에서 다 그럴 수 있느냐.'는 지정의 질문에 박지원이 명색이 사족인 사람은 무조건 종신토록 과부로 살면서 재가하지 않는다[守寡]고 답한 것은, 양반가 여성에게 부과된 재가 금지법을 에둘러 말한 것이다. 그리고, 천한 노비와 종들에까지도 자연스럽게 풍속을 이룬 것이 4백 년이 되었다는 것은, 〈열녀함양박씨전〉 총서에서 '국조 4백 년 동안 백성들은

---

28 志亭曰 女不更夫 豈得通國盡然 余曰 非謂擧國下賤氓隷盡能若是 名爲士族則雖甚貧窮 三從旣絶 而守寡終身 以至婢僕皁隷之賤 自然成俗者四百年 志亭曰 有禁否 余曰 無著令 鵠汀曰 中國此俗亦成痼弊 或有納采而未醮 合巹而未媾 不幸有故 終身守寡 此猶之可也 至於通家舊誼 指腹議親 或俱在髫齔 父母有言 不幸而至有飮鴆投繯 以求殉祔 非禮莫大 君子譏其尸奔 亦名節淫 國憲申嚴 父母有罪 而遂以成俗 東南尤甚 故有識之家女子 及笄然後 始通媒妁 此皆叔季事也.

오랜 도에 씻겨서 교화되어 귀한 여성이건 천한 여성이건을 가릴 것 없이 한미한 집안 여성이건 현달한 집안 여성이건을 막론하고 과부라면 모두 절개를 지킨 나머지 마침내는 풍속을 이루었으니 옛날에 이른 바 열녀는 지금의 과부에게만 해당된다.'는 대목의 의미와 상통한다. 이 두 가지 문제 점, 즉 재가 금지법과 열절 여성이데올로기에 세뇌당한 열녀 풍조는 〈열녀함양박씨전〉 총서에서 언급한 대목이다. 다시 말해서 연암은 열하를 여행할 때에도 이미 열녀 풍조 현상에 대해서 문제의식을 가지고 있었다는 사실을 알 수 있다.[29]

조선에서 만연한 열녀 풍조를 말하는 박지원에게 지정은 '법으로 금하지 않느냐.'고 질문하고 '드러난 법령이 없다.'고 박지원은 대답한다. 그러자 함께 자리했던 곡정은 고질적인 사회적 병폐인 중국의 열녀 풍조에 대해서 제법 구체적으로 이야기하는데, 과도한 순절殉節을 이야기할 때는 '비례非禮하기가 막대하다.'며 통렬하게 비판한다. 곡정의 말에 의거하면, 당시 중국에서도 조선과 무척 유사한 양상으로 열녀 풍조가 성행한 것이 사실이다. 그러나 중국에서는 과도한 열녀 풍습을 나라 법으로 금하고 있고, 유식자 층에서도 문제 삼고 있으며, 순절 풍조에 대해서 말세의 일이라고 비판할 수 있었던 점에서 분명히 다르다. 양반 여성의 재가를 법으로 철저하게 금하고, '비례막대'한 순절을 오히려 진정한 열절로 추앙하고 다투어 입전하면서 교화의 힘이라고 여기던 조선조와는 그 대응 방식이 많이

29 열하를 여행한 것은 박지원이 44세이던 1780년이었고, 〈열녀함양박씨전〉을 쓴 것은 박지원이 안의현 현감으로 재직 중이던 1794년(당시 나이 57세)이었다. 〈열녀함양박씨전〉을 집필하기 오래전부터 박지원은 이미 열녀풍조에 대한 문제의식을 가지고 있었던 것을 확인할 수 있다.

달랐다.[30]

곡정이 과도한 열녀 풍조를 비난하는 것에 대해서 연암은 긍정도 부정도 하지 않는다. 그러나 '귀국가처' 질문에 '사가四佳'로 답하고 그 중 '불경이부' 대목에 관해 집중적으로 이야기를 전개해 나간 것은 열녀 풍조에 대한 중국 선비들의 인식을 확인해보고자 유도한 것으로 여겨진다. 그러므로 '비례막대' '시분尸奔' '절음節淫' 등, 듣기에 난감한 표현으로 매도해도 이를 반박하거나 변명하지 않은 동시에 그 비판적인 표현들을 굳이 밝히고 있는 것이다. 다시 말하자면, 극단적 열녀 풍조의 패륜성에 대해 박지원 자신은 드러내놓고 반박할 수 없었지만 중국 선비 곡정의 노골적인 맹공을 자세히 밝혀 대신하고 있는 것으로 여겨진다. 곡정의 순절풍조 비판이 끝나자 바로 뒤이어 연암은 효자에 대한 이야기로 화두를 전환하는데, 그 말머리의 전환이 의미심장하다. 그 대목을 인용해본다.

> 내가 말했다. "「유계외전留溪外傳」에 있는 효자는 심지어 간을 베어내 어버이를 치료한 경우가 있으며, 조희건趙希乾은 가슴을 갈라 염통을 꺼내다가 잘못해 그 장을 한 자 남짓 생채기를 내면서 이를 삶아 모친을 치료했는데 상처도 아물어 아무 일이 없었다 합니다. 이로 보건대 손가락을 자르고 똥을 맛본

---

30 실제로 명나라 말 양명학 좌파 문인들 사이에는 남·여성의 평등을 주장할 만큼 여성문제를 인본적인 견지에서 접근하고 주장한 사례들이 있다. 예컨대, 원굉도의 "첩은 정 때문에 죽지, 절개 때문에 죽지 않는다"거나, 사조제(謝肇淛)의 "부친은 한 사람일뿐이지만 모든 남자가 다 지아비가 될 수 있다"는 등의 발언은 조선조 사회에서라면 절대 공공연하게 할 수 없는 표현이다(邦英德, 過常寶, 『明人奇情』, p.28, 上海人民出版社, 2004).

> 것은 모두 소절踈節이요, 눈 속에서 죽순을 캐고 얼음 구멍에서 잉어를 잡은 것은 하찮지요."[31]

열녀들이 죽음도 마다않고 순절하는 것과 위 문장에서 거론된 효자들이 죽음도 무릅쓰고 몸의 장기를 꺼내어 부모의 병을 고치는 약으로 쓴 행위는 모두 특정 이데올로기를 맹목적으로 추앙한 점에서 본질적으로 같다. 박지원은 열烈·효孝라는 유교 이데올로기가 극단적으로 진행되어 풍조를 이루면 인간 본성을 거스르는 '비례막대'한 점에서 동일하다는 관점을 암시하기 위해 말머리를 꺼낸 것으로 이해된다.[32]

곡정은 더 나아가 '눈 속에서 죽순을 캐고 얼음 구멍에서 잉어를 잡은 것은 이미 천지의 기운이 한번 요리澆漓해진 것[33]이라'고 빈정댄다. 자연의 이치 상 눈 속에서 죽순을 캘 수 없는 일이고 얼음 구멍에서 잉어를 잡을 수도 없는 것이건만 효자가 감천시켜 그랬다 하니, 그 이치에 맞지 않는 사건은 천지의 기운이 그 올바름을 잃고 부박해진 것이라고 비아냥댄 것이다. 이에 동석했던 세 사람은 함께

---

31 留溪外傳所有孝子 至有割肝療親 趙希乾之刳胸探心 誤傷其腸尺餘 烹而療母 瘡合無恙 由是觀之 斷指嘗糞 儘是踈節 氷筍凍魚 乃爲笨伯.

32 강명관은 연암은 곡정의 날선 수절비판에 대응하지 않고 갑자기 효행의 잔혹한 실천 쪽으로 말머리를 돌린 것을, 곡정 왕민호의 의견에 동조할 수도 반박할 수도 없는 난처함 때문이라고 인식하였다(전게논문 p.11). 그러나 필자는 이와 상반되게 해석한다. 수절풍조의 패단성 지적은 이미 다 폭로된 상태였다. 박지원이 이에 대응하지 않고 잔혹한 효행 실천 이야기로 말머리를 돌린 것은 이 두 이데올로기를 같은 차원에서 아울러 다루고자 하는 전략이었을 뿐이다.

33 鵠汀曰 氷筍凍魚 已是天地之氣 一番澆漓也.

한바탕 웃는다. 효 이데올로기 신앙이 낳은 어처구니없는 몰상식을 함께 인지하고 비웃는 행동인 것이다.

지정은 이어 충의 문제로 화제를 전환한다. 악형을 당하고 십족이 멸하는 것도 감수한 역사적 충신·열사 사례를 제시하면서, '이같이 하지 않으면 통쾌하게 여기지 않으니 후세에 충신·열사 되는 것도 어려울 것'이라고 말한다. 그러자 곡정은 '천지가 생겨난 지 오래되어서 한쾌狠快하지 않으면 이름을 이룰 수 없으니 노자老子가 이른 바 "어찌 한숨을 쉬면서 효를 말하느냐"는 것이 이것입니다.'라고 대꾸한다. '효'도 '충'도 풍속이 되고 극단화되면서 한쾌狠快해져야만 인정받을 수 있게 되었다는 것이며, 이는 극단적 '열' 풍조에 대해 '비례막대'하다고 비판했던 맥락과 동일하다. 이야기가 여기에 이르면 열·효·충 이데올로기에 오랜 세월 동안 '교화/세뇌'되어 이루어진 풍조들이 함께 모아져 성토된 것이다.

지금까지 세 사람 사이에 이루어진 대화를 연암은 다음과 같은 말로 종결한다.

> "왕선생(곡정)께서 한 '일번요리一番澆漓했다'는 논의는 지극히 타당합니다. 단술이 변해 소주가 된다면 전국술을 말할 수 없을 것이요, 입으로 담배를 핀다면 다시는 매움을 말할 수 없을 것입니다. 이런 것들을 만약 따져 심각하게 논한다면 절의를 배격하는 논의가 다시 세상에서 일어나게 될 것입니다."[34]

---

34 余曰 王先生一番澆漓之論極是 醴變爲燒則未可論醇 口能吸煙則非復語辣矣 此等若

박지원은 잔혹한 효 풍조를 비판한 곡정의 논의가 지극히 타당하다고 동조한다. 이는 열 풍조를 '비례막대'하다고 비판한 것, 충 풍조를 '한쾌狠快하다'고 매도한 것도 다 함께 인정한 셈이다. 이처럼 맛이 간 충·효·열 풍조를 연암은 본 맛을 상실한 소주燒酒, 담배 피어 제대로 맛을 인지할 수 없는 입으로 비유한다. 그러나 이런 것들을 따지다 보면 충·효·열을 배격하는 논의로 흘러버릴 것이라고 염려하는 말로 맺음하여 자신의 예봉만은 여전히 은폐한다.

유가적 이데올로기의 세뇌를 통해 형성된 풍조에 대해 이처럼 과격한 비난을 이어가던 이들은 이어 삼액三厄[35]을 화제의 대상으로 삼는다. 그 중 일차적으로 거론된 것이 족액足厄, 즉 전족纏足 풍조였다. 그런데 충·효·열 풍조의 패륜성에 대해서는 직설을 피하고 있던 박지원이, 중국 고유의 풍조인 전족에 대해서만은 거침없이 공격한다.

> "한족 여자의 전족은 차마 바라볼 수 없을 정도입니다. 발꿈치로 땅을 디디고 가는 것이 마치 보리씨 뿌리는 것처럼 좌로 흔들 우로 기우뚱거려 바람이 불지 않는 데도 쓰러지니, 이 무슨 꼴입니까."……
>
> "모습도 예쁘지 않고, 행보도 불편한데 무슨 까닭에 그렇게 하지요?"[36]

索言深論 排節義論 復作於世矣.

35 足厄, 頭厄, 口厄.

36 漢女彎鞋 不忍見矣 以跟踏地 行如種麥 左搖右斜 不風而靡 是何模樣.… 貌樣不雅 行步不便 何故若是.

이에 대해 곡정은, '오랑캐와 섞이는 것이 수치스러워 그런다'고 변명하는데도 이어 계속 비아냥거린다.

> "삼하와 통주 사이에 늙은 거지 여인이 머리 가득히 꽃을 꽂고 전족을 한 채 말을 따라오며 구걸하는데, 마치 오리가 배불리 먹은 것처럼 엎어졌다 자빠졌다 하니 제가 보기로는 오히려 오랑캐 여자보다도 훨씬 못하더군요."[37]

명청 시대를 열광시키며 풍미했던 전족의 꼴사나운 모습을 구체적으로 묘사하면서 객관자의 입장에서 신랄하게 비판하고 있다. 시대를 휩쓰는 풍조에는 그것을 지배하는 이데올로기가 존재한다. 특정 이데올로기는 인간의 자연스러운 본성을 억압하는 방향으로 작용하기 마련이며 극단에서는 인간성 상실도 피해가지 않는다. 충·효·열 이데올로기가 초래한 파괴적이고 극단적인 풍조는, 유가를 신봉했던 조선과 중국이 공유했던 심각한 병폐였다. 그러나 대다수의 유학자들은 극단적 이데올로기의 광기에 문제 의식을 가지기보다는 오히려 찬양하고 조장하고 주도하는 세력이었다. 인간 본연의 성정에 대해 열린 시각을 견지하고 있던 박지원은 이러한 현상을 간과할 수 없었다.

중국에서 전족은 열녀 이데올로기와 짝을 이루는 여성억압 기제였다. 전족의 배경이 되는 이념은 성리학적인 정조 관념·남존여비

---

37 三河通州之間 白頭丐女 滿髻挿花 猶自纏脚 隨馬行丐 如鴨飽食 十顚九仆 以愚所見 還不如韃女遠甚.

관념으로, 여성을 방안에 가둬두고 유약하게 만들어 남성의 완전한 소유로 묶어두자는 것이었다.[38] 남성은 정실 이외에 첩을 둘 수 있고 집안의 계집종도 소유할 수 있는 성적 자유를 확보했으면서도, 여성에게는 정조가 목숨보다도 중요하다고 교육했다. 전족은 남성 중심 가부장제 사회에서 여성을 성적으로 소유하기 위해 발견했던 여성 억압 기제였다. 그런데 모순적이게도 여성 성적 매력의 기준으로 전개되었다. 전족을 성적으로 열광했던 당대의 풍조에 따르자면 전족은 여성의 제 이의 성기였다[39]고 전한다.

조선에는 세계 어느 곳에서도 그 유례를 찾을 수 없는 재가 금지법이라는 악법이 존재했지만 한족 여성 '우월성'[40]의 징표였던 전족만은 유입되지 않았다. 박지원의 기민한 판단력으로 전족 풍조에 작용한 지배 세력 여성 이데올로기의 작용을 간과했을 리 없다. 앞서 조선의 열녀 풍조를 조선의 '사가四佳' 중 하나로 소개하고서 중국 선비가 '비례막대', '숙계사叔季事' 등의 비판을 가하자, 슬쩍 말머리를 돌려 극단적인 효·충에 대해서도 함께 비판하게 유도한 채 자신의 비판적 예봉만은 여전히 은폐하고 있더니, 전족 풍조에 대해서는 거리낌이 없이 '드러내놓고' 비판한다.

그 이유는 명백하다. 박지원은 조선의 명망 있는 사대부 집안 선

---

38 우춘춘(吳存存) 저, 『명청시대 성애풍조』, 이월영 옮김, 소리내, 2014, p.384.

39 위와 같음.

40 한족 여성들의 전족은 명나라 때에는 몽고족과 변별되는 문화적 표지로 청나라 때는 만주족과 구별되는 한족여성 자부심의 표지로도 작용했다(우춘춘, 앞의 책, 같은 곳). 앞서 박지원이 한족 여성의 전족에 대해 맹공하자 곡정이 '오랑캐와 섞이는 것이 수치스러워 그런다.'라고 대답한 것이 바로 같은 의미이다.

비로서 그 시대를 지배하던 성리학적 제 이데올로기에 대해 드러내놓고 비판할 수는 없는 입장이었다. 이데올로기의 세뇌와 추종이 초래한 잔인한 인간성 상실을 심각하게 인지했지만, 감히 직설적으로 비판하지 못하고 중국 선비의 언설을 빌어 비판을 대신하다가, 조선과는 무관한 중국의 비례하기 막대한 풍조인 전족에 대해서는 그 몰상식을 유감없이 비판한 것이다. 이는 같은 종류의 심각한 병폐를 지니고 있는 충·효·열 풍조 그 중에서도 여성의 억압 기제인 열녀 풍조에 대해서 같은 관점을 견지했으리라는 것을 은연중에 보여준다. '은폐'와 '드러냄' 수법의 적시 적절한 교차 사용이 이곳에서도 활약한다.

종합하여 말하자면 〈열녀함양박씨전〉은 실존했던 열녀의 입전을 통해 인간성 파괴적인 열녀풍조와 이를 조장한 여성 이데올로기를 아울러 비판한 반역적인 열녀전이다. 박지원은 특정 열녀를 찬양하기 위해서 또는 이상적인 열녀상을 제시하기 위해서 〈열녀함양박씨전〉을 지은 것이 아니라, 당대를 풍미한 열녀 풍조 특히 순절 풍조의 비인간성을 풍자하고 비판하기 위해서 지은 것으로 판단된다. 다만 저작 과정에서 은폐와 드러냄을 교차 사용하여 핵심을 모호하게 만들었으니, 이는 성리학적 이데올로기가 곧 선악 시비의 판단 기준이었던 시대에 작가 박지원이 취한 문학적 전략으로 판단된다. 그러나 이러한 전략으로 말미암아 〈열녀함양박씨전〉은 허구 소설적 특성을 가지게 되었고 동시에 한층 높은 문예적 수준을 성취할 수 있었다.

2 이옥李鈺 '남녀지정' 문학의 여성관

1) 문제 제기: 이옥 문학의 이율배반성

이옥은 정조의 문체반정 철퇴를 맞고서도 '반성'하지 않고서 끝까지 소품 문체를 고수한 '강성' 작가였다. 정조가 문제 삼은 문체반정의 대상자로 걸려 귀양길에 올랐으면서도 소품 문체를 끝까지 고수한 것은 당대 어떤 지식인과도 비교할 수 없던 '용감'한 행보였다. 『열하일기』의 일탈적인 문체가 정조의 공격을 받자 곧바로 사과하는 글[41]을 써 변명하는가 하면 『열하일기』 집필을 공격한 자들에게는 에두른 방식으로 반격하는[42] 등, 전략적 대응을 강구했던 박지원의 처신과도 많이 달랐다.

이런 행보와 걸맞게 그가 제시한 문학론 또한 정통 문인들로서는 쉽게 말하거나 수용할 수 없을 만큼 파격적인 수준이었다. 그는 〈묵취향서墨醉香序〉와 〈묵토향전서墨吐香前敍〉에서 창작을 '정서의 유로流露'를 의미하는 취토醉吐로 비유했다. 취한다는 것은, 글에 취하고 술에 취하고 화류花柳에 취하고 요염한 여자에게 취하듯이 탐닉하는 것을 의미하며, 이들 대상을 탐닉하다 보면 글로 유로流露하게 된다는 것이 그의 창작론이다. 창작의 근원을 정감에 두었고[發於情] 문학을

41 『연암집』 권2 서(書), 「다남직가공철서(答南直閣公轍書)」에 그 자세한 내용이 실려 있다.

42 〈답이중존서(答李仲存書)〉(위와 같음).

유희로 여긴 것이다. 그래서 시문을 재도지기로 여겼던 성리학의 교훈적인 문학론과는 극과 극이었다.

그는 〈이언俚諺〉에서도 각 시대에는 그 시대의 문학이 있다며 문학의 시공간적 상대성을 말하여 숭고주의적인 전범을 부정했으며, 남녀 간의 성애[男女之情]와 임정유출任情流出하는 여성의 편성偏性이 가장 좋은 문학의 소재라며 이른바 정情을 창작의 중심에 두는 정 문학론情文學論을 제기했다. 이치[理]를 담는 그릇으로 문학을 인식한 정통 문학론을 의도적으로 벗겨낸 것으로 여겨질 정도여서 이옥이 문학을 향유하는 방식이 조선 사대부의 일반을 크게 벗어난 점은 부인할 수 없다.[43]

그런데 이처럼 남녀 간의 욕정[男女之情]과 여성을 관련하여 문학의 키를 정情에 부여했던 분방한 작가가 당대의 여성 이데올로기[理]를 선전하는 것과 다름없는 열녀전을 즐겨 다룬 것은 무척 모순적이다. 말하자면 한 편에서는 탈규범적인 남녀 간의 성애를 문학적으로 형상화하면서, 다른 한편에서는 이와는 이반되는 여성 정조 이데올

---

43 이옥 문학에 대해서는 '통속성', '일상성', '여성 정감 표현'이라는 탈 성리학적 평가들이 주를 이루는데, 이를 잘 집약한 것이 다음과 같은 김영진의 평가라고 생각한다.

'개인'과 '일상'으로 문학(산문)의 중심이 이동하였다. '개인'의 측면과 관련하여 이옥의 작품에는 이른바 '응수문자(應酬文字)'가 하나도 없다는 사실은 우리 산문사에 변전(變轉)이 아닐 수 없다. 그의 문학은 대인관계 속에서 발생하는 문학이 아닌, 철저히 개인 내의 문학이었다. 그는 글 짓는 행위 그 자체를 사랑하고 즐긴, 문학으로 자오한 작가였다(「이옥 문학과 명청 소품:신자료의 소개를 겸하여」, 『고전문학연구』 제123집, 2003, pp.355 - 387).

응수문자가 없었다는 것은 공적인 기제로 문을 소비하지 않았음을 보여주며, 이는 이옥의 문학이 그 시대를 초절한 큰 특징이라 이를만하다. 단 이옥의 이러한 변모가 투철한 세계인식이나 작가의식의 투사로 볼 수 있는 문제는 아니다. 오히려 그런 문제의식 없이 자신이 좋아하는 방식으로 문학을 즐겼다고 보아야 한다.

로기에 기반한 열녀전을 아무런 문제의식 없이 기술할 수 있었는가 하는 점이다.[44] 그런데 문제는 여기에서만 그치지 않는다. 한 작품 안에서도 진지하고 절절한 서사에 걸맞지 않고 모순되는 후평을 첨가해 일반 독자로 하여금 납득할 수 없게 만드는 지점이 있다. 이를테면 문체 및 소재의 파격성(혹은 이단성)을 그 자체로 의미 부여하지

44 이런 문제점은 일찍이 이지양이 간파하였다. 그는 "이옥의 문학에서 '남녀 진정'과 '열절'의 문제"(『한국한문학연구』29, 2002)에서 '욕망의 해방 논리'로 연장되는 '남녀진정'을 강조한 작품과 '금기와 절제'로 예교적 구속을 가하는 논리에 입각한 '열절'을 소재로 한 작품이 공존하는 것의 모순성을 문제 삼아 분석하였다. 그 결과 '남녀진정'을 통해 '시대의 흐름'을 관찰하고자 했으며, 여성의 열절을 통해 선비의 충렬을 돌아보고 있어, 그는 선비의 입장을 떠난 적이 없고, 비판적 의식이 강했던 소외된 선비였다는 결론을 내렸다. 그래서 그의 문학에 대해 '탈중세적', '탈예교주의적', '여성주의적 시각'을 거론하는 것은, 일면을 과대평가하는 성급함이라고 덧붙였다. 기존, 이옥 문학에 대해서 혁신적이라는 찬사 일변도에 새로운 문제의식을 제공한 감이 있다. 정환국도 "이옥에게 있어서 '여성'"(『한국고전여성문학연구』27, 2013, pp.251－281)에서, 이옥이 여성 소재를 다루면서 보여주는 모순성을 '착종'이라고 표현하면서, 이옥을 기본적으로 소극적 보수적 인물로 평가했으며, 이옥은 '여러 여성의 모습과 그들의 행동을 통해 인간 정리의 다단한 국면과 난국을 자신의 고민과 결부시켜 착잡하게 풀어내고 있다'고 결론하였다. 모순성에 대한 지적과 성급한 과대평가에 대한 지적에는 필자도 동의한다. 단 '남녀진정(男女眞情)', '비판적인 선비의식'이라는 이지양의 평가는 재고가 필요하다. 이옥은 실상 '남녀진정'을 말한 적 없고 '남녀지정'을 말했을 뿐인데 그 '남녀지정(男女之情)'은 곧 남녀 간에 존재하는 성적인 욕망을 의미하며, 이는 하늘로부터 부여받은 본성이기 때문에 '진실[眞]'이라고 말한 것이다. 필자는 이 모순성이 이옥 문학의 근간이며 특징이라고 생각한다. 단지 연애 문학과 열절 문학 간의 모순 문제일 뿐만이 아니라, 그의 문체와 세계관의 불일치(모순)에서 연유한다고 본다. 이는 이옥의 정 문학론을 분석하는 과정에서 자세하게 언급할 것이다. 이런 문제의식에서 출발한 연구가 있는 반면, 초기연구는 물론이고 최근연구(손병국, "李鈺의 한시 『이언』의 미적 특질", 『한민족문화연구』46집, 2014, pp.189－224)에서도 이옥 문학을 주자학적 재도론에서 벗어난 문학, 순정 문학의 권위에 대한 도전이라고 언급하면서, '천대받는 여성과 민중의 삶에 대한 인간적 생활적 이해 등을 감각적이면서도 개성적인 글쓰기로 맞서고자 했다.'면서 이옥을 문학을 통해 기존의 통치 이념에 반발한 투사로 인식하고 있다.

못하고 고식적인 투로 서사의 내용을 평하거나, 얼토당토않은 교훈적 멘트를 남기거나, 여성의 몸을 조롱하고 비웃는 등, 독자로 하여금 이 작가의 정체는 과연 무엇일까 하는 의문을 가지도록 하기 때문이다.

이옥의 문학은 유가의 정통 문학에서 확실하게 일탈했고 그 일탈적 문체를 끝까지 고수했음에도 불구하고 전통적인 남성 중심적 여성관에서는 조금도 벗어나지 않았음을 지적할 수 있다. 그리고 그런 이율배반적인 모순을 스스로는 화해시킬 수 있는 논리가 이옥의 정 문학론情文學論에는 분명하게 마련되어 있다.

필자는 일차적으로 이옥의 정 문학론을 분석하여 그 의미를 밝힌 뒤, 이에 근거해 남녀 사이의 성애[男女之情]를 소재로 한 작품을 분석해보고자 한다. 이는 이옥의 문체와 내용이 재도지기적인 문학관에 멀리 벗어나 있는 점에 매몰되어, 작품의 의미를 견강부회하는 것을 문제 삼는 동시에 이옥 문학을 불편부당하게 평가하는 것을 목적으로 한다. 예컨대 문학적 유희에 빠져있던 '순수(혹은 통속적인)한' 작가를 시대 비판적인 투사나 고뇌하는 선비로 '등극(혹은 격하)'시키는 오류를 범하지는 말아야 할 것이다. 특히 여성 문학적인 관점에서 볼 때, 이옥의 남녀 사이의 성애를 소재로 한 문학에서 여성을 향한 시선과 후평을 통해 해석하는 방식의 '분방함'은, 좀 더 정직한 방식으로 문제 삼아야 한다고 생각한다.

2) 이옥 정 문학론의 실체

이옥은 남녀 사이에 존재하는 성애와 편성偏性을 소유한 여성을 가장 뛰어난 문학적 소재라고 한, 이른바 정 문학론을 설파했다. 그의 정 문학론의 자세한 내용은 〈이언俚諺〉과 〈이난二難〉에 언급되어 있다. 이옥이 정 문학론을 피력하게 된 것은, 〈이언〉에서 혹자가 당신은 어찌 '분바르고, 연지 찍고, 치마 입고 비녀 꽂은 여자의 일'만 언급하느냐며 이는 예가 아니라고 운운하자, 그에 대한 답을 하는 데서 시작된다.

이옥은 우선, 『시경』의 〈주남周南〉·〈소남召南〉도 그 대부분 여성을 다루고 있다며, 예가 아닌 것을 듣는 것은 예가 아닌 것을 듣지 않으려는 것이며, 예가 아닌 것을 보는 것도 예가 아닌 것을 보지 않으려는 것이며, 예가 아닌 것을 말하는 것 또한 예가 아닌 것을 말하지 않으려는 것이라는, 유가 전통적인 시경해석(특히 정풍과 위풍), 즉 '불설지교不屑之敎' 교훈설에 기대고 있다. 이러한 논리가 상투적인 면피용[45]일 것으로 여겨질 가능성도 있지만, 작품의 서사敍事를 통해 남녀 사이의 사정을 곡진하고 적나라하게 기술하고서, 후기에서는 그 서사를 배반하는 평을 반복하는 이옥의 문학적 습관과 그의 '불설지교' 빙자는 분명하게 연관된다. 우선 그의 정 문학론을 살펴보자.

> 대저 만물을 관찰하는 것은 사람을 관찰하는 것보다 더 큰大 것이 없고, 사람에 대한 관찰[觀]은 정情을 살펴보는 것보다 더 묘妙한 것이 없으며, 정에 대한 관찰은 남녀 간의 성애[男女之情]를 살피는 것보다 더 진실[眞]한 것이 없다.[46]

---

45 예컨대, 『소화(笑話)』에서 실컷 음탕한 내용을 기술하고 나서 『시경』의 〈정풍〉·〈위풍〉의 존재 이유에 빗대는 것이 그것이다.

관찰의 대상은 관찰하는 자의 시야에 들어오는 대상이다. 만물이 다 피사체가 될 수 있지만, 가장 좋은[大] 피사체는 사람이다. 세상만사는 다 인간의 문제로 수렴되기 때문이다. 그런데 인간의 문제 중에서 또 가장 묘妙한 것은 정情이니, 정은 인간관계 속에서 상호 파생되는 희·노·애·락·애·오·욕 등의 정서이다. 그런데 문학적 형상화를 목적으로 하는 관찰자 이옥에게 정이 집중을 받는 이유는, 바로 묘하기 때문이다. 묘하다는 것은 신묘·기묘 등 사람에게 호기심을 유발시키거나 재미를 느끼게 하는 피사물의 작용이다. 기기묘묘한 인간 정서의 얽힘이 작가와 독자의 호기심을 유발하는 좋은 문학적 소재인 것을 의미한다. 그러므로 묘는 관찰자에게는 창작의 동력으로 독자에게는 유희와 심미감으로 작용한다. 관觀은 작가의 시선을, 대大와 묘妙는 작가의 시야에 포착되어 독자에게 문예적인 차원에서 긍정적으로 작용하는 소재로서의 효용성을 가리킨다. 인간관계 속에서 일으키는 기기묘묘한 다양한 정서가 단연 최고의 글감이라고 말한 것이다.

그런데 그 정 중에서도 남녀 사이의 성애[男女之情][47]는 진실[眞]하여 거짓[假]이 없기 때문에 한층 더 좋은 소재인 것으로 귀결한다. '남녀 사이의 성애는 인간의 본성이고 자연스러운 하늘의 이치'[48]이기 때문에 진실하다는 것이니 그 발생 자체를 거짓[假] 아닌 진실[眞]

---

46 夫天地萬物之觀 莫大於觀於人 人之觀莫妙乎觀於情 情之觀 莫眞乎觀乎男女之情.

47 '남녀지정'을 어떤 연구자들은 남녀 간의 사랑으로 심지어는 남녀 간의 진정한 사랑으로 이해하고 번역하는데 필자는 남녀 사이에 존재하는 성적인 욕망을 포괄적으로 지칭하는 것으로 이해한다. 그 이유는 뒤이어 해명될 것이다.

48 而獨於男女也 則卽人生固然之事也 亦天道自然之理也.

로 여긴 것이다. 그래서 그 남녀 간의 정이 단장정일端莊貞一하여 다행히 올바름[正]를 얻었어도 진정이지만, 방벽태오放僻怠傲하여 불행히도 그 올바름을 잃었어도 진정이라는 것이며, 진정이기 때문에 올바른 것은 법으로 삼으면 되고, 진정이기 때문에 올바름을 잃은 것 또한 경계로 삼을 수 있다는 것이다.[49] 이는 앞서 언급했던 『시경』의 〈위풍〉과 〈정풍〉에 대한 유가의 '불설지교'설을 반복하고 있는 것과 같다. 그런데 이옥이 다룬 남녀 간의 성애는 거의 후자에 속하므로, 그에 쏟아질 수 있는 비난을 방편적으로 모면할 수 있는 방식을 『시경』에 대한 주자학적 해석을 그 근거로 제시할 수 있으니, 정공법을 택해서 반격할 필요도 없었다.

그러므로 이옥이 문학적 소재로 높이 평가한 '남녀 사이의 정이 진실하다는 것'은 남녀 사이에서 교감하는 쌍방의 정이 진실하다는 가치 평가적인 용어[50]가 아니고, 그야말로 '진정한 사랑'까지 포함하여, 추문· 폭력· 변태도 실재로 남녀 사이에 존재하는 본능적인 정으로서 '거짓'이 아닌 '사실'[眞情]이라는 의미이다. 성리학적인 이치[理]에 따르면 금기되어야 마땅할 남녀지정일수록, 더 자극적이고 더 기이할수록, 이옥은 더 좋은 문학적 소재로 생각한 것이다.[51] 이옥에

---

49 使其端莊貞一 幸而得其正焉, 是亦眞個情也; 使其放僻怠傲, 不幸而失其正焉, 此亦眞個情也. 惟其眞也, 故其得正者, 足可以法焉; 惟其眞也, 故其失其正者, 亦可以戒焉;

50 실제로 이옥의 진정 문학론을 다룬 연구에는 이 진정을 남녀 사이에 존재하는 정의 진정성으로 이해한 경향이 있다. 예컨대, 이지양은 "이옥 문학에서 남녀 진정(眞情)과 열절(烈節)의 문제"에서, '남녀지정(男女之情)'을 다룬 작품을 두고 '남녀진정(男女眞情)'을 강조한 작품군이 있다고 말했다. 그러나 '남녀의 진정'을 말한 것이 아니라, 남여지정은 진(眞)하다고 말하고 있는 점에 유의해야 한다.

51 이옥은 세상에서 일컫는 바인 음사(淫史), 예컨대 〈금병매〉, 〈육포단〉 같은 부류도

게 문학은 즐기는 것이지 (도덕적으로) 배우는 것은 아니었지만, 불량하다고 외설스럽다고 비판하는 자에게는 『시경』 해석에서 정주학자들이 풀이한 '불설지교'를 떠올려 주면 그만이었다. 이와 관련된 수준에서 이옥 자신도 서사와는 동떨어진 후평으로 서사 내용과는 괴리되는 해석을 도모했고 서사 내용이 여하하건 도덕률적인 검열을 받을 필요도 없었다. 더 나아가, 여성은 한 쪽으로 치우친 성품[偏性]이어서 가장 탁월한 시경詩境이며 시료詩料라고 말한다. 여성의 편성은 남녀 간의 관계 속에서 여성이 드러내는 속성이며, 남녀 간의 욕망의 문제를 여성에 국한시켜 상대적인 관점으로 평가한 것이다. 그러므로 이러한 정론을 피력한 후 읊은 아조雅調, 염조艶調, 탕조宕調, 비조悱調는 남성과의 관계에서 보이는 다양한 여성(조신하고, 요염하고, 방탕하고, 비애에 가득 찬)을 그려냈다.[52]

그 작가들의 마음을 따져보면, 비록 정풍 음풍으로 일컬어지는 것이라 할지라도 불가할 바가 없다고 말하였다(世之所稱淫史 若金瓶梅肉蒲團之流 亦皆非淫史也 原其作者之心 則雖謂之正風淫風 亦無所不可矣 子以爲如何哉: 『俚諺』, 〈二難〉). 도덕률에 의거한 가치 평가를 문제 삼지 않은 것이다. 너무도 음란하다 문제 삼을 경우는, 그것을 보고 그러지 말아야 하는 것을 배우면 그만인 것이었다.

52 이는 객관 사실을 진실하게 형상했기보다는 이옥이 지극히 남성 중심적인(혹은 남성의 욕망이 투사된) 시각으로 형상한 여성 유형이라고 보는 것이 옳다.(박무영의 〈여성화자 한시를 통해본 역설적 '남성성'-〈俚諺〉의 경우를 중심으로〉, 『이화어문집』17집, 이화어문회, 1999, pp.93-116 참고).
이옥 작품의 특성에 대해 '여성 정감'이라고 평가하는 것도 재고되어야 할 문제이다. 여성 소재를 즐겨 다룬 것으로 미루어 여성 존재에 대해서 혹은 여성 성향에 대해서 호의를 가지거나 연민했다고 판단하는 것은 부적절하다. 이옥의 여성 소재 작품을 볼 때, 여성 존재나 여성의 사회적 위상에 대한 관심은 오히려 당시 수준에도 못 미쳤다고 여겨진다. 예컨대 〈열녀전〉을 입전하면서도 열녀 현상에 대해 당대 사회적 분위기를 문제 삼은 적이 없다. 같은 시대를 살았던 박지원과 정약용이 열녀 현상 자체를 심각하게 문제 삼았던 것과는 대조된다.

요약하여 말하자면, 이옥의 정론은 통속적인 남녀 간의 성애를 가장 좋은 문학 소재로 평가한 쾌락설적인 문학관이다. 그런 점에서 유가의 재도지기 문학관과는 상반된다. 그런데 모순적이게도 호기심을 자극하는 쾌락적인 통속적 소재를 찬양했음에도 불구하고 그 내용에 대한 도덕률적인 평가는 별개의 것으로 간주하였다. 그래서 도덕률적인 평가에 대한 문제가 공격을 받게 되면 남녀지정 자체에 의미를 부여하는 정공법을 쓰지 않고서 가장 고전적인 '불설지교' 문학관에 기대고 있는 것이다. 재미는 재미요, 도덕은 도덕이라는 입장이다. 이런 점으로 말미암아, 중국 명나라 말기 하나의 문학적 혁명으로 등장한 정 문학론과는 유관하면서도 전혀 다른 이중성을 지닌다.

이옥의 정문학론은 일단 명나라 중후기 양명학 좌파 문인들의 영향을 받은 것이 명백하다. 이옥은 양명학 좌파의 대표적 문인인 공안파 원굉도 글에 대해 언급한 글을 남겼으며, 풍몽룡의 『정사情史』를 언급했으며, 『금병매』, 『육포단』 같은 색정문학에 대해서도 진정한 남녀지정이란 측면에서 다루지 못할 것이 없다고 말하였다. 이옥의 문학론과 작품에서는 명말明末 양명학陽明學 좌파 문인들, 즉 이지와 공안파 문인인 원굉도 삼형제, 탕현조, 풍몽룡 등의 영향이 분명하게 발견된다. 기존 정통 고문의 틀을 벗어나 자유로운 문체를 구사하는 소품문 창작에만 전일한 점, 문학의 근본을 이치가 아닌 정으로 역설한 점, 문학의 전범성을 부정하고 문학 상대주의를 역설한 점 등은 명말 문인들의 특성이기 때문이다. 그러나 양명학 좌파 문인들의 정론과 이옥의 정론 간에는 결정적인 차이가 있다.

양명학 좌파 문인들은 견문見聞에 구애받지 않는 본성적인 진정眞

情을 추구해, 개성을 추구하고 욕망을 드러내놓고 두둔하였으며 사욕私欲의 가치를 극단적으로 추숭하였다.[53] 곽영덕郭英德과 과상보過常寶의 말을 들어보자.

> 정애情愛를 추구하고, 정욕欲情을 긍정하고, 정치情痴를 구가하고, 정취를 찬상하는 것이 응집하여 명나라 사람들의 심미 정신을 이루었으니, 그것은 '구진임정求眞任情'으로, 이런 심미정신은 전통 규범인 정주성리학과 대립되었으며, 중시한 것은 자기 개인의 진실[一己之眞], 자기 개인의 정[一己之情]이었지, 성현을 귀감으로 삼은 우상숭배나 윤리를 준칙으로 삼은 사회 규범은 아니었다. 그리고 이들 작품의 미적 형량은 인간의 본성에 절근한지의 여부, 개인 심리에 근본 했는지의 여부였다.[54]

위의 논지처럼 양명학 좌파 문인들은 인간의 본성을 억압하는 성리학적 '이치[理]'에 반대하여 개인의 주체를 옹호하고 발양하는 '인본' 철학적 견지에서 '정情'을 지지했던 반면, 이옥은 정을 가장 진실하고 생생한 문학적 소재로 옹호했던 것이니, 남녀 간의 성애 현상을 그대로 담은 문학적 진실성 혹은 문학적 재미 차원에서 정 문학론을 역설했던 것이다. 이옥은 기본적으로 양명학 좌파 문인들의 탈 주자주의적인 개인·개성 중시의 철학을 기저로 하지 않았다. 남

53 곽영덕(郭英德) 과상보(過常寶) 공저, 『명인기정(明人奇情)』, 北京師範大學出版社, 1993, p.10.

54 상동서, p.59.

녀 간의 성애 만큼 사람의 호기심을 자극하는 것은 없다는 생각에서, 즉 전적으로 통속적이고 쾌락적인 입장에서 정 문학론을 지지했던 것이다. 그래서 양명학 좌파 문인들은 정 지상주의자들로 진정眞情, 기정奇情, 기벽奇癖을 찬양했다[55]면, 이옥은 진정, 기정, 기벽을 문학적 소재로 수용하여 즐겨 다루고 재미있어 했지만 그것들을 찬양하지는 않았다. 오히려 조롱하고 희화한 측면이 더 강하다. 명 말의 '진정'은 으레 남녀가 나누는 생사를 초월한 사랑을 찬양하는 것[56]이었지만, 이옥에게 있어서 남녀지정이 진실하다는 것은, 남녀 사이의 정은 하늘로부터 부여받은 본성이라 거짓[假]일 수 없는 진실[眞]이어서, 더욱 흥미 있고 자극적이라는 소재 차원의 예찬이었을 뿐이다. 그렇기 때문에 흥미로운 남녀지정을 이야기하면서 그들 사이의 사랑이나 갈등을 바라보는 도덕률적인 가치 판단은 또 별개 차원에서 말할 수 있었다.

3) 서사와 후평의 양립과 그 의미

남녀지정, 즉 남녀 간의 성애를 다룬 이옥의 작품은 청춘 남녀의 비극적 사랑을 그린 〈심생전〉, 명말 회진 지역의 이름난 기녀인 마상란

---

55 풍몽룡(馮夢龍)은 정 지상주의자(情至上主義者)로 "나는 정교(情敎)를 세워 모든 중생을 가르치고자 한다(我欲立情敎 敎諸衆生)"라고 맹서하였다(진평원(陳平原) 저, 『중국산문소설사(中國散文小說史)』, 상해인민출판사, 2004, p.291).

56 탕현조가 〈모란정기제사(牧丹亭記題詞)〉에서 기술한 정을 그 예로 들 수 있다.
"정이 어디에서 오는지는 알 수 없지만, 일단 깊어지면 산 자를 죽일 수 있고, 죽은 자는 살릴 수 있다. 살아서 죽음을 함께 할 수 없거나 죽어서 다시 살아날 수 없는 것은 모두 정이 지극하지 않은 것이다."

을 향한 젊은이의 사랑을 이야기 한 〈마상란전보유〉, 그리고 기녀[俠女]와 선비의 사랑을 다룬 〈북관기야곡론北關妓夜哭論〉과 〈협창기문俠倡紀聞〉, 남성과의 관계 속에서 야기된 억울하고 힘든 상황을 탄원한 소지 형식으로 쓴 〈애금공장愛琴供狀〉과 〈필영장사必英狀辭〉가 있다.

이들 작품들은 모두 남녀 간의 성애가 개입한 사건, 즉 남녀지정을 다루고 있는데 모두 다 범상치 않은 '기정奇情'이다. 이옥의 표현을 빌려 말하자면, '묘妙'한 정을 다루고 있고, '진眞'실한 남녀지정이다. 그리고 그 진실을 피해갈 수 없는 '편성偏性인 여성'의 사랑 혹은 사정이 서사를 지배한다. 그래서 서사만을 대할 때 독자는 그 '기정'에 마음 아픈 감동을 느낄 수도 있고, 저런 사랑도 가능할까 하는 의문을 가지면서도 사랑은 규정할 수 없는 것이라고 여기며 기정이어서 오히려 감동할 수 있지만, 또 여성에게 가하는 남성의 성폭력에 대해서는 분노하는 마음을 가지지 않을 수 없다.

그런데 이들 작품에는 모두 작품의 서사가 끝나고 난 뒤에, 길고 짧은 차이는 있지만, 작가의 후평이 뒤이어 실려 있어 작품의 이해와 해석에 관여하고 있다. 그러나 작가가 끝에 짤막한 언급이나 혹은 의도적인 긴 논설로 서사에 관한 자신의 생각을 피력하고 있는 그 후평의 대목을 읽으면 독자는 작가가 그곳에서 보이는 태도에 아연해진다. 예컨대 공들여 묘사하여 절절하게 이룬 서사의 탁월성에 비해 지나치게 경박하고 하찮은, 그래서 차라리 없었다면 하는 생각이 들게 하는 후평이 있는가 하면(〈심생전〉), 서사만을 읽은 독자라면 그 은유적 의미를 결코 떠올릴 수 없는 장황한 사유를 전개하여(〈북관기야곡론〉) 당혹감을 주기 때문이다. 그런데 문제는 작가의 후평이 지시하는 방향으로 작품을 이해하려는 독자들의 관성이 이들 작품에 대한 이해에 적극적으로 끼어들 수밖에 없는 사실에 있다.

작품 내적 위화감은 상호 상반될 수밖에 없는 '남녀지정'과 '열녀전'을 동시에 다룰 수 있었던 작가의 정체성과 관련되며 그가 문학론으로 제시한 정론과도 유관하다. 서사가 그의 정체성에 근접할까? 아니면 후평이 그의 정체성에 가까울까? 그리고 그런 혼란을 의도적으로 초래한 작가의 의도 혹은 세계관을 어떻게 이해해야 할까?

이옥은 여성 편성偏性이 그 자체로 시경詩境이라고 칭송하고 '남녀지정'을 즐겨 다뤘지만 여성이 겪는 곤경이나 어려움에 대해서 연민을 보인 적도 분노를 드러낸 적도 없다. 여성을 향한 이옥의 관점은 오히려 과하거나 모자라거나 무례하거나 폭력적이라고 진단할 여지가 많다. 필자는 이옥의 여성에 대한 태도가 극명하게 대조되는 세 편의 작품을 선택[57]하여 작품의 서사를 분석하고, 후기에서 보이는 이옥의 태도를 문제 삼아, 이옥 작품의 특성과 작가적 정체성을 분석하겠다.

(1) 늙은 여성의 몸을 조롱한 〈마상란전보유馬湘蘭傳補遺〉

〈마상란전〉은 명나라 가정 연간의 금릉 지방 노기인 상란을 금릉 향교에서 공부하는 그녀의 나이 반절도 안 되는 소년이 사모한 이야기를 기록한 짤막한 서사이다. 소년은 마상란을 보자마자 첫눈에 반하여 그녀에게 부부가 되자고 구애했고 상란은 어이없어 하면서 이치를 들어 거절하였는데, 그래도 소년이 뜻을 굽히지 않으므로 향교의

---

57 여섯 작품은 두 편씩 같이 분류할 수 있는 성격을 지니는데, 그 각 부류에서도 이옥의 여성관이 더 직접적이고 분명하게 드러난 작품을 선택하였다.

제주祭酒가 회초리로 때려 결국 앙앙불락하며 떠나게 했다는 것이 그 내용이다.

20세 초반의 청년이 50세인 늙은 기녀 마상란에게 첫눈에 반해서 물불을 가리지 않고 구애한 그의 사랑은 실로 기정奇情이다. 가부장제 사회에서 노인 남성이 딸뻘도 안 되는 여성을 배우자 혹은 성적인 대상으로 삼는 일은 흔했지만 그 역은 성립하기 어려운 기이한 현상이기 때문이다.

'보유'라는 제명을 덧붙인 것으로 보아 후반부 후기만을 이옥이 쓴 것으로 여겨지는데,[58] 후기로 붙인 보유의 기술이 서사보다 더 길며 두 개의 내용으로 나눌 수 있다. 첫째는, 당신 같은 젊은이가 가죽주머니 같고 퇴색한 늙은이를 왜 그처럼 사모하느냐는 질문에 소년이 답한 내용이다.

> 내가 그녀를 만나고부터 다른 기녀가 왜타머리를 구름같이 빗질한 것을 보면 그것이 반백이 아닌 것을 싫어했고, 뺨이 살찌고 입술이 붉은 것을 보면 그것이 주름지고 마르고 누렇지 않음을 싫어했으며, 살이 응결된 기름처럼 매끈한 것을 보면 그것이 마른 귤껍질 같이 않음을 추하게 여겼다. 사람의 식성이 고기를 좋아하는 경우도 있고, 부스럼딱지를 좋아하

---

58 박영민에 따르면, 전반부는 명말 청초 문인 왕치등(王穉等)이 자신을 사랑했던 남경의 명기 마상란의 전기 〈마희전(馬姬傳)〉의 내용을 간략하게 요약한 것이요, 보유(補遺)는 이옥이 관점을 달리하여 마상란이 아니라 그녀를 사랑한 청년을 중심으로 썼다고 한다(「소지류(所志類)의 여성의 성(性) 인식과 그 의미」, 『어문논집』73, 민족어문학회, 2015, pp.86-86).

는 경우도 있으니, 자신에게 맞는 것이 귀하지 남의 알 바가 아니다.[59]

소년이 답한 논리는 분명하다. 식성의 취향이 각자 다른 것처럼 성적인 취향도 각자 다를 수 있으며 자신의 취향대로 즐기는 것이 중요하지 일반적인 타인들의 취향과 다르다고 해서 문제 삼을 이유는 없다는 것이다. 취향의 상대성을 말하는 동시에 기정·기벽을 옹호하는 발언이다. 마상란이 살았던 명나라 중후기는 양명학 좌파가 득세하여 기정·기벽과 개인 취향의 자유가 구가되던 시대였고, 그러한 개성을 그대로 드러낸 문학이 바로 소품 문학의 한 양식을 이룬 전傳[60]이었다. 이옥은 이러한 시대적 문학 조류를 익히 알고 있었고 그러한 기정에 흥미를 느끼고서 노년의 마상란을 사랑한 젊은이의 이야기를 가져와 기술한 것으로 이해된다. 이옥은 여하튼 남녀지정의 진수, 혹은 기정을 기술할 때면 명나라 말기의 기정에 기댄 사실을 부인하기 어렵다.

그런데 두 번째 내용은 소년의 논리를 배반한다. 여인이 소년의 구애를 거절하고 받아들이지 않자 소년은 조바심이 나 점집에 가서

---

59 方少年之惑於姬也 人有問之者曰 子方少 彼老革囊 且色已渝 子何慕之甚 少年曰 不然 自吾之遻姬 見他妓之倭墮梳如雲者, 嫌其不頒白也 见豐頬而頳脣者 恨其不皺且焦黃也 見膚如凝脂者 醜其不如枯橘皮也.

60 명나라 말기 산문가 장대는 일찍이 『오이인전(五異人傳)』에서 다음과 같이 생각하였다. "사람이 벽(癖)이 없다면 사귈 수 없으니 깊은 정이 없기 때문이다. 사람이 벽(癖)이 없다면 사귈 수 없으니 진기(眞氣)가 없기 때문이다." 이른바 '벽'은 바로 선명하게 돌출된 개성을 가리킨다. 이런 개성이 결핍된 사람은 이미 깊은 정이 없고 또한 진기(眞氣)도 없는 것이다(곽영덕·과상보 공저, 앞의 책, pp.52–55).

점을 쳤는데 박괘剝卦[☶☷] 여섯 번째 효爻의 동動을 만났다. 점치는 사람이 말한 점괘와, 이를 해석한 작가의 언급이다.

> "길하지 못하다. 박剝은 음陰이 다섯이고 양陽은 하나로 괘사卦辭를 삼가 살펴보니, '큰 과일은 먹지 않는다[碩果不食]'라고 되어 있다." 대저 과일은 맛있는 것이지만 그 크기가 너무 크면 대추는 이미 주름지고, 감과 밤은 이미 터지며, 복숭아와 살구는 반드시 안에 벌레가 생기며, 배는 반드시 시어지고 물컹해진다. 먹어서 병이 되니 먹을 수 없는 음식이다. 그런데 소년은 (충고를) 듣지 않고 끝까지 관철하려다 (벌로) 일 백 대의 회초리를 맞고서야 떠났다.[61]

전반부는 점쟁이의 괘 풀이이고, 후반부는 작가의 해석적 평처럼 되어 있다. 『역경』 박괘의 '석과불식'은 '재화와 이익이 앞에 있어도 취하지 않는다[貨利在前而不取]'는 것을 의미한다. 그런데 이옥은 그 석과를 먹어서는 안 되는 물러터진 과일로 해석하고 그것을 마상란의 몸에 빗대었다. 늙은 여성의 몸은 남성(더구나 젊은 남성)이 탐할 대상이 아니라고 조롱하며 경계한 것이다.

명나라 말기의 양명학 좌파 문인이라면 마상란에 대한 소년의 맹목적인 사랑을 적극적으로 긍정했을 것이다. 그들은 기이할수록 정

61 少年憂遑不能食 往卜肆 筮之 遻剝之六爻動 占者曰 不吉 剝者 五陰一陽 謹按卦辭曰 碩果不食 夫果非不味 其大至碩 則在棗已皺 在柿栗已坼 在桃杏必內生蟲 在梨必酸且爛 食之病 不可食之饌也 少年不聽 竟欲之 受笞一百而去.

치情癡할수록, 취향이 남다를수록 그 사랑의 진정성을 더 높이 평가했기 때문이다.

그러나 이옥에게 이 소년의 기괴한 사랑은 '묘'하여 재미있으며 '거짓[假]' 아닌 '진실[眞]'로 여겨졌겠지만 그런 사랑을 찬양하거나 옹호할 수 있는 철학은 내면화되어 있지 않았다. 그래서 소년의 사랑을 터무니없고 철없는 짓으로 비아냥거리고 아울러 노년 여성의 몸을 물러 터져 먹어서는 안 되는 과일로 비유하며 경계한 것이다.

이옥은 각별한 남녀지정을 소재로 삼아 이야기하는 것을 즐기는 통속적이고 쾌락주의적인 취향의 작가에 머물러 있었을 뿐이요, 인간 존재의 다양성을 인본적인 관점에서 이해하고 공감할 수 있는 양명학 좌파의 철학은 내면화하지 못했던 것이다. 그래서 새롭고 기이한 소재를 찾아 즐겼지만 그 소재가 지니고 있는 특이성에 대한 평가는 당대 일반 선비들과 다를 바가 없었으니 그의 세계관 혹은 인간관을 오히려 더 문제 삼지 않을 수 없다.

(2) 여성의 희생적 정사情死를 협俠으로 찬양한 〈협창기문俠娼奇聞〉

〈협창기문〉은 서울의 한 창기娼妓와 유배당한 선비 간의 기이한 사랑을 다룬 이야기이다. 우선 이 이야기의 주인공인 협기에 대한 소개에 주목할 수 있다. 그녀는 용모와 기예 면에서 당시 최고인 기녀로 숱한 남성들이 주변에 모여들었지만 그녀는 부귀한 자 중에서도 당대 서울에서 일류에 해당하는 미용美容·신성神聲을 소유한 자만을 골라 사귀었다. 그래서 그녀에게 문전박대를 당한 사람들은 그녀를 헐뜯는 데 열을 올릴 뿐이었지 그녀가 '지조 있는 자[其有守也]'라는 사실은 알지 못했다. 이야기에는 그녀가 사람을 가려서 사귀고 사귄 사람과는 의리를 지키는 협기였다는 사실이 강조되어 있다.

그간 감춰져 있던 그녀의 의협심은 을해년 옥사 사건 때 하룻저녁 관계를 맺은 심상한 정인情人이 제주도로 노비가 되어 귀양 가게 되자 결국 드러난다. 자신의 정인이 굶어 죽는 것을 묵과할 수 없다며 그간 사귀었던 자들을 불러 모아 여비를 지원받은 후 귀양 가는 정인을 따라 제주도로 함께 들어간다. 그곳에서 기녀는 정인인 남성에게 다시 한양으로 복귀할 가능성은 없으니 곤궁하게 사느니 즐기다 죽자고 제안하여 동의를 구한다. 그런 뒤 매일 밤낮을 가리지 않고 화주火酒를 취하게 마시고 취하면 동침하기를 반복해서 이로 말미암아 정인이 결국에는 병들어 죽게 되자 화려하게 장사 지내준다. 그런 후 자신의 사후에 관련된 모든 일을 깨끗이 처리하고 통음하여 스스로 목숨을 끊어 순사한다.

이 의협심 강한 기녀가 하룻밤을 같이한 '심상한 정인'에 불과한 남성을 위해서 그와 함께 자신의 목숨까지도 쾌척하는 격한 대응의 이유가 납득되지 않지만,[62] 그녀가 성적으로 허락한 정인에 대해서는 끝까지 의리를 지킨다는 협 정신에 의거해 관계를 이끌어가고 귀결했다면 이해할 수 있는 지점은 있다. 그녀는 남성 협객들의 '의협'을 스스로 체화하여 맹목적으로 신앙했을 가능성이 있다. 이는 열녀이념을 신앙해서 죽음에 투신했던 순절 현상과 같은 맥락으로 이해할 수 있으니, 신앙의 궁극은 순교에 있는 것이다.[63]

---

62 조혜란은 그 기녀의 순사(殉死) 원인을 '적어도 혼자만의 사랑을 간직한 기녀였기 때문'으로 추측했다(「협창기문(俠娼奇聞)에 나타난 죽음의 성격」, 『한국고전연구』 20, 한국고전문학연구회, 2009, p.101).

63 열(烈)이념이 열녀에게 신앙이었듯, 협(俠)을 이념으로 체득한 협녀에게는 의리를

그런데 이 협기의 의협 행위는 성관계에 집중되어 있다. 이는 그녀가 남성들에게는 단지 성적인 대상뿐이었음을 의미한다. 귀양 가는 정인을 따라가 제주도로 간 그녀가 한 행위는 정인을 돌보며 삶을 영위한 것이 아니다. 죽음을 작정하고 성적인 쾌락을 극한까지 추구하여 더 이상 가능성 없는 구차한 삶을 끝내는 것이었다. 그녀가 정인과 함께 죽음에 이르고자 도모한 것은 철저한 자신의 희생이었다. 죽음을 목적하고 성적쾌락을 극한까지 몰고 간 그 행위가 '협'으로 의미 부여됐지만 그 실상은 여성이 자신의 몸으로 미래 없는 남성을 위해 헌신·희생한 것이다. 여성 정사의 실체는 격한 성행위를 통해 선비에게 철저히 봉사한 것이었고, 이 때문에 협기로 칭송받은 것은 철저하게 이기적인 남성의 욕망이 투사된 해석인 것이다.

> 아아! 이 사람 같은 자는 진정 자신을 아끼는 자[自好]라 이를 만하며 또한 치마 입고 비녀 꼽는 여자 중의 관부이다. 이 어찌 세속의 기녀로 오직 돈과 재물만을 좇는 자와 비교할 수 있겠는가. 슬프도다! 어찌하면 그녀의 남은 향기를 얻어 세상의 시교市交하는 자들을 다스릴 수 있을까. 아아! [64]

당시 사대부 상식에 기본한 투식적이고 보수적인 후평이지만, 사실은 지나치게 남성 중심적이어서 몰염치한 수준에 가깝다. 이처럼

지키는 것이 신앙이었을 수 있다. 그 작동기제가 같음을 의미한다.

64 噫 若而人者 眞可謂自好 而亦裙 中灌夫也. 是豈世俗粉頭之惟錢貨是逐者比也. 嗟乎. 安得其殘粉剩香, 爲世之市交者服哉. 噫.

파격적이고 격하고 충격적인 여성의 성적인 봉사와 희생 그리고 종결에 대해, '여자 중의 관부'이니, '그녀의 남은 향기를 가져다 시교市交하는 자들을 다스리고 싶다'느니 하는 등의 감탄 어린 찬사를 보내는 것은, 작가 이옥의 도덕관·세계관·인간관에 대해서 근본적인 의문을 가지게 한다. 이옥은 이처럼 철저히 남성 중심적이고, 여성 몸의 희생을 긍정적으로 받아들이며, 여성은 남성을 위해야만 그 존재 의미를 부여할 수 있는 사람으로 인식했음이 명백하게 드러난다.

이러한 후평은 〈마상란전〉에서 여성의 늙은 몸을 너무 익어 먹을 수 없는 과일로 비유하여 조롱했던 것과 극명하게 다르지만 본질적으로는 일치한다. 나이 든 여성의 몸은 성적인 조롱거리였으며, 남성을 위해 죽음을 작정하고 성적으로 봉사하다 순사한 여성의 몸은 찬탄의 대상이었다. 둘 다 여성의 몸이었지만 그 몸에 대한 평가는 철저히 남성 중심적이고 이기적인 표준에 맞추어진 것일 뿐이다.

이처럼 이옥은, 여성 정감을 가진 인문학자 또는 근대적인 인간관을 소유한 선진적 사고의 소유자라는 일부 연구자들의 평가와는 실로 동떨어진 인물이었다.

(3) 여성 탄원을 성적으로 농락한 〈애금공장愛琴供狀〉

애금공장은 애금이라는 여성이 올린 소지를 의미한다. 소지所志는 억울한 일을 당했을 때 그 일을 해결해주기를 원하며 관에 올리는 탄원서이다. 소지는 탄원의 효과적인 전달을 위해 수사를 동원할 것이고 그러기에 자연히 문학성을 요구한다. 억울한 사정은 다양하겠지만, 여성이 올리는 소지는 남성의 것과 비교해 상대적으로 더 절박하고 절절할 여지가 많다.

그런데 여성이 올린 탄원서의 경우 여성이 탄원서를 직접 썼을 가능성은 상대적으로 적고, 글을 잘 쓰는 남성이 여성의 하소연을 듣고 대신 써주었을[代書] 가능성이 크다. 그래서인지 시골의 학동들이 배우기를 원하는 것이 바로 이러한 장첩지문狀牒之文, 즉 소지의 작성능력이었다고 한다.[65] 이옥의 『봉성문여』에 실린 〈애금공장〉과 〈필영장사〉는 바로 여성들이 관에 올린 소지 형식으로 쓰인 글인데, 각 소지의 후기에 밝힌 바처럼 기존에 있던 소지를 손보아 실은 것으로 되어 있다.

그런데 이 중 〈애금공장〉은 서사의 내용이 충격적인 데다 이를 두고 평가한 이옥의 후평은 더더욱 충격적이다. 우선 그 후평 전문을 소개한다.

> 이 소장은 성주 양녀 애금의 하소연으로 어떤 아이가 베껴 전한 것인데, 그 일이 가소로울 뿐만 아니라 진술한 말도 심히 포복절도할 만하다. 혹시 어떤 자가 장난삼아 지은 것인가? 대략 다듬고 고쳐서 무료할 때 웃음거리로 삼고자 한다.[66]

위 후기에 의하면 이옥은 위에서 소개한 소장을 어떤 아이가 베껴 온 것을 읽고서 대략 다듬고 고쳐서 만들었다고 진술한다. 이옥이 다

---

65 이옥이 〈필영장사〉 후기에서 말한 내용이다. 전경목은 『고문서, 조선의 역사를 말하다』(휴머니스트출판그룹, 2013, pp.21－22)에서 전문 대서인의 가능성을 다루었다.

66 右供狀云, 是星州良女愛琴之訴, 童子有謄傳者, 而非徒事涉可笑, 其狀辭亦甚絶倒. 豈或者之弄作耶? 畧加刪改, 以資無聊中解頤.

듬어 개작한 〈애금공장〉의 원본이 따로 있다는 것을 의미하며, 아이가 베껴온 원본도 누군가 장난삼아 지은 것으로 추측된다. 즉, '시골 학동들이 배우기를 원하는 것이 장첩지문이다'는 말과도 상통한다.

시골 학동들이 소지 짓는 것을 배우는 목적은 문자를 모르는 사람들을 위해 대신 써주고 거기에서 이득을 취하는 데 있었다. 그런데 여성의 억울한 사정을 대신 써주자면 상상력을 동원해 여성의 탄원서를 지어보는 연습을 통한 문장 단련이 이루어졌을 것이다. '가소로운 사건' '포복절도할 만한 언사'는 바로 '사실성'을 벗어나 '허구성'을 띠게 되는 그 지점을 평가한 말일 수 있다.[67] 가소롭고 포복절도할 만하기에 재미를 느끼고 다시 한 번 개작하여 유희하고 싶은 욕망에서 〈애금공장〉으로 개작했으리라 짐작할 수 있다.

그런데 최근 전경목은 〈애금공장〉의 원본으로 추정되는 〈과녀설원장寡女雪冤狀〉을 『수문록隨聞錄』에서 찾아냈다. 그와 동시에 『수문록』에 실려 있는 탄원서들은 사건이 크게 과장되어 있거나 흥미를 유발

67 '가소롭다', '포복절도할 만하다'는 이옥의 평은 독자가 받아들이기에는 난감한 대목이다. 이에 대해서 박영민은 '여성을 대상으로 이런 자극적인 사건을 꾸며내고 읽는 사람들의 행동과 그 행동 너머에 있는 의식이 우습다고 한 것이요' 라고 분석했으며, '포복절도할 만하다'에 대해서는 억지스럽고 잘못된 말과 인용을 하면서까지 애금의 사건을 짓고 있는 흥미와 욕망을 포복절도할 만하다고 한 것이다'라고 해석하였다. 〈애금공장〉의 원본이 발견되지 않은 시점에서 한 해석이므로, 그 비난의 대상을, 이옥이 다듬고 고쳐 〈애금공장〉으로 개작하기 이전의, 원본으로 돌린 것이었다. 그리고 이옥이 쓴 〈애금공장〉에 대해서는 '자신이 선택한 사랑을 지키기 위해 당당하게 조목조목 따질 줄 아는 ... 여성이었다고 평하였다(박영민, 앞의 논문, pp.87-88). 원본이 발견된 지금, 비교 분석이 가능하며, '가소롭다', '포복절도할 만하다'는 이옥의 평도 액면 그대로 받아들여야 한다. 가소롭고 포복절도할만 해서 이를 재미 삼아 개작한 것으로 보아야 한다. 이를테면, 〈마상란전보유〉에서 보인 이옥의 태도와 유사하다.

하는 내용이나 요소들이 많아 문학적 표현이 눈에 띈다는 사실을 지적했다.[68] 이옥의 '장난삼아 지은 것인가?'라는 추측과 일치하는 판단이다.

〈과녀설원장〉과 〈애금공장〉의 기본 내용은 일치한다.

- 애금이 15세 때 신지촌(신답촌)에 사는 유령禹令(禹令益)에게 시집갔으나 남편이 무례(불량)하여 애금을 원수처럼 여기며 이웃에 사는 김기문金起文과 몰래 간통했다고 날조하여 쫓아냈다.
- 친가로 돌아왔으나 가난한 집안이라 살 방도를 찾지 못했는데, 마침 갈명동 장계생張戒(桂)生 집에 고용되어 짜준 직물 값을 받으러 해뜨기 전에 길을 떠났다. 길을 가던 중 힘세고 사나운 낯선 남자를 만나 능욕을 당하고 간신히 몸을 수습해 기다시피해서 집으로 돌아왔다.
- 이런 사실을 알게 된 부친은 일후에 또 이런 일을 겪게 될까 걱정한 나머지 이웃에 사는 늙은 홀아비 정귀남鄭貴男(南)에게 시집보냈다.
- 그런데 뜻하지 않게 이전 노상에서 만났던 자칭 龍依(儀)洞(谷) 사는 命吉(金命吉)이라는 자가 관패와 그때 벗겨갔던 적삼을 가져와 둘이 언약한 사이라고 증거로 제시하며

68 전경목은 또 탄원서나 청원서를 필사한 『요람』이나 『수문록』 등이 실제 탄원서나 탄원서 작성 교육을 위해 활용되었을 가능성이 높을 뿐만 아니라 하나의 문학작품으로 대중에게 널리 읽혀왔다고 추정했다(「조선후기에 서당학동들이 읽은 탄원서」, 『고문서 연구』48, 2016, P.259).

강변했다.

- 그러나 애금은 그자에게 힘으로 겁간 당했을 뿐 결혼을 약속 하거나 중매를 세운 적 없으니 관에서는 이를 세세하게 살피시어 정귀남과 해로할 수 있도록 처리해주기를 간청했다.

〈과녀설원장〉과 〈애금공장〉이 공유한 기본 내용을 정리한 것이다. 스토리의 전개, 두 탄원서에서 등장하는 인물과 처소 등이 표기상의 차이만 있을 뿐[69] 발음도 다르지 않은 점을 보아 동일한 인물의 소지장임을 알 수 있다. 다시 말해서 이옥이 말했던 바, '어떤 아이가 베껴 전한 것', 즉 그가 〈애금공장〉으로 다듬어 고치기 전의 그 원본은 〈과녀설원장〉이라는 사실을 알 수 있다.

그렇다면 이옥은 그 원본을 어떤 식으로 다듬어 고쳤고 개작한 목적이 무엇일까? 〈과녀〉와 〈애금〉을 비교해보면 〈과녀〉의 내용이 훨씬 더 자세하고 곡진하게 서사되어 있어 소지의 기능적 측면에서 생각하면 구체적인 내용을 절절하게 표현할 수 있는 〈과녀〉가 훨씬 더 우월하며, 분량도 〈애금〉은 〈과녀〉의 절반을 조금 넘을 정도[70]로 소략하다.

〈애금〉은 원본의 내용을 기본적으로 이탈하지 않는 수준을 지키면서, 『시경』의 여러 편에서 4자로 된 구절을 그대로 혹은 조금씩 변경하여 집구시[71] 형식으로 개작했기 때문에, 압축적인 형식미는 우월

69 괄호 안은 〈애금공장〉의 표기이다.

70 〈과녀〉는 대략 900자이고, 〈애금〉은 520자 정도이다.

71 『시경』의 41곳에서 인용한 것으로 파악함(전경목, p.11).

할 수 있어도 서사력은 떨어질 수밖에 없다. 탄원서는 원통한 심정을 십분 전달할 수 있어야 하므로 압축을 위주로 한 시적 표현보다는 사건을 구체적으로 기술하는 서사가 더욱 효과적이기 때문이다.

쫓겨나는 대목을 상호 비교해 보자.

> 무수하게 난타하고 머리털을 잡고 끌고 가서 집에서 몰아내거늘 저는 또한 넓고 텅 빈 들판을 따라 어렵사리 달아나 친정으로 돌아가 십년 동안 통방에서 한 마음으로 스스로를 지탱하였습니다.[72] (〈과녀〉)

> 끝내 좋아하지 않고, 문안에서 저를 잠시 전송했습니다. 이리 될 줄 생각도 못했지만, 또한 어쩔 수 없었지요.[73] (〈애금〉)

구체적 서사와 『시경』 소재 시구를 이곳저곳에서 가져와 집구한 형식의 글이 드러내는 차이로 볼 수 있다. 〈과녀〉에서 애금은 구타당하고 쫓겨나 홀로 텅 빈 들판을 걸어오는 과정 중 그녀가 느꼈을 절망감과 십년 세월을 수절하고 산 것까지 이야기 하고 있다. 반면 〈애금〉에서는 『시경』에서 네 구절을 가져와 그것을 배치하여 사언사구 『시경』 시 형식으로 최소한의 내용을 표현하고 있을 뿐이다. 옷을 만들어준 값을 받으러 장계생 집에 새벽길을 가던 중 명길을 만나 겁

---

72 無數亂打 頭髮扶曳 下堂出送是去乙 女亦 率彼曠野 艱難逋歸 十載洞房 一心自持是乎矣.

73 逝不相好 薄送我畿 反是不思 亦已焉哉.

탈당하는 장면을 묘사한 대목을 비교해보자.

> 산길을 굽이도는 곳에 문득 얼굴이 검고 키가 큰 자가 있었습니다. 누구인지 모르는데, 어느 곳에서 왔는지 문득 만나게 되었는데 거만하게 길을 막고 떡하니 서서 눈길을 보내며 째려보다가 잠깐 사이에 돌연 침범하였습니다. 왼손으로는 머리털을 잡고 오른손으로는 옷을 잡아당겨 계곡 가운데 있는 등나무 숲으로 뒹굴어 들어갔습니다. 저 또한 그를 상대로 거부하며 굴복하지 않으면서 큰 소리를 청산이 찢어져라 내질렀지만 마을은 멀리 떨어져 있고 길에는 행인이 없었으며 산골 물소리는 요란하여 소리가 밖으로 들리지 않았습니다. 그래서 선연한 약질은 오래 지탱할 수 없어 형세가 궁하고 힘이 다 하였습니다. 이에 나가 떨어지니 (그놈은) 눈을 부릅뜨고 치마를 걷더니 재빠른 손놀림으로 다리를 들고 (그곳에) 배를 대고 진퇴하였지만 (저는) 여력이 없었습니다. 저는 정신이 땅에 떨어지고 혼백이 상천하고 의지가 꺾이고 마음이 놀라고 뼈가 시릴 뿐만 아니라 심지어는 등가죽이 모두 벗겨지고 숨이 차 숨을 쉴 수 없을 정도였습니다. 위엄 있는 말이 통하지 않자 제가 입고 있는 적삼을 위력威力으로 벗겨 갔는데 문득 보이지 않게 되었습니다. 갈 곳을 모르고서 저는 또한 하늘을 우러러 말없이 있다가 땅을 파고 들어가고 싶었지만, 일이 이미 이 지경이 되었으니 어찌 할 수 없었습니다. 분함을 참고 부끄러움을 머금은 채 기듯이 하여 집에 돌아가서는 앓아눕게 되었습니다.[74]

〈과녀〉에는 애금이 새벽에 길을 떠나 산을 굽이도는 곳에서 검고 큰 거구의 남성과 맞닥뜨리게 되고 그 남성이 거만한 태도로 노려보다가 갑자기 달려들어 폭행하려는 모습 등이 구체적으로 묘사되어 있다. 특히 그녀를 계곡으로 끌고 들어가 폭행하려고 하자 애금이 온 힘을 다해 저항하는 모습이 자세하게 진술되어 있다. 머리털을 잡히고 옷자락을 잡혀 계곡 가운데 등나무 우거진 곳으로 끌려가면서도 거부하고 버텼으며 굴복하지 않으려고 청산이 찢어질 듯이 소리 질러 온힘을 다해 저항했지만 마을은 너무도 멀리 있었고 길에 다니는 사람도 없었으며 산골 물소리가 시끄러워 가냘픈 약질로는 어쩔 도리 없이 겁탈당하고 마는 사정이 구체적으로 상세하게 진술되어 있다. 폭행당하는 그 시간 여성은 정신을 잃고 등이 벗겨졌으며 호흡조차도 제대로 할 수 없는 상태로 남겨졌는데, 그 남성은 그녀가 입고 있던 적삼을 강제로 벗겨 가지고서 사라져 버렸고, 이 지경에 이른 여성은 어찌할 도리 없어 분노를 참고 수치심을 머금은 채 북북 기어 집에 돌아왔으며 그로 인해 병이 들어 눕게 된 것이다.

호랑이처럼 힘센 자가 나를 노산에서 만나 나를 오만하게 붙

---

74 山回路轉處 忽有面黑身長者 誰子不知 何處從來爲乎喩 忽然相逢 偃然當道 目以送之 睆而視之爲如可 倏忽之間 突然而犯 左手執髮 右手牽衣 轉入溪谷中藤莽間是白去乙 女亦相與拒執 不爲屈伏是白遣 高聲呼唱 青山欲裂是乎矣 村家隔遠 道無行人是乎旀 澗水亂鳴 聲不聞外仍于 嬋娟弱質 久不能支 勢窮力盡 我乃顚蹽是乎則 張目搴裳 捷手擧脚 附腹進退 不有餘力是乎所 矣女精神墮地 魂魄上天 意奪神駭 心驚骨酸 訑不喩 至於背皮 盡爲脫破是乎尒 喘息急數 呼吸莫通 威道不成是乎所 矣女所着赤衫威力脫去 仍忽不見 莫知所向是去乙 女亦仰天無言 掘地欲入是乎矣 事已到此 無可奈何乙仍于 忍憤含羞 匍匐歸家 因傷致病.

> 잡더니 전지도지 넘어뜨려 희학질하여 나를 잠시도 쉴 수 없게 하였습니다. 마음은 취한 듯하여[中心如醉] 오히려 잠들어 움직이지 않았습니다. 내 몸도 살필 수 없는데 무슨 겨를에 뒷일까지 걱정하겠습니까? 조금 쉴 만하면 다시 악행을 저질렀으니, 심지어는 등이 벗겨지고 다리가 저리고 정신이 혼미해 알지 못하는 사이에 그놈은 적삼을 벗겨 가지고 가버렸습니다.[75]

겁탈당하는 대목을 이옥이 그 대부분 시경 시를 집구하여 이루어 놓은 것이다. 이두吏讀 부분을 제외하면 거의 사언시로 이어지며 자세한 서사를 포기하고 집구로 이었기 때문에 상세한 묘사가 돋보이는 원본보다 설득력이 떨어진다. 그리고 〈과녀〉는 저항하는 데 초점이 맞춰져 있다면 〈애금〉은 상대적으로 폭행당하는 장면에 초점이 맞춰져 있는 것도 차이 나는 특성이다. 남성은 탐색 과정도 없이 만나자 마자 겁탈하기 시작했으며, 여성이 정신을 잃고 자신을 방치할 수밖에 없었던 장면을 '마음은 취한 듯하여[中心如醉]', '오히려 잠들어 움직이지 않았으니[尙寐無吪]'라고 묘사하여 여성이 저항하는 장면이 약화된 반면, 폭행이 오랜 시간에 걸쳐 반복적으로 행해진 것[汔可少休覆出爲惡]으로 기술하고 있어 폭행의 잔인성은 오히려 강도를 높여 놓았다.

---

75 有力如虎 遭我乎猺之間兮 邂逅相遇 執我仇仇 顚之倒之 伊其相謔 使我不能息兮 **中心如醉 尙寐無吪** 我躬不閱 遑恤我後 汔可少休 覆出爲惡 甚至女矣身 背脫脚痿 昏倒不知之中 同厥漢褫奪赤衫而去是如.

이러한 어려운 일을 겪고 난 뒤 애금을 염려한 부친은 이웃에 사는 늙은 홀아비 정귀남에게 재가시킨다. 그래서 6개월(〈애금〉에는 이 부분이 생략됨)을 살았는데, 어느 날 명길이가 관패와 벗겨가지고 간 적삼을 가지고 찾아와 애금과 서로 언약한 사이라고 주장한다. 이 때문에 애금은 그간의 사정을 진술하고, 사또에게 귀남과 부부로 해로할 수 있도록 해달라는 탄원서를 올리게 된 것이다. 후평의 문제로 되돌아가자.

애금은 불량한 남편을 만나 갖은 구박을 당하다가 억울한 누명까지 쓴 채 쫓겨난다. 애금은 가난한 삶을 유지하기 위해 남의 옷을 짜주고 그 대가를 받아 살아간다. 어느 날 대가를 받으러 길을 떠났는데 갑자기 나타난 남성에게 처참하게 겁탈당하는 화를 당한다. 간신히 처참한 몰골을 수습하고 귀가한 애금은 그런 불운을 다시는 겪지 않기 위해 늙은 홀아비에게 재가하여 산다. 그런데 6개월 전 애금을 폭행했던 남자가 찾아 와 자기 여자라고 생떼를 부리므로 그 불한당을 떨쳐버리고 재가한 남성과 해로하기 위해 결국 탄원서를 올린다.

이처럼 처절한 탄원서의 전말을 본 이옥은 무엇 때문인지[76] 『시경』 시의 구절들을 가져와 모자이크 수법으로 짜깁기해 집구 시 형식으로 그 이야기를 다시 편성했고, 집구 시 형식으로 스토리를 이어가자면 어쩔 수 없이 구체적이고 자세한 진술을 간략화하고 압축해야 하는데 성폭행 장면만은 더욱 강하게 부각시켰으며, 작품을 마치고

---

76 굳이 시경시를 집구하다시피 해 그 '가소로운 이야기'를 개작한 이유는, 『시경』 시를 자유자재로 운용할 수 있는 자신의 기량을 시험한 측면도 있겠지만, 『시경』 시도 그 대부분 여자를 소재로 하였다고 강변한 『이언』의 논지를 방증하고자 한 것으로도 추측된다.

나서는 가소롭고 포복절도할 만하다고 표현하더니, 자신의 개작은 무료할 때 들여다보고 웃기 위해서라고 까지 말하였다.[77] 이옥의 이러한 태도를 어떻게 이해해야 할까.

파란만장한 여자의 비운은 기본적으로 흥미로운 이야깃거리이다. 그런 비운의 현장이 상세하게 묘사되어 그 하소연이 절절하게 전달되는 여성 화자의 탄원서를 보고 이옥은 '그 일이 웃을 만하고, 표현된 말이 포복절도할 만하다'고 평가하면서 『시경』에 있는 여성 관련 구절들을 가져와 집구하는 형식으로 서사를 압축해 개작하는 또 다른 재미까지 찾았다. 이 같은 과정을 통해서 이옥의 쾌락설적 문학관의 철저성과 여성의 불행에 대해서는 무심할 수 있는 남성 중심적인 인간관을 분명하게 볼 수 있다.

이상에서 살펴본 바처럼, 이옥은 일반 정통 문인처럼 고상한 기품을 유지하려 애쓰지 않았고 성리학적 관점으로 자신의 글을 검열하지 않을 정도로 자유분방했지만 여성에 관한 한 남성 중심적인 시각에서 한 발짝도 벗어나지 않았던 문인이다. 그래서 그는 파격적인

---

77 이옥은 그 여성이 당했던 참사에 대해 일말의 동정심도 없었다. 이는 『청구야담』에 소재된 〈평양 기생이 못 잊는 두 남성[平壤妓姸醜兩不忘]〉 중 두 번째 이야기에서 감사가 시골에서 올라온 저팔계[天蓬將軍] 형상의 청지기를 풀어 기녀를 사냥하게 한 뒤 마음껏 능욕하게 하고 이를 보고 즐기는 것을 연상시킨다(이월영·시귀선 역, 『청구야담』, 한국문화사, 1995, pp.780－784). 또 『고금소총』 〈명엽지해〉에서 이항복이 산사에 공부하러 간다는 핑계를 대고 처가에서 눈독들였던 계집종을 데리고 갔다가 장인이 찾아오니 급한 김에 이불에 돌돌 말아 모퉁이에 밀쳐두었는데 장인이 공간이 비좁다며 이불을 시렁에 올리는 바람에 알몸인 계집종이 떨어지는 것을 보고, 웃으며 농담하는 장면도 연상된다(이월영·유화수 역편, 앞의 책, pp.269－270). 능욕당하는 여성을 연민함 없이 폭행하는 남성에 자신을 투사하면서 웃을 수 있는 것이, 조선조 선비 사이에서 한 기류를 형성하였던 것으로 추측된다.

남녀 간의 기정에 남성적인 욕망을 투사해, 그에 따라 여성을 조롱하기도 하고 찬양하기도 했으며 폭력적인 시각으로 비웃을 수도 있었다.

나이든 여성의 몸을 물러 터져 먹을 수 없는 과일이라고 조롱하고 비하하는가 하면, 냉혹한 협 이념을 체화한 기녀가 자신의 성을 매개로 남성에게 헌신·희생하여 정사情死하자 협녀라며 지극히 찬양하였고, 여성이 당한 참혹한 폭력을 서사한 탄원서를 가공하고 개작하면서 포복절도할 만하다며 웃음거리로 삼을 수도 있었다. 그의 후평은 일반적으로 서사의 내용을 배반하였는데, 그것은 여성의 몸에 남성의 욕망을 투사하여 즐기고/조롱하거나, 즐기고/남성 중심 시각으로 평가하는 것이 기본 틀이었다.

동시대를 살았던 박지원이 남녀지정에 관한 의견 한마디 피력한 적 없어도 여성 존재를 배려하고 연민했던 따뜻한 시선과 비교해보면 그 인간관의 격차를 감지할 수 있다. 이옥은 일부 연구자들이 말한 바처럼 여성정감을 가지고 여성을 연민한 작가가 아니라 여성의 몸을 남성 중심적인 시각으로 즐기는 것에 치우친 쾌락주의적인 통속 작가였을 뿐이다.

5장

김삼의당 시문의 양면성과 실록성

1 문제 제기

김삼의당은 조선 말기 남원 출신 여성 시인으로 그가 남긴 유고집의 중량감에 비춰볼 때 조선 후기를 대표할 수 있는 여성 작가 중 한 사람이다. 그런 만큼 그의 유고집은 일부 연구자들의 관심을 받았는데 그 방향은 대략 두 가지로 분류된다. 첫째는, 전설적인 삼의당 부부의 관계[1]를 그녀의 문학적 산실로 여기면서 여성 문인으로서의 위상과 성격을 탐구한 것이다.[2] 둘째는, 삼의당 문학에서 양적으로 비중이 큰 시의 작품 세계를 유형 분류하여 고찰한 것[3]이다. 위 두 가

---

1 삼의당 유고집에서 밝힌 바에 따르면, 삼의당과 그의 남편 담락당 하립은 같은 해 같은 날 같은 마을에서 태어난 것으로 전해지며, 그녀의 문필생활 중심에는 늘 남편이 존재했다.

2 박현숙은 "김삼의당의 글쓰기는 당대적 규범을 내면화하고 선양하는 측면보다는 규범을 넘어서 자신의 내면세계로 나아가려는 여성의식의 변화로 평가되어야 한다."고 말했다(「김삼의당 문학을 통해 본 유교적 부부관계의 균열의 징후」, 『한중일문학연구』14, 2005, P.53).
김미란, 「김삼의당의 시문에 나타난 부부사랑의 양상」, 『기전어문학(畿甸語文學)』제17집, 2005, pp.141 – 164.

3 이신복, 「김삼의당 한시고」, 『한문학논집』제2집, 단국대학교한문학회, 1984,

지 연구 방향은[4] 모두 삼의당 문학을 살피는 데 있어 기본적이고 필수적이라는 점은 부인할 수 없다. 전자의 경우가 삼의당 부부의 특이한 인연과 삶의 과정 그리고 그 문학적 반영을 살폈다면, 후자의 경우는 시 작품들을 소재 혹은 주제별로 유형 분류한 다음 분석하여 작품 세계의 면목을 살필 수 있게 하기 때문이다.

그런데 필자가 파악한 삼의당 시문[5]의 가장 큰 특징은 그녀 삶이 정제되지 않은 채로 반영되어 삶의 역정을 그대로 노정시켰다는 점과 바로 이러한 점으로 인해 이율배반적인 성향의 시문들이 혼재되어 있어 일관성을 찾을 수 없다는 점이다. 모든 글이 작가를 반영하기 마련이고 후대인들은 유작을 통해서 그 인물과 접할 수 있는 것은 사실이다. 그러나 삼의당의 유작인 시문은 일반 여성 작가들의

---

pp.127－145.
김덕수, 「김삼의당의 시문학 연구」, 전북대학교 박사학위논문, 1989.
김명희, 「김삼의당 시와 문의 고찰」, 『온지논총』제9집.

4 삼의당유고를 전혀 다른 관점에서 접근한 것으로는 박무영의 논고가 있다(「19세기 향촌사족의 여성 형상:'김삼의당'(1)」, 『고전문학연구』제25집, 2004). 그는 삼의당유고를 '가문을 내세우기 위한 프로젝트'로 이해하였다. 삼의당이 삼의당유고의 생산자라기보다는 가문의 편찬에 의해 형상된 가문의 여성으로 김삼의당을 판단하면서 위작의 가능성을 열어두었다. 그러나 삼의당유고는 삶의 민낯을 그대로 드러낸 삼의당 자신의 글일 수밖에 없다. 가문의 여성형상으로 삼고자 의도한 편찬이었다면 숨길 것은 숨겨야 했다. 이와 관련된 논거는 앞으로 거듭 제시될 것이다. 본고는 삼의당유고를 전적으로 삼의당의 작품집으로 간주하며, 후손이 삼의당 유고를 편찬하는 과정에서 원고를 되도록 훼손하지 않고 모든 작품들을 다 수록하려 했을 것이라고 판단한다.

5 김삼의당 유고집인 『삼의당 김부인 유고』는 전체 2권으로 되어 있다. 시대적 순차에 의거해 편집된 시집이 1권이고, 문은 글의 종류(서(書), 서(序), 제문, 잡지(雜識)로 편목됨)에 따라 분류되었지만 그 안에서 각각 시간적 순차에 따라 편집되어 2권이 되었다.

것과 분명한 차이점을 지닌다.

조선조 후기로 오면서 여성 문집이 다수 출현한 가운데 양반가 여성 문집도 존재하지만 그들이 문학을 통해 표현한 내용은 무척 제한적이었다.[6] 대표적인 양반가 여성 문인인 임윤지당과 강정일당은 그들의 삶의 세부를 시문에 드러내지 않았다. 정돈되고 절제된 삶의 의지나 당위를 사변적으로 표현한 글들을 지었을 뿐이다. 그들의 문필은 사대부들의 성리학적 사고를 벗어나지도 위배하지도 않았다. 예컨대 김삼의당처럼 양반가 여성이 감히 규원을 노출한 염정시를 써서 그리움과 원한의 정서를 표현한 사실이 없다. 그들의 시문에서는 성리학자적인 엄숙주의와 금욕주의적 삶의 면모만을 볼 수 있을 뿐이다.

그러나 삼의당은 당연히 노출을 꺼릴 것 같은 삶의 내밀한 부분까지도 시문을 통해 드러냈다. 슬픔, 그리움, 분노 같은 사적인 정서는 물론이고 남편과의 관계에서 보이는 삼의당의 우위성, 남편의 과거 급제를 위해 삼의당이 지시하고 계획했던 전략 등은 조선조 양반가 여성이 문필로 쉽게 드러낼 수 없는 내용이기 때문이다. 이러한 문

---

6 조선조 후기에는 문집의 출간이 활발해짐에 따라 여성문인들의 문집도 이 시기에 집중적으로 출현했다. 양반가 여성문인들의 문집 출간과 더불어 서출 혹은 첩실 여성문인들의 문집 출간도 그 어느 때보다 성황이었다. 예컨대 임윤지당·강정일당으로 대표되는 사대부가 여성문인과 삼호정에 속해 있던 서실(庶室) 여성문인들이 그러한 상황을 대표한다. 이들은 각자가 소속된 신분에 따라 독특한 성향의 문학세계를 이루었다. 일탈이라고는 발견할 수 없는 성리학자적인 문인생활 추구(전자인 양반가 여성 문인)나 남성과의 관계 속에서 촉발되는 여성적 정감(후자인 첩실 문인)을 읊은 것들이 그 대표적 성향이다. 말하자면 여성문인들 개개인은 그 신분에 걸맞은 특정한 문학적 성향을 보인다. 그런데 삼의당의 경우 그 일관된 성향성이 결여되어 있으며, 이는 그녀 삶의 변화와 관련된 삼의당 문학을 이해할 수 있는 핵심적인 키로 볼 수 있다.

필적 특성에 대해서는 두 가지의 합리적인 추측을 제시할 수 있다.

첫째, 삼의당 본인에게서 그 원인을 찾을 수 있다. 그녀는 자신의 생각을 서슴없이 표현할 수 있는 주체적인 기질이 강한 여성이었다. 자신의 시문이 훗날 출간되기를 바라는 심정에서 유고의 서문을 남길 정도로 자신의 존재에 대한 표현의지가 강했던 것이다. 그러기에 출세 욕망과 격정도 그대로 시문에 담았던 것으로 추측된다.

둘째, 삼의당 원고를 수습하고 편집한 주체들의 작용이다. 김삼의당 유고는 그녀의 사후 100여 년 후인 1930년에 후손에 의해 발간되었다. 이때는 여성의 글쓰기가 더 이상 비난받던 시대는 아니었다. 신여성이 출현했으며 여성 주체에 대한 인식이 싹터 있던 때로, 후손들이 김삼의당의 원고를 수습하면서 이념이나 가치관의 검열을 우려할 필요가 없었다. 되도록이면 많은 작품은 담으려 했을 것이고 그러는 과정에서 조선조라면 꺼려했을 시문도 수용했을 것이다.

삼의당은 자복雌伏하는 여성상이 아니었기에 자신의 삶의 내용을 대담하게 시문에 담았고 유교적인 여성 규범에서 다소 자유로울 수 있는 시점에서 삼의당의 유고집이 출간되었기에 내용이 재단당하지 않고 수습될 수 있었다고 추측된다.

삼의당의 문학을 제대로 이해하려면 그녀 삶의 변화와 관련지어 그 의미를 살펴야만 한다. 삼의당의 시를 따로 떼어 소제별 주제별로 유형 분류하고 해석하는 것도 나름대로 의미 있는 작업이지만, 단순한 유형 분류만으로는 해명될 수 없는 착잡錯雜한 의미를 놓치기 십상이다. 조선조 후기 자의식 강한 몰락 양반가 여성 문인이 집안을 부흥시키기 위해 분투했던 사실과 함께 내면적 정서의 변화까지도 그대로 시문으로 기록한 실록적 측면이 삼의당 유고의 핵심이라고 생각한다. 필자는 삼의당 문학이 지니는 이러한 독특한 현상에 주목하고서 그녀 시문을 통해 삶의 변화를 재구한 다음, 모순적인 문학 현상이 출현하는 양태를 분석하여 그에 내표된 의미를 밝히고자 한다.[7]

2 삼의당 삶의 변화와 그 의미

삼의당의 생애는 우선 미혼 시절의 삶과 결혼 이후의 삶으로 나눌 수 있으며, 결혼 이후의 삶은 남원 시절의 삶과 진안 마령면으로 이주하여 산 삶으로 나눌 수 있다. 김삼의당은 영조 45년(1769)에 남원 봉서방鳳棲坊에서 태어났고, 1786년 18세에 같은 해 같은 날 같은 마을에서 태어나 살고 있던 담락당 하립과 결혼하여 결혼 생활 전반기를 그곳에서 지내다가, 1801년 32세에 진안군鎭安郡 마령면馬靈面 방화리芳花里로 이주하여 죽을 때(1823)까지 그곳에서 살았다. 그러므로 삼의당의 생애는 미혼 시절, 결혼 이후의 남원 시절과 진안 시절로 나눌 수 있다. 김삼의당의 인생을 이처럼 세 시기로 나누어 재구성하면서 이를 통해 드러나는 삼의당의 위인과 삶의 과정과 의미를 살펴보겠다.

---

7 본 장에서 인용하는 삼의당의 시문은 모두 이월영의 번역을 사용한다(이월영 역, 『삼의당 김부인 유고』, 전라문화 총서13, 신아출판사, 2004).

1) 미혼 시절의 시관 정립

삼의당이 출가하기 이전의 사정에 대해서는 자세히 알 수 있는 방법이 없다. 다만 출가 이전에 지은 시로 〈계년음笄年吟〉 3수, 〈독서유감讀書有感〉 9수, 〈무제無題〉 5수, 〈송형우귀送兄于歸〉 3수 총 4편 20수의 시가 남아 있어서 이 시 작품들을 통해 그 시절 삼의당의 작가적 면모를 짐작할 수 있을 뿐이다.

〈계년음〉은 『시경』·『역경』·『논어』에서 혼기와 관련되거나 여성으로서의 몸가짐에 관련된 글귀들을 가져다 활용하여 집구集句 형식으로 지은 시이다. 『시경』 시의 시적 함의 및 『역경』의 철학적 사유를 자유롭게 용사用事한 사실만으로도 삼의당의 지적이고 시적인 수준이 높았음을 짐작할 수 있다. 〈무제〉 5수도 효, 인의예지, 충에 관한 경서의 도덕률을 빌어 와 수신하는 의지를 다짐한 시들로 〈계년음〉과 같은 부류에 속한다.

〈독서유감〉은 삼의당의 날카로운 지성과 감성을 동시에 보여주는 시이다. 『시경』과 『논어』를 읽고서 사유한 문제점들을 시로 표현하였다. 독서법, 시의 본질, 시의 효용성을 문제 삼은 시로 시를 즐기고 시를 바라봤던 삼의당의 진솔하고 풋풋한 감성과 열정을 잘 보여준다.

위에서 열거한 시들을 일부 소개하고 분석하겠다.

> 주남의 풍속과 교화 아주 흥성했으니
>
> 周南風化已蔚然
>
> 『시경』의 일부로 지금도 전하네
>
> 葩經一部卽今傳

호남의 가요도 흥성한 것 보시게나
試看湖南歌謠起
누가 이를 채록하여 관현악기로 연주할까
人孰采之被管絃

〈독서유감〉 두 번째 시이다. 호남 지방에서 흥성하는 민요를 채록하여 관현악으로 연주한다면 『시경』의 〈주남周南〉에 실린 풍시風詩와 다를 바 없으리라는 관점을 보인 시이다. 『시경』의 〈주남〉을 읽으면서 그 시들을 무조건적으로 추앙한 것이 아니라 우리 호남에도 그들과 비견될 수 있는 민요가 있다는 것을 환기하며 보존되기를 바란 내용이다. 우리 시에 대한 자부심과 주체 의식을 드러낸 시이다.

성정이 표출되어 시를 이루나니
出於性情方爲詩
시를 보면 진실로 그 사람을 알 수 있네
見詩固可其人知
심중에 있는 것 밖으로 드러나니
存諸中者形於外
남을 속이고자 한들 그럴 수 있으랴
雖欲欺人焉得欺

〈독서유감〉 세 번째 시이다. '성정유로性情流露' '시품인품詩品人品'으로 정리 가능한 삼의당의 시관詩觀을 표현하였다. 시는 성정의 표출이고 그렇기 때문에 시는 어쩔 수 없이 시인의 인품을 담는 것으로 보았다. 시가 시인 고유의 정서에서 발원한다는 점, 그래서 시는 작가의 성정을 드러낸다는 두 가지 점을 지적한 것이다. 이 관점에 의거하면 삼의당 자신의 시도 자신의 정서가 유로되어 스스로의 인품을 드러낼 수밖에 없었다는 것으로 해석된다.

맑은 첫새벽에 앉아 〈소남〉 시를 읽으니
淸晨坐讀召南詩
매실 주우며 하는 혼인 생각 상사 같아라
摽梅懷春若相思
이제야 비로소 시보는 법 알겠나니
於此始知觀詩法
말 때문에 뜻 해쳐서는 안 되는 법
其意不可害以辭

〈독서유감〉 네 번째 시이다. 이 시는 『시경』 〈소남〉에 실린 표유매摽有梅를 읽으면서 시의 독법을 사유한 것이다. 1, 2구에서 표유매 시는 적령기 처자의 혼인 생각[懷春]을 표현한 것인데 마치 상사相思를 표현한 것처럼 느껴진다고 표현하였다. 그래서 표유매를 읽고 받은 즉각적인 느낌과 교훈적인 이념 사이의 알력을 문제 삼은 것으로 보인다. 표유매를 읽으면 상사로 느껴지는데 혼기에 달한 처자가 혼기에 대해 걱정하는 것이 그 의미라고 가르친다. 여기에서 '말[辭]'은 말이 주는 느낌이요 '뜻[意]'은 가르쳐진 의미이다. 자신의 느낌과 유가적 가르침 사이의 문제, 느낌 때문에 가르침을 위배해서는 안 된다는 당위성을 말하고 있지만 이미 자신이 이 시에서 받은 느낌을 말해버린 것은 상당히 도발적이라는 생각을 떨칠 수 없다.

정풍 위풍은 어째서 시경에 실려 있나
鄭衛音何載在詩
사람 마음 징계하는데 이만한 것 없어서라네
人心懲創莫如斯
세상에서는 공자의 의도 알지 못하고서
世人不識宣尼意
음탕한 정 끌어내 배움 위배하네
惹出淫情反效爲

〈독서유감〉 다섯 번째 시이다. 『시경』의 〈정풍〉, 〈위풍〉의 남녀상열지사를 공자는 징계 목적으로 실었다지만 일반 사람들은 그것을 전해지는 느낌 그대로 이해하기 마련이다. 이 시 또한 정情으로 느껴지는 '말'과 따라야만 하는 '뜻'을 문제 삼고 있다. 앞 시와 마찬가지로 성리학적 가르침을 따라야 한다고 표명하고 있지만, 시를 성정의 표출로 본 삼의당의 시관에 비추어볼 때 『시경』 시에 대한 유가적 가르침을 거듭 옹호하느라 독자의 즉각적인 느낌을 반복해 문제 삼아 부정한 것은 석연치 않다. 시를 정서적 유로로 본 이상 『시경』의 시도 정서적인 느낌으로 판단해야 한다고 말하고 싶었던 것은 아닐까?

〈송형우귀送兄于歸〉 세 수는 『시경』에서 시체詩體와 그 정조情調를 빌어 와 시집가는 언니를 전송하며 작별해야 하는 슬픔을 곡진하게 표현하고 있다. 감성적 접근이 돋보이는 작품이다. 그 세 번째 시를 소개한다.

먼 길 떠남 바라보니

瞻彼長程

흰 구름이 막 일어나네

白雲初起

우리 언니 시집가

我兄其歸

먼 곳의 어진 선비 따르리

遠從吉士

저 이정離亭에서

于彼離亭

석양십리

夕陽十里

이는 먼지 시름없이 바라보나니

悵望行塵

내 마음 불타는 듯하네

我心如燬

『시경』 시체와 『시경』의 흥興 기법을 도입해서 언니와 영영 작별하는 것을 슬퍼한 시이다. 일단 가면 남처럼 살아야 하는 헤어짐이기에, '먼길 떠남[長程]' '흰 구름 일어남[白雲起]' '석양십리夕陽十里' '이는 먼지 시름없이 바라봄[悵望行塵]'으로 이는 흥치[興]는 불타는 듯한 내 마음[我心如燬]으로 귀결된다. 삼의당은 시를 쓰고 싶은 욕망이 강했던 탓에 시의 정전인 시경을 공부하면서 『시경』 시의 시체와 작법 및 시 세계를 익혔으며 이를 기반으로 시인으로서의 그의 기본이 다져졌으리라 추측된다.

이상 살펴본 바처럼 미혼 시절의 삼의당은 여러 경전을 섭렵했고 거기에서 얻은 지식을 전고로 활용해 시적인 언어를 단련했으며, 특히 『시경』의 흥興 기법을 자유롭게 구사할 수 있는 수준으로 시를 지을 수 있는 역량이 마련되어 있었다. 『시경』의 풍시를 보면서 우리의 민요에 대해 새롭게 인식해야 할 필요성을 제기했으며, 시의 본질을 성정유로性情流露로 인식하는 관점을 보였다. 그래서 『시경』의 풍시에 대한 인식 시를 통해 '즉각적 느낌'과 '당위적 가르침'의 문제를 제기했다. 그녀는 전통적인 재도지기 문장관을 추종하는 외양을 취했지만, 오히려 '성정유로'가 '흥' 기법을 통해 잘 드러난 표유매의 상사적 춘정과 정풍·위풍의 연정에 경도되었던 것으로 판단된다. 그리고 이러한 시관과 기법은 결혼 이후의 시작에도 수용되었다.

여성은 정상적인 교육을 받을 수 없는 조선조의 환경에서 어깨너머로 아니면 자득으로 도달했을 그 수준이 우선 놀랍거니와, 그러한 경지에 이르기 위해 혼신의 힘을 다 바쳤을 노력의 정도와 시 창작에 대해 그녀가 지니고 있었을 애정의 깊이도 충분히 짐작할 수 있다.

2) 남편의 과시 합격을 위한 매진과 좌절

삼의당은 18세에 결혼해서 32세에 진안 마령으로 옮기기 전까지 계속해서 남원에서 생활하였으니 이는 남편인 하립 또한 동향 출신이었기 때문이다. 김삼의당과 남편 담락당 하립은 결혼 첫날밤부터 시를 지어 주고받았다.[8] 남편은 또 아내의 거처에 삼의당三宜堂이라는 현판을 달아주며[9] 부부로서 집안 일으킬 것을 다짐하는 시를 주고받거나 달밤에 뜰을 거닐면서 시를 주고받는[10] 등 낭만적인 신혼 초의 생활이 이어졌다.

또 산문 중 『잡지雜識』에 실린 〈예성야화기禮成夜話記〉와 〈우귀일기화于歸日記話〉는 결혼 첫날밤 부부의 도리 및 충과 효를 주제로 토론하며 다다른 내용을 기술하고 있다. 이 글들은 삼의당과 담락당의 부부 관계 정립이 어떠했는지를 잘 보여준다. 신혼 첫날밤 '종신토록 지아비를 거슬러서는 안 된다면 지아비에게 허물이 있어도 따라야 하는 것이오?'라는 남편의의 질문에 삼의당은 다음과 같이 대답한다.

> 명나라 사정옥이 부부의 도는 오륜五倫을 다 겸비한다 말하지 않았던가요. 부친에게는 잘못을 간하는 아들이 있고, 임금에게는 임금의 잘못을 간하는 신하가 있으며, 형제는 서로 올바름으로 권면하고, 벗 사이에서는 착한 일을 하도록 서로 권유하니, 부부 사이에만 어찌 그러한 도리가 없겠습니까. 그렇다면 제가 이른바 '지아비를 거스르지 않는다.'는 것이 어찌 지아비의 허물도 따름을 의미하겠습니까.[11]

---

8 …遂行巹禮 禮成之夜 夫子連吟二節 妾連和之.

9 夫子扁我所居曰三宜堂 ... 夫子賦詩題其塢 妾和之.

10 奉夫子夜至東園 月色正好 花影滿地 夫子吟詩一絶 妾和之.

11 大明謝氏貞玉不云乎 夫婦之道 兼該五倫 父有爭子 君有爭臣 兄弟相勉以正 朋友相責以善 則至於夫婦 何獨不然 然則吾所謂不可違夫子者 豈謂從夫之過歟:〈禮成夜記話〉.

남편이 '종부從夫'의 의리에 대해서 의문을 제기하자 삼의당이 즉각 대답한 내용이다. 삼의당은 우선 부부의 도리는 오륜을 다 겸비한다고 말하더니 그 오륜 속에 모두 존재하는 책선責善의 중요성을 들어, 남편에게 잘못이 있으면 무조건 따르는 것이 아니라 책선하고 권면하는 것이 도리라고 단정한다. 무조건적인 따름에 방점을 두는 대신 간섭해 권면하겠다는 의지를 분명하게 보인 것이다. 나아가 충·효에 대한 거론에서는 입신양명立身揚名은 충忠의 본질이며 '현친顯親'하는 효의 종결이라고 역설하여, 결국 남편이 수행해야 할 가장 급선무가 과거에 급제하여 벼슬해서 충·효를 이루는 것이라고 말한다. 이처럼 남편과의 토론에서 우위를 점유했으며 남편이 과거에 급제하는 것이 충이며 효라는 논리를 펴 과거 급제를 삼의당 부부가 이미 당면해 있는 급선무로 여긴 점을 알 수 있다. 그리고 이러한 취지는 이 시기 시문 곳곳에서 반복되어 나타난다.

남편 담락당과 밤에 뜰을 거니는데 달빛이 정녕 좋고 꽃 그림자 땅에 가득하니 담락당이 절구시 한 수를 읊자 삼의당이 화답한 시이다.

> 하늘에는 밝은 달빛 가득하고 정원에는 꽃 가득한데
>
> 滿天明月滿園花
>
> 어우러진 꽃 그림자에 달그림자 더하네
>
> 花影相添月影加
>
> 달 같고 꽃 같은 사람 마주하고 앉으니
>
> 如月如花人對坐
>
> 세간의 영욕이 뉘 집에 속할까
>
> 世間榮辱屬誰家

결혼해서 담락당이 입산하기 전까지의 짧았던 이 기간이 삼의당에게는 일생 중 가장 행복한 때였다. 그 둘은 같은 해 같은 달 같은 날 같은 마을에서 태어나고 자라서 결국 부부의 인연까지 맺게 된 천정배필로서 격의 없는 벗이 되어 달밤의 정취를 만끽하며 그 기쁨을 시로 주고받는 각별한 신혼을 보낸 것이다.

그러나 신방을 차린 지 얼마 지나지 않아 남편은 본격적으로 과거 공부를 위해서 입산하고 삼의당은 남편의 과거 급제를 위한 뒷바라지에 전력투구한다. 진안 마령으로 거주지를 이전하기 전까지의 남원 생활에서 삼의당이 남긴 시문은 대부분 남편과의 관계에 기반하고 있다. 특정한 사건과 관련되어 시를 쓰는 경우 삼의당은 으레 시서詩序를 부기하여 시에 대한 정보를 제공하였는데 그 대부분이 남편의 과거 시험과 관련되었으며 산문 또한 마찬가지이다.[12] 이 시서들과 산문들의 내용에 근거하면 남편 담락당은 입산과 입경을 반복하며 과거 공부를 했으나 결국 실패하고 말았음을 알 수 있다.

남편은 18세 때 과거 시험 공부에 전념하기 위해 입산한다. 공부를 위해 처음 입산할 때 삼의당은 시서詩序를 부기한 시[13]를 지었으며, 산문인 송서送序 〈송부자독서산당서送夫子讀書山堂序〉도 지었다. 시

---

12 산문은 서書, 서序, 제문祭文, 잡지雜識로 분류되어있는데, 서書에 실린 6편의 편지는 모두 남원 시절에 남편 담락당이 과거준비 차 서울에 있을 때 보낸 것이며, 서序는 총 5편인데 마지막에 실린 진안 시절에 둘째 딸을 시집보내면서 쓴 〈송이녀우귀서送二女于歸序〉를 제외한 4편은 모두 남원 시절에 쓴 것으로 그중 3편은 남편을 산사로 서울로 보내면서 쓴 송서이며 〈송부자자독서산당서送夫子讀書山堂序〉, 〈송부자입경서送夫子入京序〉, 〈송부자재상경사서送夫子再上京師序〉, 나머지 한편인 〈송부자왕배심웅천상규서送夫子往拜沈熊川象奎序〉도 남편의 과시 준비 행보와 무관하다 할 수 없다.

13 夫子入山讀書 以詩寄之 妾和之.

에서는 마음을 다잡고 목적을 이루라고 격려하였으며, 송서에서는 조용한 곳에서 공부에 전념하면 '당신의 재주로 몇 년 안 되어 기필코 대성할 것이니 오직 공부에만 힘쓰라'[14]고 격려하였다.

담락당이 입산하여 공부하면서 편지와 함께 시를 보내왔다. 그 시에는 삼의당과 함께 했던 '영친榮親'하자는 맹서에 대한 부담감과 함께 '집으로 돌아가는 꿈[還家夢]'을 꾼다는 고백이 들어 있었다. 그에 대해 삼의당이 화답한 시이다.

> 옛사람이 글 읽기 좋아하여 산골 물에 편지 던졌으니
>
> 古人好讀澗投書
>
> 이 뜻은 당신을 전송하던 애초에 이미 말했지요
>
> 此意嘗陳送子初
>
> 베틀 위의 실 아직 베를 이루지 못하였으니
>
> 機上吾絲未成匹
>
> 당신은 악양자처럼 되지 마세요
>
> 願君無復樂羊子

학문에 뜻을 두고 산에 들어가 공부에 매진하던 중 집에서 편지가 오자 '평안平安'이라는 두 글자만 확인하고는 더 이상 보지 않고 산골 물에 던져버렸다는 호원胡瑗의 고사와, 공부하러 집을 떠났다가 도중에 집에 돌아오자 베를 짜고 있던 아내가 그 베를 잘라버리며 중도에 그만두는 공부는 이처럼 쓸모없는 것이라고 충언했다는 악양

---

14 以君子之才 不多年期 必大成 惟君子勉哉.

자 고사를 들어, 집안에 대한 생각을 끊고 공부에 전념할 것을 권면한 시이다. 남편이 조금이라도 해이해진 마음을 표현하면 외수없이 공부에만 전념하여 일찍 현친顯親하는 효와 충을 이룰 것을 촉구했던 것이다.

산에서 공부하던 남편은 부친의 가르침을 받고 서울로 가게 된다. 본격적인 과거시험 준비 행로에 들어선 것이다. 이때도 여러 수의 증시贈詩[15]와 함께 〈송부자입경서送夫子入京序〉를 쓴다. 이 송서送序에 따르면 그때 나이 20세였다. 현친지심顯親之心을 다시 거론하며 하씨 집안의 몰락을 슬퍼하면서 부모 생전에 입신立身해달라고 간곡히 부탁하는 말을 하고 난 뒤에 증고·왕고 때 친분이 있었던 재경 사대부 집안과 다시 친분을 맺으라고 권하고, 감상적인 규중 생각은 아예 하지 말라며 말을 맺는다. 오로지 과시 공부에만 집중하여 빠른 시간 내에 입신양명할 것이며 그러기 위해서는 세력 있는 재 서울 사대부들과의 친분을 챙겨야할 것이며 아녀자에 대한 상사相思는 금하라고 너무도 엄중하게 서울로 출발하려는 남편에게 당부한 것이다.

편지는 남편이 과거 시험 준비를 위해 서울에 있을 때에만 주고받았다.[16] 그러므로 서신 왕래는 전적으로 남편 담락당이 서울에 거주하고 있을 때에 국한되어 오간 것이며 그러기에 남편의 과시 문제에

15 夫子居山數年勤其業 受父訓 將入于京 妾以詩贈之.

16 다만 첫 번째 편지는 남편의 행차가 완주에 이르렀을 것이라고 추측하면서 쓴 것으로, '당신께서 두루 행하시어 낱낱이 본 만상의 변화와 출몰을 모두 취해서 문장을 쓴다면 아마도 뜻 둔 일을 거의 이룰 수 있을 것이라며(君子周行歷覽萬家之變化出沒者 盡取以爲文章 則庶幾可以助成志業)' 여로 풍광을 문장으로 담을 것을 권한 편지이다. 남편을 가르치며 권면하는 태도가 두드러진다.

그 내용이 더욱 집중되어 있다. 삼의당의 편지는 자신만만한 권면으로부터 시작했으며 나약한 남편의 태도에는 서슴없이 질타했다. 늦어지는 '영친'을 탓하면서 과시 합격을 촉구하는 발언의 강도를 늦추지 않았다. 그럴수록 담락당은 자신감을 잃고 절망하면서 미안해하는 마음이 깊어지고 있는 것을 목격할 수 있다.

그리고 마침내는 낙향한다.[17] 남편은 또 다시 산에 들어가[18] 공부하고 또 다시 상경한다. 〈증상경부자贈上京夫子〉 9수 시에 따르면 또 다시 상경하게 된 이때 나이 27세였으니 과시 준비로 인해 헤어져 산 세월이 이미 10년이었음을 알 수 있다. 과거시험 준비를 위해 서울로 떠나는 남편에게 과거에 합격해 금의환향할 것을 권면하고 바라는 절절한 심정을 표현한 것이 그 종지이지만, 9수로 이루어진 연작시는 10년간 지속되었던 과거 준비와 그로 인한 이별에 대한 회한 및 마지막으로 거는 간절하면서도 절망적인 기대감을 아울러 표현하고 있다. 결혼 초기에 입산하고 입경하는 남편을 송별하면서 보인 시적 태도와는 큰 차이가 있다. 10년 동안 입산하고 입경하며 지속한 과시 준비 과정에서 남편이 합격할 가능성이 희박한 것을 점점

---

17 다음과 같은 시서詩序에서 그 사실을 확인할 수 있다.
남편이 오래도록 유학하였으나 뜻을 이루지 못했다. 돌아오자 내가 위로하여 말했다. "부귀는 하늘에 있으니 구름 낀 하늘을 단 한 번에 뛰어 오르는 것은 불가능하며 빈궁함과 영달함도 때가 있으니 뜻을 둔 일도 단 한 번에 이룰 수 없는 것입니다. 다만 뜻을 가진 자는 일을 마침내 이룰 것이니 더욱 열심히 공부하여 재거(再擧)를 꾀하십시오."서울 문장의 성대함에 관해 듣고 즉시 율시 한편을 읊었다(夫子久遊不得意 及歸 余慰之曰 富貴在天 雲宵不可一蹴而上 窮達有時 志業不可一行而決 只是有志者事竟成 更加勤業 以圖再擧 憑聞京華文章之盛 卽吟一律).

18 '夫子又入山讀書 値七夕寄詩 妾和之'라는 시서 부기 시와 바로 뒤 이어 나오는 〈寄入山夫子〉라는 시에서 확인할 수 있다.

인지하게 되고 의지가 해이해지면서 그에 따른 회한이 표현된 것으로 보인다.

남원 시절 마지막 시는, '남편이 서울로 떠났다. 떠남에 임박해 술을 권하며 옛 사람의 권주가를 모방하여 노래를 불러 흥을 도왔다'[19] 라는 시서가 붙은 권주가勸酒歌이다. 권주가는 인생무상을 말하면서 술이나 마시자는 퇴폐적인 의미를 지닌다. 남편을 서울로 떠나보내면서 과거 시험의 결과를 낙관적으로 기대하기보다는 비관적인 절망감을 가졌으리라고 짐작된다. 남원시절의 시는 여기에서 끝나고 진안 마령으로 이주하여 지은 시들이 나온다.

재차 상경하는 차제에 쓴 송서 〈송부자재상경사서送夫子再上京師序〉를 보면, 20세 상경 시에 했던 말들이 반복되어 나온다. 입신양명하여 현친하고 그 은택이 처자에까지 미치도록 하지 못한다면 부모님과 삼의당 자신은 한을 가지게 될 것이라는 절실하고 비장한 부탁은 물론이고, '근면한 태도와 충성스럽고 믿음 있는 말로 어진 대부를 찾아가 섬겨 그로써 현친하고 아내인 저에게까지 그 은택이 미칠 수 있게 해주기를 복망한다'[20]는 말로 맺음한다. 재경 대부와의 친분에 대한 언급이 현친할 수 있는 방법의 일환인 것처럼 권고하고 있는 내용이 반복된 것이다. 과거 합격이 늦어지는 것에 대해서는 원망하는 말도 삼가지 않으면서까지 합격하라고 몰아쳤고, 명망 있는 사대부와의 관계를 중시하게끔 담락당을 조종하기까지 하였다. 이처럼 남편의 과거 합격이 절체절명의 목표였던 만큼 '현친'과 '조상의 친

---

19 夫子作京行 臨發勸之以酒 效古人勸酒歌 歌之以侑.

20 伏望 君子以敬勤之容 忠信之言 往事大夫之賢者 顯親以及妻也.

분'을 명분으로 내세워 오직 남편의 과거 합격만을 전력 강구했던 것이다.

삼의당의 마지막 편지는 그간의 편지와는 사뭇 다르다. 과거에 결국 실패하고 만 남편의 소식을 듣고서 오히려 남편을 위로하며 집 걱정하지 말고 더 머물러 있으면서 가을에 있을 경시慶試를 준비하라고 독려한다. 말투가 여느 때와는 달리 한없이 부드럽고 애틋하지만 결국 과거 시험 준비에 대한 집착으로 귀결되어 있다. 그 전문을 소개한다.

> 꽃다운 풀 우거진 긴 둑에서 말 우는소리 들리기에 옷을 제대로 갖추어 입지도 못한 채 허겁지겁 문을 나서 보았습니다. 그랬더니 한 젊은이가 표연히 지나가는 것이었습니다. 그래서 즉시 아이종을 시켜 과장科場 소식을 물어본 후에야 당신께서 이번에도 또 낙방하셨다는 사실을 알았습니다. 여보, 힘들지 않으신지요. 저는 온 힘을 다할 것입니다. 지난해에는 머리털을 잘라 양식을 싸 보냈고, 올 봄에는 비녀를 팔아 여비로 보냅니다. 제 한 몸이 다할지라도 당신께서 관광할 비용이야 어찌 궁핍하도록 하겠습니까. 가을이 되면 경시慶試가 있다고 들었습니다. 오지 마시고 준비하십시오. 마침 가는 인편이 있어 우러러 동정을 묻고, 웃옷 한 벌을 부칩니다.[21]

---

21 芳草長堤 蕭蕭馬鳴 顚倒裳衣 出門而看 則有一年少飄然去 卽命僮僕 往問科場消息 知吾君子 又落於今榜中也 君子得無勞乎 吾將竭力乃已 去年剪髮以齎糧 今春每 以資槖 鄙室一身之具寧盡 而君子觀光之資 烏可乏也 又聞秋來有慶試云 君無來也 適因信便 仰叩動止 付上衣一領也.

무척 애틋하면서도 더할 수 없이 비감 어린 심정을 담고 있다. 남편의 과시 합격에 대한 삼의당 열망의 정도, 남편의 부재로 삼의당이 질 수밖에 없었던 경제적 부담과 생활의 곤궁함 등이 절실하게 표현되어 있다. 머리털을 팔고 비녀를 팔 만큼 어려운 형편이어도 자신 한 몸을 희생해서라도 체류하는 비용은 대겠으니 집 걱정은 하지 말고 경시를 준비하라는 이 간절하고 애절한 편지에 담락당은 더 무슨 말을 할 수 있었을까? 이에 대한 담락당의 답장은 전하지 않는다. 남원 시절의 마지막 시가 떠나는 남편에게 술을 권하며 지은 〈권주가〉였고 그 귀결이 이 편지 글로 입증된다. 결국 경시에서 실패하여 귀향하였고 생활고를 극복하기 위한 방책으로 진안 마령으로 이주할 것을 결정한다.

이상 살펴본 바처럼, 남원 시절에 해당하는 삼의당의 시문은 거의 모두가 남편과의 관계 특히 남편의 과거 시험 준비와의 관련 속에서 지었다는 것을 확인할 수 있다. 남편의 과거 시험 합격에 대한 삼의당의 집착은 그의 삶을 온전하게 관통하고 있었지만, 남편은 삼의당의 바람을 충족시키지 못하고 낙향했으며 결국 생활고에 밀려 진안으로 이주할 것을 결정하게 된 것이다.

3) 새로운 삶의 모색과 절필

삼의당 부부가 진안 마령으로 이주하게 된 연유는 『잡지雜識』 〈문앵기사聞鶯記事〉에 나타나 있다. 남편 담락당은, '문식하는 기교가 모자라 용문에 오르는 길이 막혀 부모님을 영화롭게 해드리는 것도 어렵게 되었으며 이곳에는 경작할 땅도 없는데다 땅값이 비싸 농사짓

기도 어려우니 진안 마령으로 옮겨 농사를 지어 부모님을 봉양하자'[22]고 아내 삼의당에게 권유했고 삼의당은 이에 동의한다. 담락당은 과거에 급제할 가능성이 없다는 것을 아내에게 인지시키고 더 이상 지탱할 수 없는 가난한 남원 생활을 청산할 것을 결정했지만, 다른 한편으로는 서생 동소남董召南이 농사지으면서 글을 읽어 부모님을 봉양했던 고사를 들어 경독耕讀할 것이라는 여지를 남긴다.

순조1년 신유년(1801) 32세의 나이에 삼의당 부부는 남원을 떠나 진안 마령으로 거처를 옮긴다. 농사를 짓고 살자며 진안으로 옮겼던 만큼, 남편이 밭 몇 이랑을 사 열심히 농사지었고 자신은 농가農歌를 지어 노래했다는 시서[23]와 함께 지은 8수의 시에서 농사일의 광경을 기록한 것처럼, 농자로서의 삶을 시작하였다. 그래서 『잡지』에 실린 〈촌거기사村居記事〉는 버들, 꽃, 새 울음으로 둘러싸인 거주지의 경계를 무릉도원으로 비유하며 농자로서의 진안 생활을 만족해하는 뜻이 표현되어 있다. 더 이상은 남원 시절처럼 남편의 과거 급제에만 연연해하지 않은 것으로 보인다.

삼의당의 관심사를 대변하는 시서를 부기한 시들을 살펴봐도 남편의 과거 급제를 향한 의지와 관련되어 있었던 남원 시절의 것과는 다르다. 진안 시절에 쓴 시서를 부기한 시는 총 10개이다. 그 중 6개는 사대부들과의 친분에 관련된 시로 그것을 설명하는 서를 붙였다. '담락당 5형제의 효행을 소서少序와 함께 16수의 시로 삼가 기술한

22 我技乏雕蟲 路阻登龍榮親 難以力圖 且家勢淸貧 無負郭一頃田 況吾所居 寸土如金粒米如玉 雖欲耕而無地 雖欲養親而無資 昔董生召南 耕讀於桐柏山以養親 以千古美事也 吾聞月浪之陽來東山下 地多寬閒 田有餘優 今往耕之 無憂養親.

23 夫子於山陽買田數頃 勤力稼穡 妾作農謳數篇 以歌之.

다'[24]는 시서가 부기된 시에서는 5형제의 특성과 효행의 내용이 기술되어 있어 그녀의 관심 영역이 친지와 가족으로 확충되어 있는 것을 확인할 수 있다.

진안 시절에 쓴 산문의 성격도 남원 시절의 것과는 많이 다르다. 편지글은 존재하지 않는다. 과거 준비로 인한 별리 상태가 더 이상 지속되지 않았다는 방증이기도 하다. 서序로는 〈송부자귀구거서送夫子歸舊居序〉와 〈송부자성고산서送夫子省古山序〉 두 편이 전하는데, 전자에서는 남원의 옛집에 대한 회상과 그리운 정을 표현하였고, 후자에서는 길을 떠날 수 없는 여성 신분에 대한 한탄과 함께 고산을 살피는데 있어 주의해야 할 점들을 말하고 있다. 세 편의 제문이 있다. 계해년(1803)에 쓴 〈제장녀문祭長女文〉과 그 이후에 썼을 것으로 짐작되는 〈곡제삼녀문哭第三女文〉, 그리고 정묘년(1807) 넷째 동서 이 씨의 죽음에 쓴 〈제제사이씨문祭第四李氏文〉이다. 그리고 『잡지』에 실린 〈문앵기사〉, 〈촌거기사〉, 〈계유가정문戒諭家庭文〉, 〈육남후기사育男後記事〉가 있다. 이 중 〈문앵기사〉를 제외하고는 남편과 관련된 글이 없다. 남원 시절의 시문이 온통 남편 혹은 남편의 과시와 관련되어 있었던 것과는 이처럼 사정이 많이 다르다.

진안 시절의 시서 및 산문이 보여주는 삼의당 삶의 특성적인 면모는 다른 데서 발견할 수 있다. 첫째는 사상事象을 바라보고 해석하는 식자층 의식이 두드러진다는 점이며, 둘째는 거듭된 친족의 죽음을 겪어야했던 불운한 삶의 연속이었다는 점이다. 이는 상호 연관성을 지니는 것이기도 하다.

---

24 謹述湛樂堂五昆季孝行幷少序十六首.

〈문앵기사〉는 그 전반부에서 진안 마령으로 이거하게 된 내력을 이야기하고 있지만 이 글을 기록한 요지는 오히려 다른 데 있다. 진안 거주지의 수목 사이에서 들려오는 꾀꼬리 소리를 듣고서 창밖에서 울어대는 제비·까치 소리와 비교해 선성·악성을 구분하면서, 현재의 임금이 군자와 소인의 말을 구분 못하고 악성을 진용하고 선성을 물리치는 것을 탓하는 것으로 종결한다. 15년을 오직 남편의 과거 시험 뒷바라지에만 전념하다가 결국 과시 합격을 포기한 채 진안으로 이주한 삼의당에게 남편의 실패는 납득할 수 없는 일이었다. 그래서 그녀는 결국 선성을 제대로 살피지 못한 임금에게 그 실패의 원인이 있다고 정리한 것이다. 모든 것을 다 걸었던 집착을 놓기 위해서는 어떤 식의 합리적인 납득이 필요했을 것이고, 삼의당은 남편의 과거 시험 실패가 남편에게 그 원인이 있는 것이 아니라 임금의 불찰 때문이라고 결론 내린 것이다. 이는 신혼 첫날밤에 남편과 부부의 도를 이야기하면서 논리적인 주도권을 잡았던 삼의당의 모습을 환기시킨다.

이러한 식자적인 논리성은 제문인 〈곡제삼녀문哭第三女文〉에서도 보인다. 이 제문은 사실 〈제장녀문〉에서 다루고 있는 장녀의 죽음이 원인이 되어 쓴 것으로 여겨진다. 큰 딸은 진안으로 이주한 다음 해에 홍역에 전염되어 18세의 나이에 세상을 떠났는데 그 다음날 청혼서가 서울에서 와 그것을 본 순간 삼의당은 기절했다고 기록되어 있다. 가난한 집에 노복이 없어 밥하는 것 길쌈하는 것도 딸의 도움을 받을 수밖에 없었으며 병이 들었는데도 회복하리라고만 생각했지 변변한 약도 써보지 못했다고 통탄하였다. 그런 까닭으로, 〈곡제삼녀문〉에서는 '삶이 기쁨이요 죽음이 슬픔인 것만은 아니라'는 철학적 인생 사유로 시작한다. 셋째 딸은 갑인년(1784) 한 여름에 태어나 그 다음해 을묘년(1785)에 죽었으니, 단 몇 개월만 살다 죽은 것이다. '만약 계년笄年의 나이까지 살다가 하룻저녁에 나를 버리고 죽는다면 나의 통한이 어쩌했겠냐'[25]면서 '그런 너의 죽음을 다행으로 여기지 슬픔으로 여기지 않는다'[26]고 말한다. 삼녀의 죽음은 이미 오래 전의 일이건만, 뒤늦게 이 제문을 쓴 까닭은 첫째 딸의 죽음을 비통해하다가 셋째 딸의 죽음을 다시 떠올리면서 '삶과 죽음을 기쁨과 근심으로 여기지 않는다'[27]는 인생 관조를 보인 것으로 여겨진다.

친지와의 사별은 연이어 이어진다. 〈계유가정문〉은 진안으로 이주한 후 5년 사이(1803-1807)에 장녀, 질녀, 시부, 넷째 동서의 상사를 연이어 겪고서 가족들을 경계한 글이다. 삶과 죽음을 근심과 즐거움으로 여기지 말고 오직 효도와 우애의 도를 다 하자며, 공자가 말한 '아침에 도에 관해 들으면 저녁에 죽어도 좋다[朝聞道夕死可矣]'는 자세를 권면한다. 이는 〈곡제삼녀문〉에서 보인 취지와 유사하니, 친지들의 연속적인 죽음을 겪고 특히 장녀의 충격적인 죽음을 겪고 나서 다다르게 된 인생관과 유관하다. 남편이 과시에 불합격하는 사건을 연이어 겪고 나서 납득할 수 없었던 결과에 대해 삼의당은 스스로 합리적인 해석을 내렸듯이 연이은 충격적인 사별을 겪고 생사에 대한 관조적 해석을 내리며 인생관을 정리한 것이다.

『잡지』 맨 뒤에 실린 〈육남후기사育男後記事〉에서도 삼의당의 식자

25 且如及笄 一夕棄我而死 則余之慟尤如何哉.

26 余故以汝之死 謂幸也 非悼也.

27 余不以生死爲憂喜也.

의식을 분명하게 확인할 수 있다. 이는 40세에 만득자를 얻게 된 경위를 기록한 글이다. 40세가 다 되도록 아들이 없자 혹자가 금당사 금부처가 영험하니 그곳에 가 빌어보라는 권유를 받고서 삼의당이 이치를 들어 대답한 내용이다.

> "애비도 자식도 없는 것이 불가의 도이니 부자지간의 도를 부처님이 어찌 알겠습니까? 추구하는 도가 이미 같지 않고 이치 또한 서로 위배되는데, 저들은 이치에 어두워 이를 알지 못하고 망령되게도 스스로 구합니다. 이는 말세의 폐단이니, 나는 이를 무척 싫어합니다. 게다가 부처는 이단의 우두머리입니다. 요행히도 구한 것을 얻었다 할지라도 이를 두고 어찌 우리 도 가운데 있는 사람이라고 말할 수 있겠습니까? 사람은 하늘과 땅에 참여하여 삼재三才가 되니 내 한 몸의 기는 곧 천지의 기이며, 산천은 천지의 기운이 뭉쳐있는 곳입니다. 같은 기운에게 구하여야 쉽게 감통합니다. 옛사람이 산천에 기도드려 기이한 응보가 많이 있었으니 내 장차 산천에 기도하렵니다."[28]

가문 의식과 충효 의식이 투철했던 삼의당 부부에게 마흔 살이 다 되도록 후사를 이을 아들이 없는 것이 큰 걱정거리였을 것은 불문가지이다. 그 사정을 딱하게 여긴 혹자가 금당사에 영험한 금부처가 있는데 후한 폐백을 바치고 기도하면 반드시 득자할 수 있다는 정보를 준다. 이에 삼의당은 이단인 부처에게 기도드리고 그 보응의 요행을 바랄 수 없는 이유를 유가의 논리로 피력한다. 어버이도 자식도 없는 부처에게 부자의 문제를 해결해달라고 구하는 것은 의리상·논리상 어긋나는 일이라는 것이었다. 이런 대응은 납득할 수 없거나 용인할 수 없는 일에 대해 스스로 합리적인 해석을 내리고 종결했던 전례들과 일치한다. 삼의당은 선비적인 식자 의식을 스스로 체화體化했던 것으로 여겨진다.

진안 시절의 삶 중에서 또 특기할 만한 점은 가난을 피해 농사꾼으로 살기 위해서 진안으로 이주했지만 진안 시절에서도 그 가난은 지속되었고 오히려 심각한 지경에 이르렀다는 사실이다. 그러한 사실을 구체적으로 전해주는 시서가 있다.

> 갑자년 3월 26일 문득 시아버님의 상을 당했는데 집이 가난하여 초종 장례를 치를 방법이 없었다. 그래서 남에게 돈을 빌려 상례를 마쳤는데 기한이 지나도 갚지 못했다. 남편이 빚 갚을 돈을 마련하려고 집을 나섰으므로 송별 시를 지어주었다.[29]

진안으로 이주한 지 2년 후의 사건이다. 시의 내용에 '백 개의 전대로도 온 재산을 다한 빚을 갚기에는 어렵다'[30]고 되어있다. 얼마나

---

28 余曰 無父無子佛之道也 父子之道 佛何知之 道既不同 理亦相違 彼昏不知 妄自求之 此末俗之流弊 吾深惡之 且佛者異端之宗也 幸而求得焉 可謂五道中人也哉 人於天地 參爲三才 一身之氣卽天地之氣也 而山川卽天地之氣鍾毓處也 同氣相求 易與感通 古人有禱 多有異應 吾且禱之.

29 甲子三月二十六日 奄遭尊舅之喪 家貧無由盡初終之節 貸人錢以畢喪葬之禮 過期未報 夫子欲辨債資 出外送之以詩.

절박하고 다급했으면 '정성으로는 길가에서 천사를 만날만 하고, 의로움으로는 단양丹陽에서 보리 실은 배[麥舟]를 받을만 하네'[31]라고 말하며 천우신조를 기대했을까?[32] 가난이 이미 극에 달했는데도 '현친지효顯親之孝'를 폐부에 새기고 있던 그들로서는 시부의 상사에 가난한 집안 사정도 고려하지 않고 장례비용을 아낌없이 썼을 것이고, 그것이 고스란히 빚이 되어 헤어날 수 없는 지경이 되었으리라 추측할 수 있다. 〈무제無題〉라는 시에서는 '부모님의 조석을 마련하기 위해 머리털까지 잘라 내다 팔았다'[33]고 말했을 정도이니 그 사정은 짐작하고도 남는다.

남원 시절의 시서가 오로지 과시 공부와 과거 시험을 위해 떠나는 남편과 관련되어 있다면 진안 시절의 시서는 '가족'과 '친지'에 관련된 경우가 많다. 진안 시절 삼의당의 관심 영역과 저작 반경은 남편의 과거 급제에만 집중했던 남원 시절의 15년 세월과는 많이 달라진 사실을 확인할 수 있다. 그런데 시서를 부기한 마지막 시는 또 다시 남편의 과거행과 관련되어 있으며, 이 시가 삼의당의 최후 시로 남아있는 점 또한 시사하는 바가 크다. 그 전문全文을 소개한다.

경오년(1810) 남편이 향시에 합격하고 회시에 임하려고 하였다. 내

---

30 百囊元難傾產報.

31 誠應路上逢天女, 義必丹陽有麥舟.

32 시 후기에 다음과 같이 진술하였다: 남편이 가야산에 들렀다가 인삼 뿌리 수십 개를 얻었다. 이를 대구 약초 도매상에 팔고 돌아와서 그 빚을 갚았다(夫子行過伽倻山 得人蔘數十根 往賣大邱藥肆 歸報其債).

33 朝夕入廚下 廚下乏甘旨 剪髮非爲賓 堂上有父母.

가 시를 지어 전송하였다.

> 공부방에서 세운 뜻 왜 이리 더딘지
> 螢窓立志此何遲
> 사십 세 귀 밑 흰 머리털 어루만지네
> 四十光陰撫鬢絲
> 또 서울을 향해 먼저 웃으며 떠나니
> 又向長安先笑去
> 나그네 침상에서 훗날 울고 돌아올 일 짓지 마세요
> 旅床莫作後咷歸

진안으로 귀농한 이후에도 과거 급제를 위한 발걸음을 완전히 끊지는 않았다는 사실을 보여준다. 남원 시절처럼 절박한 심정으로 오로지 남편의 과거 급제에만 매달렸던 것은 아니지만, 진안 생활을 애초에 '경독耕讀'으로 규정하고 계획했듯이 농사일로 생계를 꾸려나가면서도 '매일 밤 옛 사람의 책을 읽어 그것으로 영친할 계책으로 삼는다'[34]는 뜻을 놓지 않고 있었던 것이다. 이 때 삼의당 부부의 나이는 42세였다. 이후로 삼의당은 13년을 더 살았다. 그런데 그녀의 작시는 여기에서 끝나고 말았으며 산문도 더 이상 발견할 수 없다. 현전하는 문집을 근거하여 말한다면 명실상부한 절필이다. 절필과 남편의 과시 종결이 분명하게 일치하는 것이다.

---

34 每來乘昏 退讀故書 以爲榮親之計: 오형제 효행 관련 시를 지으면서 남편 담락당과 관련된 시의 시서에서 밝힌 내용이다.

진안 생활은 남편 과거 급제에만 몰두했던 결과 궁핍해질 대로 궁핍해진 상태에서 새로운 활로를 찾기 위해 모색한 삶으로 과거 시험에 대한 집착을 내려놓자면서 시작되었다. 그래서 삼의당 관심의 대상과 폭도 남편에서 가족으로 확대된 사실을 확인할 수 있다. 초기에는 번잡한 환로 추구의 세계를 떠나 자연 속에서 안분자족하는 농부의 태도를 취했지만, 진안 생활도 순탄치 못해 연이어 친족의 상사喪事를 겪었고 혼사를 목전에 둔 딸이 죽는 극단적인 슬픔을 겪었으며, 궁핍 또한 극에 달하는 생활고에 시달려야만 했다. 그래도 그녀의 강인한 저력은 이처럼 거듭된 시련을 통해 오히려 삶에 대해 관조하는 인생관을 가지게 하였다. 남편에 대한 집착이 관조적인 식자의식으로 넉넉하게 변화한 듯한 느낌을 받을 수 있었다.

그러나 시서를 부기한 마지막 시와 그 이후의 절필로 미루어보면, '현친지효'와 '충'을 명분으로 했던 남편 과거급제에 대한 염원이 면면히 이어지다 그 일말의 가능성도 사라진 상태에서 삶의 의욕마저 시진했던 것 아닌가 추측된다. 아니면, 남편의 과거 급제에 집착하는 마음을 거둔 듯이 보였지만 그것은 오히려 심적 부담감 때문에 언급할 수조차 없었던 것은 아니었을까? 이별고와 적빈과 사별의 고통 속에서도 삶의 편린들을 기록으로 남기며 식자적인 이성을 잃지 않았던 삼의당이, 남편의 마지막 과거 행을 끝으로 더 이상 글을 쓰지 않은 것은, 그녀를 지탱하고 있는 한 가닥 희망마저 완전히 사라진 데서 오는 비애와 절망을 상징한다고 판단된다. 이후의 삶은 어떠했을까? 왜 삶의 기록을 멈추고 말았을까. 절필은 그녀 절망의 의미를 극대화한 문필의 또 다른 표현이었다고 여겨진다.

3　시문의 양면성과 그 의미

김삼의당의 시문은 앞서 언급했듯이 삶의 변화를 그대로 반영하며 또 그 쓰인 맥락에 따라 전혀 다른 작가적 모습을 보이기도 한다. 삶의 변화란 삶의 방향이 변한 남원에서 진안으로의 공간적 이동에 따른 삶의 방식과 정서적 변모를 말하는 것이요, 맥락에 따른 작가적 모습의 차이는 남편과의 관계에서 남편을 향해 말하는 글인지 아니면 삼의당 자신의 내면적 정서를 진솔하게 표현한 글인지에 따라 생긴다고 말할 수 있다.

1) 내면적 정서 시와 공식적 시문의 대비

남원 시절의 시문들은 상호 모순되는 정서 및 태도를 보인다. 그 원인은 삼의당 자신의 정서를 표현한 것인지 남편과의 관계 속에서 쓴 글인지에 따라 생기는 차이로 이해할 수 있다. 앞서 살폈듯이 남원 시절 삼의당의 시문은 거의 모두가 남편과의 관련 속에서 지었다. 설사 내면적 정서를 표현한 시작품이라 할지라도 그 내면적 정서 또한 남편과의 관계에서 촉발된 것이었다. 다만 남편이 독자로 전제된 공식적인 글인지 남편을 독자로 상정하지 않은 내면적인 정서를 표현한 글인지에 따라 그 성격이 현저하게 달라진다.

우선 시를 두고 살펴볼 수 있다. 남원 시절 삼의당의 시는 크게 두 가지로 나뉜다. 첫째는 남편과 주고받은 창화시唱和詩와 남편에게 준 증시(혹은 기시寄詩)요, 둘째는 남편의 부재로 인한 자신의 내적 심정을 읊은 시이다.

삼의당은 결혼 초야부터 남편과 시를 주고받았으며 이는 남편이 과거 공부를 위해서 입산할 때까지 지속되었다. 그러는 과정에서 부부의 도리를 표현하기도 하고, 과거 융성했던 가문을 기리기도 했으며, 화락함을 표현하기도 했다. 남편이 입산과 입경을 거듭하게 되고 그 과정에서 지은 화답시·증시·기시 등은, 뜻을 굳게 가지고 공부에 전념할 것을 권하는 시, 과시 합격을 촉구하며 격려하는 시, 자신에 대한 상사相思를 책망하는 시 등이다. 남편이 상사 시를 써 보내자 그에 화답한 삼의당의 시, 〈기재경부자寄在京夫子〉이다. 남편의 시와 함께 삼의당의 화답시를 소개한다. 남편의 시를 먼저 소개한다.

> 죽어야 그칠 내 마음이니
> 死當乃已是吾心
> 손에 시와 편지 들고 읊조림을 그치지 못하네
> 手裏詩書不絶吟
> 밤마다 그리워하는 사람 어디에 있나
> 夜夜相思何處在
> 미인이 오색구름 깊은 곳에 단정히 앉아있네
> 美人端坐五雲深

죽어야만 아내를 그리워하는 마음이 그칠 것 같다. 고향에서 아내가 보내온 편지와 시를 손에 들고서 읊조리며 멈추지를 못한다. 밤마다 아내가 그립다. 그러나 사랑하는 아내는 오채 색 구름 너머 먼 곳에 단정히 앉아있을 것이다. 아내에 대한 그리움을 절절하게 읊은 상사 시이다. 이에 답한 삼의당의 시이다.

> 여자의 유약한 바탕 쉬이 마음 아프니
> 女兒柔質易傷心
> 그래서 늘 상사를 말하지요
> 所以相思每發音
> 대장부는 마땅히 밖에 있어야 하니
> 大丈夫當身在外
> 깊은 동방洞房에 머리 돌릴 생각일랑 마세요
> 回頭莫念洞房深

상사는 여성이나 입에 올릴 수 있는 말이지 밖에서 일하는 남자가 입에 올려서는 안 된다는 견책이다. 남편이 상사의 정을 보이며 보낸 시가 이 이외에도 더 있지만 그때마다 삼의당은 준엄한 태도로 견제하였다. 신혼 첫날밤 '종부'의 도리에서 '견책'을 중시했던 삼의당의 태도를 그대로 보여 입증한 것이다.

이들 시에서 보인 시의詩意는 남원 시절 지은 산문들과 일치한다. 산문들에서는 위의 시들이 보인 취지가 더욱 구체적으로 절박하고 강도 높게 표현되어 있다. 『잡지』에 실린 〈예성야화기禮成夜記話〉에서는 부부 간의 도리를 군신 간의 도리에 빗대어 이야기하는가 하면 입신양명하여 부모님을 드러내는 것이 효의 맺음이며 동시에 충임을 역설하면서 남편의 과거 급제가 당면한 최고의 목표임을 드러내고, 〈우귀일기화于歸日記話〉에서도 남편의 과거 급제에 필요한 뒷바라지를 충실하게 하겠다는 다짐을 피력한다. 남편이 입산하고 입경할 때 쓴 송서送序와, 과거를 위해 서울에 머물러 있는 남편에게 쓴 편지글은 이미 앞서 살폈듯이 과거 공부에 임하는 남편을 격려하고 책망하고 다짐하고 촉구하는 내용이 그 전부이다. 남편의 과시 합격에 대한 열망과 집착은 사실상 결혼 초야부터 시작되어 남원 시절 15년 동안 삼의당을 완전히 사로잡아 가두고 있었다 해도 과언이 아니다.

남원 시절 서울에서 과거를 준비하고 있는 남편에게 보낸 편지 한 편을 소개한다.

> 아침이 오니 뜰의 나무에 가을바람이 시원하게 불었습니다. 객지 생활 중 정취는 어떠하신지요. 옛말에 이르기를, '가을에 선비가 슬퍼지는 것은 감개함이 북돋아 나오는 뜻 때문이다'라고 합니다. 당신도 가을철을 느끼면서 학업에의 뜻을 격려하고 계시는지요. 제가 마음속에 늘 염려하고 있는 것은 용지龍池의 가을 연꽃을 당신께서 딸 것인지, 월궁의 계수나무를 당신께서 꺾으시려는지 하는 것입니다. 이 때문에 저는 잠들지 못하고 매일 밤 전전반측합니다. 그러나 당시唐詩에서 이른바 '추야장秋夜長' 세 글자는 아녀자가 사사로운 정에 이끌리는 것을 의미하니 이런 것은 저의 규방에서 논하기에는 족하지 않습니다. 바라옵건대 학문에 세운 뜻을 게을리 하지 마시고 입신하여 일찍 돌아오십시오. 새벽마다 살피건대 부모님의 기운은 아주 좋으시니 염려하지 마십시오.[35]

35 朝來庭樹秋風颯然 伏惟旅中氣味若何 古語曰 秋士悲悲者 感慨激勵之意也 君子其有感於詩 而勵於志耶 吾常耿耿于中者 龍池之秋蓮 君子採之耶 蟾宮之秋桂 君子折之

계절에 관한 인사로 시작하고 있다. 가을은 선비가 강개해지는 것이라는 음양설을 인용하는가 하더니 이를 곧 용지의 가을 연꽃 따는 것과 월궁의 계수나무 꺾는 것으로 연관시켜 가을에 있을 과거에 급제하기를 바라는 원망으로 귀결하고 있다. 용사 그것도 단장취의斷章取義 수법을 통해 문장을 엮는 솜씨가 뛰어나다. 그러면서 아마도 남편이 편지에서 언급했을 '가을의 기나긴 밤[秋夜長]'을 규방에서 논하기에는 적절치 않다고 일침을 가하며 '상사'에 대한 언급이나 그 현상을 경계하였다. 사적인 시에서는 절실하게 토로하곤 하는 상사고相思苦를 굳이 부정하고 추야장의 전전반측을 남편 현달에 대한 열망 때문일 뿐이라고 이야기하고 있다. 그러나 '추야장 전전반측'의 직접적 원인은 상사였고 그 상사고를 감내하면서까지 오랜 세월 동안 지속된 별리를 삼의당이 견딜 수 있었던 것은 담락당 현달에 대한 질긴 집착 때문이었다.

삼의당은 남편과의 관계에서 주도권을 잡고서 남편을 권면하고 책하기도 하였지만, 양반가 아내로서 부부간의 도리를 지키면서 남편의 입신양명을 위해 인고하고 희생한다는 대의명분을 벗어난 적이 없었다. 그래서 그 둘 사이에 오간 시문에는 당위와 도리에 대한 언급만이 있을 뿐이다. 남편이 외지에서의 외로움을 언급하기라도 하면 장부로서 지닐 태도가 아니라며 이치를 들어 사적인 감정을 견제했던 것이다.

그러나 삼의당 남원 시절 시의 주류를 이루는 것은 단연코 규원시

耶 庸是不寐 每夜輾轉 而唐詩所謂秋夜長三字 此是兒女牽情之私 不足論於吾之閨中也 伏願君子毋惰志業早歸也 晨省高堂氣體候 萬安勿慮也: 〈與夫子書〉.

閨怨詩이다. 남편과의 수창시, 증시, 기시寄詩가 아니면 다 규원시라 해도 지나친 말이 아닐 정도다. 양반가 여성이 이처럼 규원시를 감정의 절제함 없이 과다할 정도로 절절하게 읊어댄 것은 무척 이례적이다. 양반가 여성이 자신의 내면을 표출한다는 것, 그것도 그리움과 한을 담은 상사를 거침없이 표현한다는 것은 금기에 속하는 일이었기 때문이다.

상사적인 규원 시들을 소개한다. 남편이 상경한 지 일 년이 지났어도 돌아오지 않아 시를 지어 사사로운 마음을 펴본다고 서를 쓴 후 지은 시 가운데, 한 수를 소개해본다.

> 지난 밤 서풍이 일더니
> 昨夜西風起
> 우물가에 오동잎 지네
> 井上梧桐落
> 아리따운 이는 깊은 방에서
> 佳人在洞房
> 천리 밖의 당신 생각
> 千里長相憶
> 당신 기다림을 당신은 아는지 모르는지
> 待君君知否
> 부모님 영화 일찍부터 약속했었지
> 榮親早有約
> 그대여 바라노니, 저의 마음 가엾게 여겨
> 願君憐我心

서울에 오래 머물지 마세요

無久留京洛

가을에 느끼는 사적인 내면을 읊은 시이다. 이 시를 지배하는 기본 정서는 그리움이다. 세월이 가면서 계절이 바뀌면서 더욱 깊어지는 그리움을 말한 이른바 규원시이다. 물론 과거 급제를 바라는 마음이 동시에 표현되어 있지만 과거 급제 해야만 완전한 귀향이 가능하기에 그 그리움은 더욱 절박한 것을 알 수 있다.

이후의 시들에서는, '상사일몽우천애相思一夢又天涯: 하늘 끝 멀리 계시는 당신에 대한 사모의 꿈', '한등몽불성寒燈夢不成: 쓸쓸한 등잔 밑에서 꿈을 이루지 못하다', '의벽창倚碧窓: 벽창에 기댄다' 등의 상사와 기다림에 대한 표현들이 거듭 나온다. 〈춘규사春閨詞〉18수, 〈춘경春景〉8수, 〈춘뇌곡春惱曲〉4수, 〈추규사秋閨詞〉11수, 〈추야우秋夜雨〉2수, 〈추야월秋夜月〉3수, 〈서창西窓〉, 〈오동우梧桐雨〉, 〈도의사擣衣詞〉2수, 〈십이월사十二月詞〉12수 등등의 시는 모두 절실한 규원을 읊은 시들이다.

봄 흥치에 깁창에서 몇 수 시 이루니

春興紗窓幾首詩

편 편마다 다만 절로 상사를 말했을 뿐

篇篇只自道相思

수양버들 문밖에 심지 마오

莫將楊柳種門外

인간에게 이별 있음이 한스럽다오

生憎人間有別離

〈춘규사春閨詞〉1

봄날이 와 봄날의 흥치가 일어 시를 짓지만 흥치도 잠시일 뿐 봄날이 와도 올 줄 모르는 담락당에 대한 그리움의 정서가 저절로 시를 지배할 만큼 온통 남편이 그리운 맘뿐이다. 그래서 봄의 도래를 알리며 봄날의 흥치를 한껏 즐기는 버들이 오히려 원망스럽다. 버들은 봄의 도래를 상징할 뿐만 아니라 이별의 한을 상징한다. 그래서 문밖에 늘어진 수양버들을 보면 상사의 정, 이별의 한은 더욱 깊어지는 것이다.

수양버들 그늘 속에서 낮에도 문 닫고 있으니
楊柳陰中晝掩門
동원에 봄이 무르익어 온갖 꽃 흐드러지게 피었네
東園春晩百花繁
제비 짝지어 낮게 나는 곳에
雙雙鷰子低飛處
홀로 근심하는 사람 남몰래 애 끊네
獨有愁人暗斷魂

〈춘규사春閨詞〉7

봄날의 수양버들, 만발한 꽃, 쌍쌍이 날고 있는 제비는 모두 봄날에 찾아와 봄의 흥치를 야기하고 또 만끽하는 존재들이다. 그러나 이 같은 봄의 도래에도 님의 부재가 끝나지 않는 시적 화자는 봄날의 흥치가 짙을수록 근심 또한 깊어진다.

석류꽃 피고 해당화 붉으니

石榴花發海棠紅

무수한 꿀벌들 비단떨기 노략질 하네

無數蜂蜜掠錦叢

홀로 난간에 기댄 채 근심 말 못하는데

獨依欄干愁不語

동풍 불어와 비단치마 부풀리네

東風吹着飽羅裳

〈춘규사春閨詞〉10

화려하게 만발한 석류꽃과 해당화 꽃밭 속에서 붕붕거리며 나는 무수한 벌들은 청춘의 환희를 만끽하고 있다. 이들처럼 시적 화자 자신도 같은 청춘이건만 청춘이어서 오히려 힘들 뿐이다. 님이 부재한 봄은 상실감을 배가하기 때문이다. 그러나 그 그리움·외로움도 표현할 도리가 없다. 그때 불어온 동풍에 치마가 부풀리는 것은 봄날 유혹에 동요될 것 같은 마음을 상징한다. 이 대목은 이백의 〈춘사春思〉 중 마지막 구절 '춘풍과는 서로 알지 못하는데[春風不相識], 무슨 일로 비단 휘장으로 들어오는지[何事入羅幃]'의 용사用事이다. 이백 시에서는 동요하지 않을 것임을 여인이 다짐하고 있지만 삼의당 시에서는 동요를 고백하는 것처럼 표현되어 있다. 홀로 앓고 있는 춘사春思·춘원春怨을 농도 짙게 표출하였다.

꾀꼬리 한 지저귐 속

黃鳥一聲裡

봄날 모든 집들은 한가롭네

春日萬家閒

고운 이가 비단 장막 걷으니

佳人捲羅幕

꽃다운 풀 앞산에 가득하네

芳草滿前山

〈춘경春景〉7

'꾀꼬리 한 지저귐 속'은 정적靜寂의 표현이다. 가인佳人은 그 정적 속에 묻혀 시름의 세월을 보내고 있던 중 외부를 차단하고 있는 장막을 무심결에 걷다가 봄기운에 발랄한 생명을 과시하고 있는 앞산 가득한 방초芳草를 발견한다. 감정의 표현이 절제되어 있지만 정적 속에 보이는 가인의 몸짓에는 오히려 일촉즉발 할 것 같은 팽배된 감정이 응축되어 있다.

봄이면 봄이라서 가을이면 가을이라서 시절의 변화에 따른 상사와 그리움의 규원은 더욱 깊어 간다. 〈추규사秋閨詞〉11수는 온통 그리움으로 인한 상사몽과 불면의 밤에 대한 묘사로 이어져 있다. 그 중 2번째 시이다.

수탄獸炭이 뿜어내는 한 오라기 연기

獸炭噓成一縷煙

겨울밤은 괴롭게 길어 꼭 일 년 같네

冬宵苦永正如年

오동잎에 떨어지는 몇 방울 빗소리

梧桐葉上數聲雨

홀로 병풍 사이에 앉아 잠 못 이루네

獨坐屛間眠不眠

기본적으로 흥興기법을 사용한 시이다. '한 줄기 연기'는 시각을 통해, '몇 마디 빗소리'는 청각을 통해 불면을 연상시키는 표현들로, 정적만이 흐르는 밤에 잠들지 못하는 자에게 포착된 시청각적 물상들이다.

밤 깊고 깊어 오경에 가까운데

夜色迢迢近五更

뜰 가득한 가을 밤 달 밝기도 해라

滿庭秋月正分明

이불에 기대어 억지로 상사몽 이루어보나

凭衾强做相思夢

낭군 곁에 이르자마자 절로 놀라 깨네

纔到郎邊却自驚

〈추규사秋閨詞〉3

밤 깊은 오경은 불면의 밤에 대한 단적인 표현이다. 달은 님과 나의 매체이다. 저 환히 비추는 달을 서울에서도 님이 보고 있을 것이다. 꿈길에서나마 님을 보고 싶어 억지로 잠을 이루지만 어렵게 도달한 몽중상봉夢中相逢은 이루어지자마자 깨지고 만다. 도저히 만날 수 없는 상사의 혼들은 몽혼이 되어 만날 도리밖에 없지만 이마저도 쉽지 않은 것이다. 그리움이 극에 달한 규원을 표현한 시이다.

오동나무 잎잎마다
梧桐葉葉
잎 크기 부채만 하네
葉大如扇
한밤중 내리는 빗방울
夜半雨雨鈴
연잎에 구르는 구슬 같아라
却似荷珠轉
똑똑 똑똑똑
滴滴復滴滴
시간 알리는 물시계인 듯
依如報更漏
한 소리 또 다시 한 소리
一聲復一聲
소리 소리마다 울려 방안에 드네
聲聲鳴入戶
고운 이는 꿈 이루지 못하고
佳人夢不成
그리움의 눈물 비처럼 흘리네
相思淚如雨

〈오동우梧桐雨〉

잠못 이루고 있는 정적만이 흐르는 가을 밤, 빗방울 떨어지는 소리가 극대화되어 들려오고 그리움으로 인한 눈물은 곧 바로 그 비와 동일화된다. 정적 속의 청각적 극대화를 통해 외로움의 의미가 강렬하게 전파된다. 이처럼 가을밤을 시간적 배경으로 하여 읊은 불면의 밤, 망월, 정적 속에서 들려오는 밤 비 소리의 극대화 등은 모두 낭군 부재와 그에 대한 그리움의 한을 담고 있다.

뒤이어 나오는 〈도의사擣衣詞〉, 〈재의사裁衣詞〉, 〈기의곡寄衣曲〉, 〈십이월사十二月詞〉, 〈작절강춘원곡作浙江春怨曲〉 등도 위 시들과 같은 그리움의 정서를 읊은 것들이며, 〈의당인시작정부사依唐人詩作征婦詞〉도 정부시征婦詩를 빙자한 악부시체樂府詩體로 규원을 읊은 시다.

그러나 남편은 결국 낙방하고 돌아온다. 남편은 다시 산사에 들어가 학업에 정진하였고, 다시 상경하여 과거에 대비하였다. 그때마다 삼의당은 시를 지어 주며 또는 편지글을 통해서 남편을 위로하고 독려하였다. 상경하는 남편에게 바친, 〈증상경부자贈上京夫子〉9수 중 첫 수를 소개한다.

> 스물 일곱의 고운이 스물 일곱의 고운 낭군
> 廿七佳人廿七郎
> 몇 해나 긴 이별을 일삼았던가
> 幾年長事離別場
> 올 봄에도 장안 향하여 가니
> 今春又向長安去
> 양 살쩍에 오히려 두 줄기 눈물 더 하네
> 雙鬢猶添淚兩行

스물일곱의 나이라면 결혼 후 10년의 세월 동안 과거 급제를 위해 이별을 일삼았다는 결론이 나온다. 그러나 과거 공부를 위한 이별은 여기에서만 그치지 않고 좀 더 지속되었다. 이 시절의 시 중 마지막 시로 여겨지는 시는 담락당이 서울을 향해 출발함에 이르러 술을 권하면서 지은 〈권주가勸酒歌〉3수이다.

이상 살폈듯이 15년의 남원 시가 시절은 신혼 초 당분간을 제외하고는 담락당의 과시 준비로 인해 별리상태가 지속되었다. 그래서 결혼 초기 시를 제외하고는 남편과의 지속적인 별리로 말미암은 별한別恨·애상적인 고독의 시가 주조를 이루었다. 앞서 말한 바처럼 시는 삼의당의 내밀한 사적 정서를 표출하였음을 인정할 때 시에 나타난 정서는 바로 삼의당 내적 심정의 진솔한 표백으로 간주해도 좋을 것이다. 남편 담락당과의 별리로 인한 외로움 및 상사고의 정서가 이 시기의 시를 온통 지배하고 있고 또 바로 이러한 상황적 정서가 이 시기 이루어진 작시의 원동력이었다고 말할 수 있다.

외면적으로는 엄격하고 강인한 의지의 소유자였고 그러한 사실들이 산문을 통해 분명하게 표현되어 있지만, 사사로운 정서를 담은 시에서는 이와는 상반적인 상사고를 농밀하게 표현했던 것이다. 그러나 주관적 자기 관점을 당당하게 표현할 수 있는 남다른 여인상을 산문 속에서 파악할 수 있었듯이 전혀 상반적인 방식이긴 하지만 그러한 진면목이 시 작품에서도 발견된다는 점에서는 일맥상통한다. 양반가 규수로서는 감히 말할 수 없는 내밀한 정서를 삼의당은 시로 표현했고 이러한 점은 삼의당에 대한 현모양처로서의 규정을 무색케 하는 지점이다. 삼의당은 침묵 속에 모든 고통을 갈무리해두었던 '조선 여성'이 아니라 상사고를 시로 절규할 수 있었던 자기감정 표출에 솔직한 시인이었다.

이상 살펴본 바처럼 남편과의 관계에서 공식적으로 쓴 시는 엄격한 도리·당위를 말하고 있어 그 시절 산문의 취지와 일치하는 반면, 내면적인 자신의 정서를 표현한 시는 여지없이 규원으로 집중되고 있는 이중성을 발견할 수 있다. 그러나 도리를 앞세워 남편을 권면하고 책하고 촉구했던 시도 철저하게 남편에게 집중한 시였다면, 자신의 내면적인 정서를 진솔하게 표현한 규원시도 신혼 초부터 시작된 남편과로 별리로 인한 규원을 말하고 있는 점에서 철저히 남편에 집중한 시이다. 남원 시절의 모순된 시들이 공존하고 있는 사실을 통해 삼의당의 공식적인 페르소나와 사적인 내면의 얼굴이 갈등하면서 병존했다는 것을 알 수 있다. 그런 자신의 심리적인 양면성을 표현한 시도 있다. '남편이 서울에서 1년이 지났어도 돌아오지 않았다. 내가 시를 지어 사사로운 심정을 표현했다'[36]는 시서가 부기된 4수 시에서 잠 못 이루고 비처럼 눈물 흘리는 그리움의 심정을 표현하다가, 마지막 시에서 다음과 같이 쓰고 있다.

> 당신을 천리 길로 전송하여 보내었으니
> 送君千里去
> 아! 그때는 무슨 마음이던지
> 嗟我昔何意
> 늙으신 부모님 고당에 계시기에
> 鶴髮臨高堂

---

36 夫子自京 經年未歸 余題詩以伸情私.

부모님 영화롭게 하는 게 본디의 뜻이었지

榮親是素志

당신 향한 그리움으로 밤 잠 못 이루니

思君夜不寐

아! 지금은 또 무슨 일일까

嗟我今何事

적적한 깊은 규방 안

寂寂深閨裏

사람의 마음 진실로 이와 같아라

人情固如是

과거 시험을 위해 입경한 남편이 때가 지났어도 귀향하지 않았다는 것은 낙방을 의미한다. 자연히 귀향이 늦어지고 이별의 상태가 지속된 것이다. 효와 충 논리는 삼의당이 애초 남편에게 과거 합격의 필요성을 역설한 근거였다. 그러나 신혼 초부터 줄곧 남편과 별리 상태로 지내야 하는 청춘의 규원 또한 극복하기 힘든 것이었다.

당위 표방과 현실적 고통의 충돌은 그래서 각기 다른 성향의 시와 문으로 표현된 것이며, 위 시는 그런 갈등을 이처럼 분명하게 표현하고 있다.

2) 한정閑情을 읊은 즉사시即事詩로의 변화와 그 의미

삼의당은 과시 합격에 대한 집착을 거두고 진안으로 이주하여 농사를 지으며 공부를 병행하겠다는[耕讀] 남편의 제안에 동의하고 진안으로 이주한다. 그래서 남편에게만 몰두하고 갇혀 살던 삼의당의 삶에도 큰 변화가 일며 그에 따라 시풍도 변한다. 농사꾼으로의 변모를 반영하는 농가시도 등장하고, 친지들과의 친분을 읊은 시들도 여러 편 있으며, 담락당 5형제의 효행을 소서小序와 아울러 작정하고 기술한 16수의 시도 있다. 관심의 범주가 남편에게서 주변과 가족으로 확대된 것이다. 그러나 무엇보다도 큰 시적인 변모는 상사를 표현한 규원시가 사라지고 그 자리를 한정을 읊은 즉사시가 차지한 점이다. 시의 주류를 기준으로 말한다면, 격정적인 감정을 유로한 규원시에서 전원생활 중 마주하는 자연을 담담하게 읊은 즉사시 풍으로 변모했다 말할 수 있다.

삼의당이 시를 내면적 정서의 표출[37]로 인지했음을 살폈듯이, 남편의 부재 상태에서 지낸 15년간 남원 시절의 정서가 규원이었다면, 진안으로 이주한 초기시의 정서는 그 괴로운 규원에서 해방되어 남편과 함께 농가 생활을 자적하는 한정閑情이었다.

시의 제목만 열거해보아도 그 사실을 짐작할 수 있다. 〈봉부자견낙화奉夫子見落花〉, 〈초당봉부자음草堂奉夫子吟〉, 〈농구農謳〉8수, 〈춘일즉사春日卽事〉5수, 〈하일즉사夏日卽事〉3수, 〈촌거즉사村居卽事〉8수, 〈목적牧笛〉3수, 〈농가農歌〉, 〈초당즉사草堂卽事〉10수, 〈촌거즉사村居卽事〉3수, 〈초당설경草堂雪景〉. 그 자리에서 듣고 본 일, 또는 가슴에 떠오른 일을 당장 시로 지은 것이 대부분이다.

---

37 미혼시절의 시, 〈독서유감〉3: 出於性情方爲詩, 見詩固可其人知. 存諸中者形於外, 雖欲欺人焉得欺.

물든 노을은 비단이요 버들은 안개 같으니
彩霞成綺柳如煙
인간세계 아니요 별유천지네
非是人間別有天
서울에서 십 년 동안 분주했던 객
洛下十年奔走客
오늘은 초당에 신선처럼 앉아있네
草堂今日坐如仙

〈초당봉부자음草堂奉夫子吟〉

서울에서의 나그네와 전원에서의 신선으로 설정된 대비를 통하여 전원생활을 마치 별유천지에서의 신선놀음인 것처럼 미화하고 있다. 10년 동안 지속적으로 이루어진 서울에서의 타관 생활은 과거급제라는 욕망에 의거한 세속적인 집착의 세월이었다. 조급한 분주奔走를 10년간 지속하다 결국 초당에 돌아와 한적하게 앉아있는 현재의 남편을 욕망과는 초연한 신선으로 대비하여 읊은 것이다. '영친榮親'을 위해 과거에만 매달렸던 투철한 외적 지향이 '안빈낙도'적인 내적 지향으로 전환된 데서 느끼는 안분자족감을 전달해준다.

석양녘 자리 펴고 꽃그늘 속에 앉으니
夕陽離席坐芳陰
우거진 나무의 그윽한 새 울음 더욱 좋네
深樹幽禽又好音
탁주 석 잔에 노래 한 곡조

濁酒三盃歌一曲

청풍명월은 주인의 마음이라네

淸風明月主人心

〈여부자음與夫子吟〉

신혼 초 즐겼던 낭만적인 전원생활을 읊은 시적 정서가 이 시절에 이르러 다시 등장한다. 초당에 신선처럼 앉아 있는 남편은 곧 청풍명월과 같은 마음의 소유자이다. 과거 준비 때문에 서로 떨어져 살았던 그간의 세월을 보상하듯 한적한 전원에서 함께 하는 한가한 삶을 만끽하는 정서를 읊었다.

즐비한 초가집 절로 마을 이루니

比簷茅屋自成村

가랑비 뽕나무 삼나무에 내리는데 낮에도 문을 닫았네

細雨桑麻晝掩門

동네 어귀 복숭아 꽃 흐르는 물에 떠가니

洞口桃花流水去

문득 무릉도원에 몸이 있는 듯

却疑身在武陵園

〈촌거즉사村居卽事〉1

무릉도원에 비견하고 싶을 정도로 아름답고 편안한 시골 정경이다. 남원 시절 같으면 남편의 부재로 인해 아름다운 봄날의 경물에 접하면 오히려 마음이 아팠을 것이며, 봄날의 규원은 곧 상심한 춘

수春愁로 이어졌을 것이다. 그러나 남편이 함께하는 봄날의 정경은 춘흥春興을 일으키며 그 광경은 무릉도원에 있는 듯이 풍요롭고 안온한 정감을 느끼게 한다.

> 쓸쓸한 초가집 서너 칸
> 蕭然草堂三四間
> 그 위의 푸른 산은 보고 보아도 싫증나지 않네
> 其上靑山不厭看
> 게다가 꾀꼬리 있어 온종일 울어대니
> 又有黃鳥啼盡日
> 창 가득한 풍경에 주인은 한가롭네
> 滿窓風景主人閒
>
> 〈초당즉사草堂卽事〉1

쓸쓸하고 고즈넉한 시골 초가집에서 마주보이는 산은 온종일 보고 또 보아도 결코 염증나지 않고 좋을 뿐이다. 게다가 온종일 들리는 꾀꼬리 울음소리는 초당의 한적한 기운을 더욱 실감하게 한다. 그 속에서 창 가득한 풍경을 유유자적하는 주인이 있다. 시적 화자가 적막한 시골 초당에서 종일 푸른 산을 대면하고 있어도 염증나지 않고 꾀꼬리 울음소리 속에서 그 한가로움을 즐길 수 있었던 것은 바로 창 가득한 풍경을 한가롭게 즐기고 있는 남편(주인)이 함께 하기 때문이다. 쓸쓸한 시골의 초가는 삼의당에게 남편 존재의 여부에 따라 극도의 외로움을 줄 수도 있지만 그 한적함을 유유자적하게 향유할 수도 있게 한 것이었다. 이처럼 초당의 한적함을 향유하는 정서를 읊은 많은 시들이 존재한다.

객이 왔다가 머물지 못하고
客來留不得
홀연 저녁 틈 타 출발하네
倏忽乘昏發
가는 길에 헤맬까 근심하지 마오
歸路不愁迷
앞마을 산에 달이 떴으니
前村有山月

〈초당즉사草堂卽事〉9

사정상 머물러 묵지 못하고 어두운 밤길을 가야 하는 객에게, 근심함을 위로하는 정으로 바꾸어 읊은 정감어린 시이다. 산에 달이 있으니 비춰주고 있으니 무사히 그리고 외롭지 않게 가기를 바란 것이다. 세속을 잃고 사는 산 사람의 정감이 물씬 풍기는 시이다.

앞서 살펴본 바처럼 남원 시절에서는 자연적 경물이 아름다우면 아름다울수록 시절이 바뀌면 바뀌는 데서 더욱더 깊어지는 상사고의 상심을 토로했었다. 그러나 진안 시절의 시에서는 같은 자연의 아름다움 같은 계절의 변화를 두고서도 고통이 아닌 담락湛樂을 읊고 있다. 이는 남원과 진안의 경물과 계절이 달라서가 아니다. 같은 경물을 바라보고 계절의 변화를 바라보며 전혀 다른 종류의 정서를 느끼는 작가의 심리에 그 원인이 있다.

삼의당 문집 속에 있는 남원 시절의 시에서 진안 시절의 시로 넘어가면 그 정조가 급격하게 변하여 거의 단절적인 느낌을 가지게 된다. 농도 짙은 이별의 고통[別離苦]를 읊은 시가 갑자기 즉사 풍의 한적한 전원시로 바뀌기 때문이다. 이러한 급격한 시 세계 변화에 대하여 의구심을 가지지 않을 수 없다. 그들이 진안으로 이주하여 살면서 결코 사정이 좋아진 것은 아니기 때문이다. 진안으로의 이주는 앞서 살폈듯이 남원에서는 더 이상 살아갈 방도를 찾을 수 없어서 부득이 취한 선택이었기 때문이다. 또 진안 생활에서도 경제적으로 줄곧 어려웠다. 그 사실은 진안으로 이사한 지 3년 후에 시아버지의 상을 당했는데, 그때 빌려 쓴 초종初終의 장례비에 쓴 비용을 갚느라 고심한 이야기와 덧붙여 전하는 시에서 명백히 알 수 있다. 그러면서도 시적 정조가 '고통苦痛'에서 '한유閒遊'로 변화한 것은 무엇을 의미일까.

삼의당의 이성적인 의지를 담은 산문들을 참고하면 삼의당이 남원시절 지녔던 담락당 현달에의 집착은 상상을 초월할 정도이다. 때로는 남편을 위로하며 학문에의 권면을 애절하게 부탁하기도 하며, 공부에 집중할 수 없고 힘들다는 남편의 하소연에 준엄한 질책의 편지를 보내기도 했으며, 쌀을 팔아 머리털을 잘라 팔아 비녀를 내다 팔아 서울에 생활비를 보내주기도 하면서 공부에만 전념하고 집 걱정은 하지 말라고 당부하기도 했다. 신혼 초부터 이어진 이별 상태의 고통을 그토록 시 속에 절절하게 담아내면서도 남편과 주고받은 편지글들 혹은 남편과 관계되어 쓴 여러 산문들은 남편의 과거 시험 합격에 대한 열망 및 집념으로 가득 채워져 있었던 것이다. 그런 집념을 포기할 수 없었기에 남편과 이별해 사는 상태에서 내면적인 고통을 토로한 시는 상대적으로 더욱 농도 짙은 상사고로 전일했을 것이라 이해된다.

진안으로의 이주 결정은 담락당 현달에 대한 일종의 포기를 의미한 것이다. 더 이상 과거 준비에만 매달릴 수 없는 극단적인 현실적 한계에 봉착했기 때문에 담락당은 삶의 방식을 변화시킬 수밖에 없었다. 남편의 과거 급제에 인생의 모든 의미를 걸고 오직 그것에만 매달려 살았던 삼의당의 삶은 욕망, 집착, 좌절, 번민, 고독의 정서로 온통 채워져 있었음을 그의 시문이 보여준다. 그래서 남편 과거 급제에 대한 기대의 포기는 그 고통스러웠던 집착의 족쇄에서 오히려 풀려난 것 같은 해방감을 안겨다 주었을 수 있다. 허망한 희망을 가지고 남편급제에만 그토록 집착해왔던 지난 15년 세월을 뒤돌아보았을 때 삼의당이 느꼈을 염고厭苦는 충분히 짐작하고도 남음이 있다. 그러므로 집착을 떼어내고 남편과 함께 할 수 있었던 진안에서의 전원 생활은 비록 경제적 어려움에서 벗어날 수는 없었을지라도 현실적인 아귀다툼에서 빠져 나와 무릉도원 생활을 즐기는 것 같은 담락湛樂의 의미를 주었던 것으로 이해된다.

이러한 맥락에서 진안의 전원 생활을 무릉으로 비유한 〈촌거기사〉를 이해할 수 있을 것 같다.

> 나는 생각한다. 강산의 풍물은 오직 귀만이 들을 수 있고, 누대의 안개 끼어 흐릿한 달빛은 오직 눈으로만 볼 수 있다. 문 앞의 버들, 뜰의 꽃들이 무성하고 찬란하게 피어 있을 뿐인데 때때로 한 쌍의 아름다운 새가 뽐내고 지저귀며 날아다닌다. 산가山家의 이러한 광경을 붉은 칠한 문을 가진 화려한 집 안의 화류花柳 가운데서 말한다면, 혹시라도 무릎을 치며 탄

> 성을 지를 자 있을까. 자연에는 원래 주인이 없다. 오직 눈길 주는 자가 맡아 다스릴 뿐이니, 이러한 진경을 번화한 곳에서 분주하게 사는 사람에게 양보하여 줄 수야 있겠는가. 동자야, 속객을 맞이하여 무릉도원에 이르는 일 없도록 하여라. 어부가 일단 다녀간 뒤로는 다시 옛 모습을 찾을 길 없었느니.[38]

진안에서의 전원 생활을, 번잡했던 남원에서의 생활과 비교해, 속세를 떠난 선계의 삶 같다고 말하고 있다. 이는 그 동안 지녀왔던 세속적인 욕망 즉, 남편의 과거에 합격에 대한 집착을 벗겠다는 의미로 해석할 수 있다. 무심무욕의 전원 생활을 속객으로 하여금 오염시키는 일 없도록 하기 위해서 속객의 방문조차 거부하자는 표현은 남원 생활에서 겪었던 욕망으로 인한 고통에 대해서 강한 염오감을 표백한 것으로 읽힌다.

그래서 부부가 앉아있는 초당은 별유천지요 자신들은 마치 신선 같다(〈초당봉부자음〉)고 읊기도 했으며, 그들이 살고 있는 마을을 무릉도원이라 표현하기도 했으며(〈촌거즉사〉), 봄 여름 가을의 경물에 접해서는—남원 시절에서는 계절의 변화에 따라 배가되는 상사의 한을 읊었지만—한적한 전원 생활에 만족해하는 정감을 정갈하게 표현하였다. 같은 경물을 대하는 삼의당의 정서가 상심傷心에서 한정閑情으로 변한 것이다.

---

38 余惟曰 江山風物惟耳可聞 樓臺煙月惟目可覩 只是門前柳 庭上花 依依灼灼 時 有一雙嬌鳥 得意啼上下 山家此光景 爲向朱門花柳中說道 則其或有擊節歎賞者耶 造物元無主 惟是觸目者管領 則肯將眞境界 讓與繁華奔走之人耶 童子莫迎俗客 至武陵園桃花 漁舟者一去後 無復舊樣子.

이러한 시적 정서의 변모는, 일차적으로 부부간의 오랜 이별 상태가 종결되면서 규원을 표현한 원인이 제거되었기 때문이라고 볼 수 있다. 진안으로 이주한 이후로 더 이상 규원시가 나오지 않은 것도 이를 반증한다. 그러나 상사적 규원은 사라졌다 할지라도 슬픔이나 분노 막연한 그리움 같은 감상적 정서는 얼마든지 표현할 수 있는 문제이다. 그런데 진안으로 이주한 이후 지은 초기 즉사시는 한적한 담락을 표현하여 남원 시절의 규원시와 정서적으로 큰 대조를 보일 뿐이다. 정서적인 갈등이나 원망은 삼의당의 시에서 더 이상 보이지 않는다.

앞서 살폈듯이 남원 시절 김삼의당은 오로지 남편의 과시 합격에만 집착해있었으니, 그것이 오히려 심적인 억압으로 작용했을 수 있다. 절제되지 않은 과잉된 감정을 규원시에 담은 것도 그 심리적 억압이 가져온 반작용으로 이해된다. 그러다가 그 집착의 견인력에서 풀려나 남편과 함께 새로운 삶을 시작하면서 그야말로 모처럼 맛보는 이완된 평범한 생활에서 편안한 감동을 느꼈을 것이고, 그런 상태를 무릉도원의 신선적인 삶이라고까지 은유했던 것이다.

그러나 이처럼 안온한 정서적 담락은 오래 지속될 수 없었다. 생활고는 심각했고 가까운 친족들이 연이어 죽는 불행을 겪었다. 그런 까닭에서인지 안온한 한정을 읊은 시들은 진안 생활 초기에 집중적으로 나오며, 사대부들과의 친분 관계를 중시한 시들이 나오고, 담락당 오형제의 효성을 칭송한 시 등 전원적 정서를 읊은 것과는 다른 목적시들도 등장하며, 심지어는 극빈을 표현한 〈무제無題〉[39]라는 시

39 朝夕入廚下 廚下乏甘旨 剪髮非爲賓 堂上有父母.

까지 등장하여 그 생활고를 적나라하게 표현하였으며, 결국 회시에 임하기 위해 서울로 떠나는 남편을 전송하는 시를 짓는 것을 마지막으로 삼의당의 문필은 종말을 고했다.

4 삼의당 유고의 여성 문학적 의미

삼의당 유고를 완독하면 삼의당 삶의 면면과 그녀의 희망 고통 좌절을 절절하게 이해할 수 있게 된다. 삼의당의 '문학'보다도 그녀 삶의 '비운'이 더 강한 인상으로 남는 것이다. 이는 삼의당의 시문들이 그녀 생활 면면의 편린을 가감 없이 생생하게 담고 있어, '문학'적인 의미뿐만 아니라 '실록'적인 의미로도 충분히 읽혀질 수 있게 한 때문이다. 삼의당 유고가 지니는 독자성과 의의도 바로 이러한 특성에서 찾을 수 있다.

삼의당은 기질 강한 여장부형 여성이면서 동시에 강한 식자 의식의 소유자였던 것으로 판단된다. 그래서 욕망을 조절하기보다는 그대로 드러내는 시문을 기록했지만(남편의 과거급제를 향한 집착과 규원의 직설적 유로), 다른 한편으로는 인생사를 주체적으로 인지하고 해석하고 관조하는 식자적 태도를 견지하고 시문에 반영했다. 강한 욕망과 식자 의식이 그녀 삶의 견인차였으며 그녀 시문의 원인이었다.

문제는 그 남다른 욕망과 식자로서의 자의식이 출구를 찾을 수 없었다는 데 있다. 신분 상승에 대한 욕망이 남편을 통해 투사되고 남편의 과시 합격을 당면한 인생 목표로 설정했다. 그래서 삼의당이 남편보다 우위에 서서 남편을 격려하고 권면하고 책망하고 원망도 했지만, 실제로는 남편이 삼의당의 삶에 희망과 분노와 절망을 가져다주며 삼의당의 삶을 지배하고 말았다. 대사회적인 관계가 완전히 차단된 조선조 여성 삼의당은, 남다른 성취욕을 남편을 통해 충족하고 싶었지만, 남편은 삼의당이 원하는 만큼 나아갈 수 없었고, 그런 남편의 출처出處가 곧 삼의당 삶의 경계일 수밖에 없었다. 여성인 삼의당으로서는 극복할 수 없는 한계였으며, 어쩔 도리 없는 여성적인 비애였다.

조선조 후기 야담집에는, 재능을 가진 주체성 강한 여성이 남편(남성)의 배후에서 남성을 지시하고 조종하여 신분상승을 꾀하는 여성 신분 상승담[40]이 출현한다. 이들 여성담에서는 남녀(부부)관계에서 여성이 남성의 우위에 있으며 여성의 능력 또한 남성보다 우위이다. 그래서 극단적인 경우는 사회적 실현 능력이 없는 비범한 여성이 그녀의 인형인 (무능한) 남성을 사회적 얼굴로 세워 자신의 욕망을 달성하는 것이다. 이는 비범한 여성 성취 욕망의 상징이며, 동시에 당대 여성이 처한 현실적 비애를 드러낸다. 남성(남편)을 통해서만 사회를 접할 수밖에 없었던 여성의 원래적인 결핍을 상상적으로 원망 충족한 것에 불과할 뿐이다. 삼의당 유고집은 야담집 소재 신분 상승담의 여성적 현실을 실제로 확인시켜주는 면모가 있다. 현실의 좌절은 상상적인 원망충족으로 승화되어 야담으로 형성되었으리라.

---

40 본 책 3장의 내용 참고.

이상에서 살펴본 바와 같이 삼의당 유고는 문예적 저작으로서의 의미 이외에 조선조 말기 향촌의 한 몰락 양반가 생활사를 그대로 드러내 보여줌과 동시에 성취욕 강한 비범한 조선조 여성의 삶의 비애를 사실적으로 보여주는 실록적인 의미를 지니고 있다.

6장

•

〈포의교집〉 여성인물 초옥의 정체

1 문제 제기

1866년 이후에 쓰인 것으로 추측되는[1] 〈포의교집布衣交集〉은 1864년부터 1866년 6월 사이의 서울을 배경으로 삼아 몰락 양반 이생과 평민 부녀자 초옥의 사랑과 결말을 그린 애정전기소설愛情傳奇小說이다. 한문 문어체로 기술되었고, 주인공들이 내면적인 정서를 표출할 때면 작시하여 표현하는 삽입 시가 빈번하게 등장하며, 역설적이긴 하지만 애정의 주체인 남녀주인공이 형식적으로는 재자가인才子佳人인 점 등, 애정 전기 소설로서의 요건을 비교적 충실하게 갖추고 있다. 그러면서 동시에 당시의 세속적인 정황을 리얼하게 보여주는 야담 소설적 특성 또한 강하다. 서양 문명이 들어오기 시작하는 시점에서 전기 소설의 말미를 장식하면서 동시에 그 시대의 사회사적인 상황을 사실적으로 반영하고 있어 형식상으로도 내용상으로도 무척 독특한 소설 작품이다.

이 작품이 조선조로서는 무척 파격적인 유부남 유부녀의 사랑을

1 김경미·조혜란 역주, 『19세기 서울의 사랑』, 도서출판 여이연, 2003, p.21.

그린 애정 전기 소설이므로 그동안 이루어진 연구들은 대부분 남녀 주인공의 사랑에 논지 전개의 초점을 맞추었다. "19세기의 유흥적 세태를 소재로 하여 전기 소설의 애정 주체를 현실적인 방향으로 발전시킨 작품"[2]이다, "기혼 남녀의 사랑이라는 사회적 금기와 인간의 기본적 애정 욕구는 양립할 수 없는 관계로 설정"[3]했다는 등, 전기 소설의 계승과 변용 측면에서 사회적 금기와 자아의 대립으로 사랑의 의미를 이해한 관점이 지배적이다. 특히 개성적인 캐릭터 초옥의 인물 형상화에 관심은 더욱 집중되었다. "문제는 조선시대의 하층 여성인 초옥이 하층 여성답지 않고 자의식을 가지고 남자와의 관계에서 독립된 인격체로 인정받고자 하는 데 있었다."라고 하여, 초옥은 중세적인 이미지의 조선조 여성은 이미 아니며, "사회에서 인정하는 가치에 우선하는 개인의 욕망이 소설 속에 등장하게 된 것"[4]이라고 보기도 하였다. 이 연구들은 기본적으로 주체성 강한 근대적인 여성상 초옥과 중세적 금기와의 대립 구도로 소설의 의미를 파악한 것이다.

그러나 필자는 초옥이 주체성이 강한 여성임은 분명하지만 그 주체성을 '근대적 여성상'의 근거로 평가하는 것은 무리라고 생각한다. 초옥의 유아독존적이고 과격한 주체성에는 그것을 지탱해주는 강한 이념이 있다. 이생과의 만남에 대한 초옥의 의미 부여, 죽음까지

---

2 이승복, 「한문소설 〈포의교집〉의 인물 형상과 소설사적 의의」, 『규장각』21, 1998, (권도경(2003), p.154에서 재인용).

3 신상필, 「〈포의교집〉 연구」, 『한문학보』3, 우리한문학회, 2001, p.429.

4 조혜련, 「〈포의교집〉 여성주인공 초옥에 대한 연구」, 『한국여성고전문학연구』, 한국여성고전문학회, 2001, p.211.

도 불사한 한 이생에 대한 집요하고 맹목적인 사랑, 그리고 끈질겼던 이생에 대한 애정을 단번에 종결할 수 있었던 또 다른 저력은, 초옥이 인생목표로 삼았던 포의지교布衣之交라는 지극히 고전적인 이념에서 말미암은 것이었다. 그런데 그 고전적인 이념은 근대성과는 상반되며 초옥의 강한 개성과 아집은 객관성도 합리성도 결여하기 때문이다.

필자는 〈포의교집〉에 내재한 중층적인 양면성의 결합이 바로 본 소설의 구조적 장치이며 주제적인 함의라고 생각한다. 다루고 있는 시대적 배경이 '양풍洋風'이 들어오기 시작한 신구 교차인 점도 그렇지만, 초옥이라는 인물에 내재되어 있는 개성과 고착의 양면성, 초옥과 이생 사랑의 평행선적 양면성, 초옥의 주관적 자기 판단과 일반적인 객관적 평가의 양면성(즉, 정행貞行과 추문醜聞) 그리고 결국 소설이 귀결하는 포의지교 의미의 양면성 등을 지적할 수 있다.

그런데 본 소설이 애정 소설인 만큼 이러한 양면성의 결합은 남녀 주인공 애정 문제를 중심으로 표출된다. 따라서 필자는 남녀 주인공이 벌이는 애정 행각의 진상을 분석하여 이 소설의 진정한 의미라 할 수 있는 초옥 캐릭터의 정체를 파악할 것이다. 본 연구는 한편으로는 기존 연구에 힘입은 바가 크지만, 초옥의 강한 개성에 매몰되어 그 내면적인 복잡성을 간과하고 초옥을 근대적인 여성상으로 간주했던 논지들에 문제 의식을 제시하면서 시작한다.

2 초옥과 이생 관계의 실상

〈포의교집〉은 선비 이생과 하층민 유부녀인 초옥 간의 사랑 이야기로 양반 유부남과 하층민 유부녀의 사랑을 다루고 있는 점에서 색다르다. 선비와 하층 여성의 사랑은 고전 작품에서 끊임없이 회자되던 흔한 소재이지만, 남편 있는 여성이 자신의 현실적 처지를 도외시한 채 양반 유부남과의 사랑에 몰입하는 것을 그린 점은 무척 파격적이다. 그러나 무엇보다도 초옥이라는 하층 유부녀가 선비와 간통하는 너무도 명백한 불륜을 행하면서도 그 사랑의 행각에 조금도 거침이 없으며 오히려 당당한 태도를 보이는 초옥의 사랑 인식과 그 방식이 가장 파격적이다.

그런데 유부남과 유부녀는 함께 격정적인 사랑에 빠졌으면서도 사랑의 시작에서부터 종결에 이르기까지 상호간 일종의 불일치 상태에 있었다. 그 둘은 사랑에 대한 인식과 접근 방법이 상호간 일치한 적 없었으며,[5] 그런 실상이 분명하게 드러나자 출발에서부터 추

---

5 권도경은 이 소설의 비극성을, 사랑하는 사람을 부정한 하층 여성의 전형으로 몰아넣는 한이 있더라도, 사족 남성으로서의 체통을 유지하고자 하는 '계층적 편견'과 처음에는 신의로 맺어졌지만 그 계층적 편견을 극복하지 못한 이생의 '변심'에서 찾았다(「포의교집의 애정갈등과 비극적 결말의 현실적 의미」, 『국어국문학』132, 국어국문학회, 2003). 그러나 그 둘 사이의 사랑에 있어서 '계층적 편견'이 구체적으로 문제된 적은 사실상 없었다. 초옥을 성적 대상으로 접근한 것과는 무관하게, 이생은 초옥을 자신보다 우월한 존재로 인식하고 있었다. 이생의 '변심'이 그들 사랑의 비극을 초래한 것은 더더욱 아니다. 작품 분석 과정에서 밝혀지겠지만, 초옥에 대한 이생 사랑의 관점은 오히려 시종여일했기 때문이다. 그들의 사랑이 비극으로 끝난 것은(사실 이생에게는 비극적이지도 않다), 본질적으로 사랑을 추구하는 목적과 방식이 서로 달랐던 점에 있다. 그들은 각자 다른 목적을 가지고 사랑을 시작했으

동력을 발휘했던 초옥이 또 분명하게 끝낸다. 본 단락에서는 우선 이생과 초옥이 이루는 관계의 실상을 분석하여 밝히는데 초점을 맞추고 초옥에 대한 이생의 사랑과 이생에 대한 초옥의 사랑을 각자의 관점에서 분석하겠다.

1) 이생의 초옥 인식

남 주인공 이생은 가난하고 재주도 없지만 풍류 즐기는 것에는 열중하는 불성실한 양반 선비로 이미 불혹의 나이도 넘긴 호서지방 사람이다. 그러면서도 권세 있는 자에게 빌붙어 청운의 꿈을 이루고자 하는 속물적인 야심을 가진 위인으로, 동향 사람 장진사가 서울 남촌 죽동 장 승지의 양자로 들어가 살자 그곳 외사랑外舍廊의 서헌西軒에 기숙해 살고 있는 실정이었다. 그곳에서 그는 행랑채에 세 들어 살고 있는 평민 양씨의 새 신부 초옥을 본 순간 그녀의 빼어난 미모에 첫눈에 반해서 춘정을 이기지 못한다. 작품에서 '춘정春情'이라고 표현했듯이, 그가 초옥에 대해 품었던 마음은 애초부터 일반 남성들이 여성의 미색을 보고 지니는 성적 욕망의 범주를 벗어나지 않았다. 그리고 이런 인식 및 태도는 작품 처음부터 끝까지 지속된다. 그 전말을 살펴보자.

이생은 초옥의 외모를 보고 첫 눈에 반했지만 추상처럼 차가운 그

며, 상호간 상대와의 사랑을 통해 추구하는 목적이 끝까지 달랐다. 그러므로 그들 애정의 파탄에 대해서는, 무능하고 속물적인 이생에게만 그 책임을 전가할 것이 아니다. 지나치게 이념적이고 아집적인 초옥의 인식과 사랑 방식에도 반절의 책임은 있는 것이다.

녀를 바라보면서, '내 나이도 적지 않을뿐더러 집안에는 젊은 아내가 있는데 객창 생활이 아무리 외롭다 한들 어찌 화간花奸을 생각이나 할 수 있을까'[6]라며 마음을 접는다. 아름다운 여성을 보고 객창에서 위안을 삼을 수 있는 성적 대상으로 부질없는 환상을 품어 봤지만 그 실현은 현실적으로 불가능하다고 판단하고 마음을 접은 것이다. 초옥의 미모에 반한 이생의 탐심은 특별한 것이 아니었다. 일반 남성들이 초옥을 보면 일반적으로 품었을 성적 욕망과 다름없었다. 그러기에 포기하는 것도 어렵지 않았다.

초옥과 이생은 서로를 인정한 순간부터 열애에 빠져 몰입하지만 초옥에 대한 이생의 기본적인 태도에는 변함이 없었다. 초옥처럼 목숨을 걸고서라도 그 둘의 관계를 지키겠다는 신념을 가진 적이 없었다.

과거 시험을 치른 후 이생은 고향 생각을 하게 되는데 같은 자리에 있던 성생成生이 이생에게 "별도로 집 하나를 마련해서 초옥을 거두는 것이 옳다."라고 말한다. 초옥이 행랑채에서 평생토록 살 인물이 아니며 그녀를 보고 침을 흘리는 자들이 많아 봉변을 당하기 십상일 우려 때문에 충고한 말이었다. 그러나 이생은 "가난해서 그럴 수 없다.", "아내는 젊고 자식도 없는데 그녀를 어디에 쓰겠느냐?"고 대꾸한다. 초옥의 입장이나 이생을 향해 지니고 있는 그녀의 열망을 진심으로 배려하고 고민하는 태도는 조금도 없이 이생 자신의 처지만을 생각한 지극히 무책임하고도 이기적인 대답이었다.

---

6 李生亦看氣色 冷落秋霜 而非但年紀不少 且家有少妻 雖在旅館之寒燈 何可念及花奸哉.

뒤이어 이생은 과거에 낙방하고 고향을 향해 이삼일 일정을 가다가 평소 초옥에게 마음을 두고 집요하게 기회를 엿보고 있던 장 진사의 조카 중약仲約을 길에서 만난다. 그는 이생을 앞에 두고서 "이번에 가면 반드시 초옥을 얻고야 말겠소."라고 도발적으로 말하는데 그에 대해서 이생은 "행랑채에 들어 있는 물건인데 뭐 어려울 것 있겠소."[7]라고 심드렁하게 대꾸한다. 이유인 즉, "중약은 부유하고 젊으며 재주와 생김새 또한 초옥의 기대에 부합하리니 필시 그가 차지하게 될 것"이라고 여겼기 때문이었으니, 자신의 기준치에 따라 현실적으로 생각한 결론이었다.

그해 11월(헤어진 것은 7월이었음)에 이생은 다시 상경하여 안동安洞 민궁閔宮에 머무르게 되었는데 초옥에 대한 생각이 없는 것은 아니었지만 이미 중약과 관계했으리라고 의심하고는 찾지 않는다. 그런지 거의 20일 후에 장 진사를 길에서 만나 죽동竹洞의 그 집으로 이끌려 들어간다. 그 자리에는 사선士先과 중약도 있었는데 "양파의 마음이 이미 아형을 떠났는데 어떻게 생각하느냐?"는 농담 어린 질문을 받자, 이생은 그 즉시 "길가의 우물을 혼자만 마시겠소? 더구나 본디 내 물건도 아니었는걸."[8]이라고 대답한다. 초옥을 진정으로 사랑하고 신의를 지키고자 하는 마음이 조금이라도 있었다면 차마 입에 담지 못할 표현이다.

이후로도 중약이 초옥의 문제로 압박하면 이생은 그때마다 초옥을 '누구나 소유할 수 있는 성적 대상물'로 취급함으로써 의도적으로

---

7 入廊之物 何可難也.

8 路邊井甃 豈可獨飮 況本非我物乎.

초옥의 존재를 비하한다. 이미 중약과 초옥의 관계가 성사되었음을 전제하고 신경질적인 자괴감이 앞서 나온 반응이었지만 이생은 기본적으로 자신의 안위가 우선이었으므로 필요에 따라서는 제 삼자 앞에서 초옥을 누구나 '소유할 수 있는 성적 대상물'로 반복해서 폄하한 것이다. 그러나 만약에 중약이 이생이 신세지고 있는 장 진사의 조카가 아니었다면 앞서 발뺌하거나 또 순순히 초옥을 포기하려 하지 않았을 가능성이 크다.

그러기에 이생은 초옥이 이미 그리고 틀림없이 중약에게 넘어갔으리라고 오해하면서도 다른 한편으로는 "초옥이 비록 중약과 간음했다 한들 나와 영원히 절연할 이유야 없지."라고 정리하고서, 다시 초옥을 유인하여 밤마다 만난다. 둘 사이의 이 같은 만남은 결국 남편에게 발각되고 한바탕 소란을 치룬 후 초옥은 죽기를 결심한다. 계속되는 실패에도 불구하고 초옥은 필사적으로 자결을 시도한다. 그러자 남편의 부친 노양老楊이 장 진사에게 이생을 불러 초옥을 진정시켜 달라고 부탁하고 결국 그 집안 하인인 씨동氏同을 통해 소식을 전한다. 그 전말을 들은 이생은 난감해하며 "그녀의 뜻이 그처럼 견고하다면 내가 간들 무슨 보탬이 되겠느냐."며 일차 발뺌하고 싶어 한다. 그러나 결국 같이 죽동을 향해 가면서 이생에 대한 죽동 사람들의 원성이 높다는 씨동의 말에,"양파와 간통한 자가 나뿐만이 아니다. 네 주인댁 작은 도령(중약)도 간통한 사이다."라며 구차하고 비겁하기 짝이 없는 변명을 한다. 이 말을 들은 씨동은 어이없어 하면서 오히려 초옥의 일편단심을 변호한다. 이생은 초옥을 진심으로 근심하고 그녀를 옹호하기보다 자신의 처지가 난감해지는 것을 피하기 위해 변명을 일삼고 심지어는 하인배에게조차 초옥을 공적인 성적 대상물로 비하할 정도로 신의 없고 이기적인 인물이었다. 이생에게 초옥은 성적으로 탐나는 대상일 뿐으로 그녀로 인해서 자신에게 불리하고 불편한 일이 생기면 언제든지 놓을 수 있는 마음의 준비가 항상 되어있는 것이었다.

초옥이 소생하자 안달이 난 중약은 급기야 사선에게 이생으로 하여금 초옥과 다리를 놓게 해달라고 부탁한다. 사선은 '중약이 그녀의 미색을 사모하여 생병이 났다. 아형이 아니면 양파의 마음을 움직일 수 있는 자는 없다. 아형이 한번만 입을 열면 평생의 원을 풀어줄 수 있을 것'이라고 간절하게 부탁하자 이생은, "이미 먹어놓고 또 왜 나를 부리는 것이오."[9]라고 냉소적으로 대꾸한다. 초옥이 이미 중약과 심각한 사이일 것이라고 이생은 굳게 믿고 있었던 것이다. 이에 사선은 사실은 둘이 관계하지 않았다는 진상을 밝히자 이 말을 들은 이생은 빙긋이 웃는다. 이후로도 사선과 중약이 하루도 쉴 새 없이 중매해주기를 졸라대자 이생은 마침내 초옥과 만나 놀다가 중약의 청을 언급하기에 이른다. 이 이야기를 들은 초옥이 정색을 하며 '장난하는거냐 아니면 진실이냐'를 묻고, 자신이 실수했다는 것을 눈치 챈 이생은 "물론, 장난이지."라며, 얼버무린다.

이상에서 살펴본 바처럼, 이생은 초옥과의 관계에서 진정한 사랑이나 신의를 중시한 적이 없었다. 그녀를 진정 사랑하여 목숨을 걸고서라도 지키고 책임지겠다는 의리심이 애초부터 이생에게는 존재하지 않았다. 초옥을 성적으로 탐하면서도 자신의 안위가 늘 먼저였고 그에 따라 스스로의 안전을 위해 적절하게 처신했을 뿐이다. 심

---

9 旣餐之色, 又何使我.

지어 그가 중약의 압박과 청을 거절하지 못하고 초옥을 그에게 내어 주려고까지 한 것은 무엇보다 자신의 안전과 이익을 우선시한 데 있다. 그가 초옥을 진정으로 아끼고 신의를 지키려 한 인물이었다면 다른 남성과의 대화에서 초옥을 보편적인 성적 대상물로 함의하는 비속한 용어를 사용하지 않았을 것이며 초옥에 대한 다른 남성의 성적 욕망을 그처럼 쉽게 인정할 수도 없었을 것이다.

이생은 기본적으로 초옥을 성적 대상으로 욕망하는 일반 남성들 중 한 사람에 지나지 않았다. 오히려 초옥의 주변 사람 가운데 그 누구보다도 초옥의 진정성에 대해 이해가 모자랐던 인물이다. 주변 인물들은 모두 초옥이 이생에 대한 신의를 저버리지 않을 것이라는 사실을 알고 있었지만 이생은 그런 사실조차 인지하지 못했던 둔하고 저급한 인간이었다. 이생은 그의 입장에서 보자면 복에 겹게도 초옥에게 성적으로 선택받은 것이었고 그 성적인 관계를 요량하여 유지했음에 불과했다. 중약의 집요한 압박에 초옥을 누구나 소유할 수 있는 천한 성적인 대상물로 취급했고 그러면서도 자기 편의에 따라서 관계를 끊지 않고 유지했다.[10] 초옥이 죽음까지도 불사하고 이생

---

10 이생의 흐릿하고 속물적인 근성은 소설의 끝 부분에서도 결정적으로 보인다. 이생에 대한 초옥의 실망을 끝으로 산 같던 정도 눈 녹 듯 구름 흩어지듯 사라져 다시는 결합하기 힘들게 되었고 이생도 고향으로 내려간다. 그런데 그 다음 해 민비가례가 치러질 즈음 이생은 상경하여 민궁에 머문다. 그러면서 이생은 옛 버릇대로 아름다운 기생이나 불러 놀 속셈으로 예조에 갔다가 민비가례를 치르기 위해 여령(女伶)으로 동원된 초옥과 조우한다. 이생은 결국 민궁 청지기 상진(尙眞)의 위세를 빌어 그녀를 여령 명부에서 빼주는 큰 은혜를 베푼다. 일당과 함께 민궁에 돌아가 식사를 마친 후 함께 산책하던 중 이생은 초옥에게 영산홍 한 가지를 꺾어주며 초옥이 처음 봉선화를 꺾어 이생 앞에 던졌던 일을 추억한다. 그리고 "그대가 나와 더불어 이 꽃처럼 영화롭게 된다면 어떠하겠느냐"고 묻는다. 모든 것이 종결지어진 시점에서도 이생은 초옥에게 다시 한번 수작해볼 마음의 여유를 가질 수 있는 인물이었다.

과의 관계를 유지했던 것과는 대조된다. 이생은 이처럼 무책임하고 무능력하고 신의 없고 초라한 부유腐儒일 뿐이었다. 그러나 초옥에게 있어서 이생은, 그에 대한 진상을 파악하기 전까지는, 그녀가 염원하던 남성상이었다. 그러면 이생에 대한 초옥의 인식과 그 의미를 살펴보도록 하겠다.

2) 초옥의 이생 인식

초옥은 재색을 겸비한 17세의 젊은 부녀자로 본래는 남영위궁南寧尉宮의 시비였다. 궁 밖에 사는 한 미소년이 그녀를 염모했으나 초옥이 냉담하게 반응하자 끝내는 상사병이 들어 죽고 말았다. 그런데 그 미소년의 원혼이 나이 든 한 궁녀에게 붙어 발광케 한 나머지 밤낮으로 초옥을 두들겨 패는지라 강가로 피신하였는데 남편의 부친인 노양老楊이 그녀를 속신하여 아들과 혼인시킨 지가 겨우 일 년이 된 상태였다. 경국지색으로 일컬어질 만큼 뛰어난 미모의 소유자여서 뭇 남성들에게 욕망의 표적이 되었지만 초옥의 반응은 늘 냉담하였다. 그런데 뜻밖에도 이생의 어떤 행동을 보고 반하면서 이생과의 사랑을 시작한다.

초옥이 이생에게 특별한 호감을 가지고 사랑하게 된 것은 실로 우연한 의외의 사건 때문이었다. 이생이 거처하고 있는 서헌西軒에서는 밖에 있는 우물이 바라다 보이는데 그곳에 오가며 물 긷는 자들이 무엄하게 담배 피우고 떠들어대는 것을 참지 못한 이생이 급기야는 그 가운데 몇 사람을 잡아들여 큰소리로 꾸짖고 매를 때렸다. 이 같은 일이 몇 차례 반복되자 행랑채에 사는 사내들도 감히 중문 가까이 접근하는 일이 없게 되었다. 이생의 이러한 행동을 목격한 초옥은 '진정한 양반이다. 물 긷는 자에게 호령하는 것을 보니 선비의 기상이 아니라면 어찌 저 같을 수 있을까', '틀림없이 문장도 잘할 것이다'[11]라며 그에게 반한다. 그 결과 초옥은 이생의 가벼운 수작에도 걷잡을 수 없이 경도된다. 이생의 위 같은 행동을 보고 다른 사람들은 모두 신경질적인 반응으로만 여겼는데, 초옥은 왜 선비의 기상을 지닌 진정한 양반이고 문장도 잘할 것이라고 단정하게 되었을까. 초옥 스스로가 이생에게 밝힌 내용을 참고하여 종합해볼 수 있다.

> 저는 문장하는 선비를 만나 일생동안 주야로 담론하며 살 수 있기를 진실로 원했습니다. 그런데 일이 크게 어그러져 그렇게 되지 못했으니, 비단을 택하려다 베를 만난 격이어서 이처럼 유락하게 되었습니다. 그런데 다행히도 낭군을 만나 제가 온축한 기량을 다 보이고 싶어 은미한 시구를 대략 보였는데 낭군께서 비루하다 여기지 않으시고 흉금 털어놓는 것을 허락하시니 이 같은 만남의 감격스러움을 이길 수 없을 뿐입니다.[12]

초옥이 평소 마음에 두고 있었던 이상적인 남성상은 자신과 담론이 가능한 '문장에 능한 선비'였다. 그런데 '일이 어그러져 비단을 택

---

11 楊婆曰眞兩班也 今觀號令於汲漢 若非士夫氣像 豈可如是耶. … 必文章也.

12 妾情願得一文章之士 晝夕談論 以送一生矣. 事乃有大謬不然者 擇錦而逢布 如是流落 幸逢郎君 欲罄所蘊 故示微章 郎君不以妾卑陋 遂許胸襟 妾不勝感激 如是相會耳.

하려다 베를 만난 격'으로, 담론이 가능한 선비와의 만남을 열망하며 궁밖에 사는 미소년의 간청도 거절했건만 결국은 일자무식한 남편에게 팔려와 살게 된 것이다. 이생이 호령하는 모습을 보고 초옥은 대번에 그에게서 추상 같은 선비의 참된 기상을 읽었고 이런 선비라면 문장도 잘 할 것이라고 예단한다. 자신과 담론이 가능한 문장에 능한 선비의 이상적인 상을 이생에게서 발견한 것이다. 더 나아가 이생을 자신과 동병상린적인 처지에 있다고 판단하여 지음인으로서 각별한 애정을 느낀다. 초옥이 이생의 첫 수작에 넘어가 그를 진정한 선비로 여기고 봉선화 꽃가지를 이생 앞에 던졌는데, 그 뒤 이생을 만나 그 의미를 설명하는 대목이다.

> 이 꽃의 붉고 어여쁜 자태는 사람들이 아낄 만합니다. 그러나 궁궐의 정원에 생겨났다면 공자·왕손들이 감상할 것이고, 장안에 생겨났다면 이름난 공경대부들이 즐길 것이며, 촌마을에 생겨났다면 마을의 아이·목동들이 꺾을 것입니다. 똑같이 향기로운 꽃이지만 혹은 귀인의 사랑을 받고 혹은 촌 목동의 사랑을 받으니, 생겨난 곳이 다르기 때문이 아니겠습니까. 이 때문에 애석한 것입니다. 사람의 태어남도 이와 유사합니다. 왕도王都와 가까운 곳에서 태어난 자는 반드시 과거에 급제하여 귀하게 되니, 어찌 재주와 덕이 뛰어나서이겠습니까. 시골구석에서 태어난 자는 반드시 빈천하고 우활하게 되니 어찌 정성이 못 미쳐서이겠습니까. 여자도 마찬가지입니다. 사대부 집안에서 태어난 자는 한아한 숙인淑人이 되고, 필부 집안에서 태어난 자는 반드시 용렬한 조강지처가 되니, 어찌 생

> 김새와 덕이 미치지 못해서이겠습니까. 처지가 그래서입니다. 이 때문에 제가 이 꽃의 아름다움을 보고 낭군의 성실함을 애석해했으며 낭군의 성실함을 애석해하면서 저의 천함을 탄식하였습니다. 꽃도 애석하고, 낭군도 애석하고, 저 또한 애석합니다. ... 그래서 그 꽃을 꺾어 바쳤으니, 저의 심곡을 하소연한 것이기도 합니다.[13]

봉선화 꽃, 초옥, 이생의 유사성을, 미모, 재능, 성실성을 갖추고 있으면서도 주어진 처지의 불리함 때문에 그 진가를 인정받지 못하고, 귀하게 되지 못하고, 현달하지 못했음에서 찾았다. 진정한 선비이고, 그래서 당연히 문장에 능할 것인데도 포의布衣에 머물러 있는 이생은 틀림없이 자신과 마찬가지로 주어진 처지로 말미암아 뜻을 이루지 못한 것으로 본 것이다. 자신과 담론이 가능할 것 같은 문장에 능한 선비인데다 그 불운한 처지마저 유사하여 동병상린하며 더욱 상득相得할 수 있으리라 여기고 이생과의 '기우奇遇'에 감격한 것이다. 서로의 불행이 서로에게 환희로 다가오는 것처럼 느껴지는 감동적인 표현이다.

이러한 이야기를 이생에게 설파한 후 얼마 지나지 않아 초옥은 고

---

13 此花嫩紅芳姿 令人加愛 而生乎宮苑 則必爲公子王孫之賞 生乎戚里 則必爲名公巨卿之娛 生乎閭巷 則必爲村童牧竪之折也 同是芳香 而或爲貴人之愛 或爲村牧之愛 豈非所生之地異耶 是以可惜也 人之生亦類是也 近於王都者 必登科成貴 豈才德之有勝哉 生乎遐鄕者 必貧賤迂闊 豈精誠之不逮哉 女子亦然 生乎士夫宅者 必爲閒雅之淑人 生乎匹夫家者 必爲糟糠之庸婦 豈貌德之不相及哉 使處地而然也 是以 妾看此花之美 而惜郎君之誠 惜郎君之誠 而歎女子之賤也 故花可惜 而郎亦可惜 妾亦可惜也 … 故折而獻之 又訴妾之心曲也.

체시 두 수가 쓰인 화전花箋을 던져주고 간다. 첫째 시는 화려한 일락을 일삼는 일반 귀공자들의 삶을 지향하지 않고 고명함을 취하고 현묘함을 숭상하는 것으로 이생을 비유하였고,[14] 두 번째 시는 바위 위의 오동나무를 옥도끼로 잘라 칠현금을 만들어 한 곡조를 탔건만 온 세상에 지음하는 자 없어 광릉산곡이 천고에 인멸해버렸다[15]는 내용으로, 두 시 모두 지음인에 대해 자신이 그간 가졌던 갈망을 표현한 것이었다.

시로서는 대답할 자신이 없는 이생은 옥지환 한 쌍과 청심환 다섯 개 소합원蘇合元 열 매를 당지에 싸서 당파堂婆를 통해 초옥에게 보낸다. 이에 감복한 초옥은 이삼일 후에 서헌 가까이에 화전을 던져주고 가는데 이는, 정인情人에게 받은 쌍명주를 돌려주면서 시집가기 전에 만나지 못했음을 애석해하며 눈물 흘리는 것을 노래한 당나라 시인 장적張籍의 〈절부음節婦吟〉을 약간 고쳤을 뿐 거의 대부분 그대로 베낀 것이었다.[16] 그러나 초옥은 좀 더 일찍 만나지 못한 것을 한스럽게 여기면서도 이생에게 받은 정표인 옥지환을 돌려주지 않고 착용한다. 자신들의 포의지교적인 신의는 상식적인 윤리를 초월한 더 차원 높은 정절이라고 여겼기 때문이었다.

문장으로 교감이 가능한 지음인에 대한 열망과 그런 인물을 발견

---

14 少年重然諾, 結交遊俠人. 腰間玉轆轤, 錦袍雙麒麟. 朝辭明光宮, 走馬長樂阪. 沽得渭城酒, 花間日將曉. 金鞭宿娼家, 行樂長留連. 誰憐楊子雲, 閉戶草太玄.

15 石上梧桐樹, 寄根歲月深. 玉斧時成斫, 鏤作七絃琴. 琴成彈一曲, 擧世無知音. 所以廣陵散, 千古聲湮滅.

16 君知妾有夫, 遺妾雙玉環. 感君勤用意, 着在纖指端. 妾家高樓連市기, 阿郎販豆小肆裡. 知君用誠如日月, 事夫誓擬同生死. 攀君玉環雙淚垂, 何不相逢未嫁時.

했다는 과도한 감격으로 인한 착각은 이생을 이상적인 포의지교의 대상으로 여기게 하였고, 그 결과 이생의 매사를 지나치게 과대평가하는 것으로 이어진다.

〈절부음〉을 받은 그날 밤 그들은 당파를 매개로 당파 집에서 만나 초옥 시에 관한 이야기를 나누며 새벽녘까지 함께 지냈지만 육체적인 관계는 가지지 않는다. 그러나 이생은 곧바로 '관계를 다질 수 있는 좋은 기회였는데 허송하고 말았으니 나의 졸렬함에 낭자가 화나지 않았을까' 하며 후회한다. 그런데 초옥은 이생의 소심한 견제를 또 착각하여 자신의 색을 사랑한 것이 아니라 자신의 어짊을 사랑하는 진실로 대장부다운 기개를 가진 군자적인 면모로 인식한다.[17]

그 후 며칠 지나지 않아 안달이 난 이생은 초옥을 육체적으로 원하는 본심을 말하며, "시에서 말하지 않았소? 나의 마음은 돌이 아니니 굴릴 수 없고, 나의 마음은 자리가 아니니 말 수 없다고. 낭자, 명백히 말해주오. 이 마음을 굴릴까. 말[卷]까."[18]라고 말한다. 초옥은 이러한 성적 욕망의 표현 또한 지극히 긍정적으로 수용한다. '천리의 당연함이요, 인정상 없을 수 없는 것이다.', '마음에 욕망하는 바가 있으면 가슴에 맺혀있도록 하지 마라.', '낭군을 위해서라면 죽음도 피하지 않을 것이다', '탁문군이 북당으로 달려갔을 때 어찌 몸을 결백하게 지킬 마음을 가졌겠는가', '『시경』의 관저關雎처럼 낙이불음, 애이불상 할 수 있도록 노력하자'는 등의 요지였다.

---

17 夫籧伯玉不以冥冥閉節 卜子夏能以賢賢易色 今郎君不愛妾之色而能愛妾之賢 推此可知 妾何福 能見伯玉子夏似之君子 於今世之上乎 … 郎君豈不誠大丈夫哉.

18 人非木石 此情奈何 詩不云乎 我心非石 不可轉也 我心非席 不可卷也 願娘明言之 將此我心 轉耶卷耶.

자신의 정조를 지켜준 것은 더할 수 없이 숭고한 군자적인 면모였지만, 자신을 욕망하는 마음도 천리요, 인지상정이고, 자신도 그에 기꺼이 응할 준비가 되어 있다는 마음의 표백이다. 정 반대의 상반적인 이생의 행동에 대해서도 초옥은 견강부회하여 긍정적이고 숭고한 의미로 해석했으니 이는 이생을 이상적인 지음인으로 결정한 초옥의 편견에서 말미암은 것이었다.

그 둘의 관계는 이생까지도 포함한 타인들의 관점에서는 불륜이었지만 초옥의 관점에서만은 조금도 거리낌 없는'정행貞行'이었다. 그녀의 생각으로는 지기지음적인 포의지교는 신분적 차이와 물질적 이해 관계를 초월한, 죽음조차도 감수할 수 있는 숭고한 정행이었기 때문이다. 주변 사람들이 추문에 관해 온갖 말을 해도, 남편이 죽일 정도로 심한 폭력을 행사해도, 중략이 회유와 함께 물질적인 폭력[19]을 행사해도 초옥의 편에서는 이생과의 관계를 필사적으로 유지해 나갔다. 초옥에게는 지음인과의 포의지교라는 신념이 있었기에 자신만만하게 모든 어려움을 감내할 수 있었던 것이다. 이생 스스로가 초옥을 중약과 주선하려는 뜻을 보이지만 않았다면 초옥의 믿음은 깨어질 리 없었다. 이생에 대한 초옥의 판단과 믿음은 기실 이생에게 전혀 적용될 수 없는 것으로 초옥 혼자만의 착각에서 빚어진 비극이었다.

이처럼 이생의 욕망 내용과 초옥의 욕망 내용은 실상 합치한 적이 없었다. 그들의 관계는 각자 자신의 고유성을 벗어나지 못한 채 시

---

19 중약을 위한 사선의 청이 받아들여지지 않고 무시되자 이에 화가 난 사선과 중약은 초옥 가족을 행랑채에서 내쫓아 거리로 내몬 사건이 발생한다.

종 평행선을 유지한 것이었다. 그들이 사귀는 과정에서 각자가 견지했던 인식의 간극만큼 사귐의 종결이 가져온 정신적 충격 또한 상반적이었다. 초옥은 상득相得이라고 착각하여 그 숭고한 교제를 위해 목숨 버리는 것도 마다하지 않다가 그 착각이 깨치는 순간 충격으로 비통해하며 관계를 단절하였다. 이생과의 교제를 위해서는 죽음도 마다하지 않았던 만큼 실망으로 인한 충격, 그 충격 뒤에 오는 관계의 단절은 초옥 사랑의 비극적 의미를 강화한다. 반면, 이생은 초옥에 대한 성적 욕망을 별 어려움 없이 충족하였으며, 공적인 성적 대상으로 초옥을 타인 앞에서 평가한 채 한 남성으로서 초옥과의 관계를 유지하다가, 그 존재의 진상이 들통 나 초옥이 등을 돌렸어도 상처받지 않을 수 있었다. 초옥과 헤어진 그 다음 해 서울로 올라와 민궁에 머물면서 민비가례 준비를 위해 차출된 관기들과 더불어 소일할 목적으로 예조를 기웃거리는 것은, 초옥을 만나기 이전의 이생으로 완전히 복귀한 것을 보여주기 때문이다.

〈포의교집〉은 정공보鄭公輔의 말을 인용하여 결말을 맺고 있는데 소설의 제명과 관련된 함의가 각별하다.

> 예부터 천자가 필부를 벗하고 대장이 객에게 읍하는 일은 있었지만, 아름다운 젊은 여인[紅顔]이 포의와 사귀었음을 들은 적이 없다.[20]

20 古有以天子以友匹夫 以大將軍以有揖客 未聞以紅顔而交布衣也. 楊少婦果紅粉中義氣稱俠者也. 且觀變乎色者良久 低頭垂淚者移時 則非可以俗例待之者也.

아름다운 젊은 여인이 포의와 사귀는 것은 천자가 필부를 벗으로 사귀는 것, 대장이 객에게 읍하는 것보다 더 보기 드물어서 들은 적도 없는 일이라는 것이다. 천자가 필부를 벗으로 사귀는 것과 대장이 객에게 읍하는 것이 귀천을 초월한 사귐이다. 천자天子와 장군將軍이 지기지음적인 특수한 대우[殊遇]를 필부匹夫와 객客에게 베풂으로 말미암아 상하 종속적인 관계 패턴이 무너지고 수평적인 교제가 성립할 수 있다. 기우奇遇이긴 해도 역사적으로 그런 사례는 존재했으며 이로 인해 신분의 고하를 따지지 않는 사귐이라는 의미의 '포의지교' 용어가 성립하였다. 남자들 사이에 귀천을 초월한 포의지교는 이처럼 존재하였다.

그러나 아름다운 젊은 여인이 포의布衣와 사귀었다는 말은 듣지 못했다고 했다. 여기에서 포의는 그야말로 축자적인 의미의 '벼슬하지 않은 평민'을 의미한다. 이생도 그 범주에 든다. 아름다운 젊은 여인[紅顔]이 사적으로 남성을 만나는 이면에는 권력이나 금전에 대한 추구가 있는 법이다. 그런데 아무런 목적이나 의미를 찾을 수 없는 미녀 초옥의 이생 사귐은 그런 의미에서 미증유한 일이라는 것이다. 이는 결국 초옥의 이생 사귐은, 초옥이 염두에 두었던 포의지교 의미와는 무관하게 축자적인 의미의 '포의와의 사귐'으로 귀결되고 말았음을 의미한다.

이생은 홍안과의 사랑을 달성하였지만, 초옥은 그야말로 신분의 차이를 초월한 지기지음적인 포의지교로 믿고 그 사랑의 여정을 시작했지만 결국은 그저 신분이 포의일 뿐인 볼품없는 자와 한 동안 부질없는 사랑을 나눈 것에 그치고 만 것이다. 그러므로 소설의 제목 포의교집은 초옥의 원망과 절망을 동시에 대변하는 양가적 의미의 결합으로 해석할 수 있다.

3 '정행' 명분의 실제와 그 양면성

초옥은 자신에게 주어진 삶에 안주하지 못하고 자신의 열망을 좇아 살아가려는 의지를 가진 개성이 강한 여성이었다. 적어도 묵종을 삶에서 체현하는 조선조 여성상의 틀을 완전히 깬 여성이었다. 그리고 바로 이런 점 때문에 연구자들로부터 근대적 여성이라는 평가를 받았다.

그러나 이처럼 명민하고 지적이고 개성 강한 여성이 남들은 다 알고 있는 이생의 실체에 대해 아전인수적이고 견강부회적인 착각을 지속하다가 결정적인 시점[21]에 이르러서야 비로소 이생의 실상을 인지할 수 있었던 까닭은 무엇인가. 그리고 이 대목에 대해서 어떤 설명이 가능할까.

초옥이 만약 유연하고 개방적인 사고를 지닌 인물이었다면 인식의 오류를 그처럼 지속적으로 범했을 리는 없었을 것이라고 여긴다. 초옥의 인식과 판단에는 본질적인 문제가 있었으니 그것은 바로 그녀가 평소 지녀온 지나친 선비 선망 의식과 명분에 대한 교조적인

21 이생이 중선의 반복적이고도 억압적인 부탁에 밀려 결국 초옥에게 중선의 말을 꺼낸 대목을 의미한다.

집착이었다. 초옥은 일면에서는 자신만의 개성으로 기존의 틀을 벗은 듯하지만 또 다른 일면에서는 보수적인 특정 이념을 지나치게 고집하고 고수한 지극히 양면적인 인물인 것이다.

초옥이 애초 추구한 것은 문장 잘 하는 선비와 지기지음적인 관계를 맺는 것이었다. 그녀는 천한 신분의 여자였지만 글하는 솜씨로는 일류 선비에 뒤지지 않을 만큼 출중한 자질을 가진 인물이었다. 그러기에 그녀는 자신의 지적 수준과 대등하여 말이 통하고 서로를 인정할 수 있는 문장에 능한 선비를 만나 평생 담론하며 살 수 있기를 열망하였다. 그것이 초옥이 그토록 열망하고 추구한 '포의지교'의 실체였다.

초옥이 고급한 수준의 문장력을 지녔던 것은 타고난 명민함에다 남영위 댁 별실의 시비로 있을 때 여중시인女中詩人이라는 평가를 받았던 별실에게 갖가지 전적 및 시문에 대해 교육을 받았기 때문이었다. 시문과 접하면서 그녀는 지적인 선비 문화에 매료되어 고급한 지적 유희를 생활 속에서 지속하고 싶었으며 유가적 사유 방식의 지침인 명분론[22]에 집착하게 되었을 것으로 사료된다. 그녀가 매사에 명분을 부여하는 것이 익숙했던 것으로 그런 사실을 증명할 수 있다.

문제는, 그녀의 명분 부여가 무척 자의적이고 독단적이어서 일반인의 일반적인 인식과는 동떨어지거나 상반되거나 역행하는 점이

---

22 유가의 성인인 공자가 명분의 중요성을 강조하였다. 그를 성인으로 모시는 유학자 선비는 그래서 정도의 차이는 있을지라도 명분에서 자유로울 수 없었다. 명분은 교조적인 이데올로기로 고착되어 인간의 영혼을 결박하기 십상이어서 그 명분의 기본 정신은 도외시한 채 인간을 구속하는 기제로 사용된 사례가 허다하다. 교조적인 효 이념은 성격파탄자에 가까운 효자들을 양산하고 부추겼으며, 열 이념은 꽃다운 청춘의 여성들을 사지로 거침없이 내몰았던 것이 그 가장 비근한 예이다.

다. 이 같은 특성이 개성적일 수는 있어도 비합리적인 유아독존적인 인식과 판단을 초래하기 쉽다.

초옥이 늘 마음으로 염원하던 포의지교도 보편적 개념의 범주에서 벗어난 것이다. 신분의 고하를 초월한 지기지음적인 사귐을 의미하는 포의지교는 남성들 간의 각별한 교제이지 여성이 그 대상에 포함된 적은 없었다. 더구나 초옥은 자신과 이생과의 실질적인 불륜을 '숭고한' 교제 즉 '포의지교'로 자처하고 명명하였다. 이생은 포의지만 글하는 선비이고 자신도 그와 대등한 지적 수준을 소유한 선비적 인물로 상호간 진실한 사귐을 유지하겠다는 의미였을 것으로 해석된다. 그러나 모든 사람의 눈에 그 둘의 교제는 부정할 수 없는 불륜이었다.

이 같은 자의적인 독단 수준의 명분 부여는 그녀의 논리 전개 곳곳에서 보인다. 이생과 만난 초기에 그 앞에 봉선화를 던진 뒤 그 의미를 설명하는 대목도 그 한 예이다. "이 꽃이 아름답긴 하지만 애처롭게 여길 만하여 혼자 감상하기 어려웠기 때문에 꺾어서 안상에 던진 것입니다. 낭군께서는 제가 이 꽃을 애석하게 여기는 뜻을 알 수 있겠습니까?"라는 초옥의 질문에, "내 어찌 모르겠니? 이 꽃은 정수함을 타고 태어나 규방 가까이에서 가인들의 애호를 받지. 그러나 오래지 않아 추풍에 떨어지리니 가련하지 않니..."라고 대답한다. 그러나 초옥이 봉선화를 통해 의미한 바는 전혀 달랐다. 앞서 살폈던 바처럼, 유사하다고 여겼던 자신들의 처지에 대한 비유로, 동류의식을 암시한 것이다. 이생의 해석이 오히려 상식적이며 보편적이지 초옥의 설명은 누구에게서도 그 대답을 기대하기 어려운 자의적인 해석이다.

이생이 행랑채에 들어 사는 하인배들에게 호령하는 모습을 보고 진정한 선비로 단정하고 반하는 것도 유사한 사례이다. 남들은 모두 신경질적인 이생의 본질을 간파할 수 있었지만, 초옥만은 자의적으로 해석하고 규정한 명분의 관견管見에 갇혀 그 실상에 접근할 수 없었다.

앞서 살폈듯이, 동일한 사안에 보이는 이생의 상반된 태도에 대해서조차 초옥은 그 각각 명분을 부여하면서 선의로 합리화하는 처사에서도 자의적이고 독단적인 해석의 특성을 분명하게 보인다. 자의적인 논리를 토대로 명분을 부여하면 초옥은 흔들림 없이 그 명분에 복종했다. 그러므로 타인의 눈에는 명백한 불륜일 수밖에 없는 이생과의 사귐이 초옥 자신이 부여한 명분으로는 무엇보다도 고귀한 포의지교를 실천하는'정행貞行'이었다. 그래서 외부의 갖은 압력도 정행의 실천에 주어지는 역경 정도로 인식하였다. 진실로 단 한 순간도 자신의 명분에 합당한 자신의 행동을 도덕적으로 회의하지 않았다.

남편에게 이생과의 관계가 다시 발각되어 폭력을 당하자 초옥은 자살이라는 극단적인 대응을 집요하게 시도하는데, 이는 자신의 삶의 목표이고 정행이었던 지음인과의 표의지교가 불가능한 상황이라면 차라리 죽음을 택하겠다는 의미로 해석된다. 포의지교를 끝내느니 죽음을 택하겠다는 단호한 의지의 표명이었던 것이다. 갖가지 방법으로 거듭 자살을 시도하며 시부의 간곡한 만류도 듣지 않다가,'자살에는 명분이 있어야 한다. 지금 죽는다면 몰래 간음하다가 남편에게 발각되어 수치심 때문에 죽은 것으로 세상 사람들은 알 것이다. 그대의 정행을 나만 알 뿐이지 그 누가 알 수 있겠느냐. 굳이 살아 그 오명을 씻은 후에 큰 소리로 말하고 대로에서 죽는 것이 마땅하다'는 논리로 이생이 말하자 이에 감읍하고 자살 시도를 그치는 것도, 살아야 한다는 이생의 명분 부여가 죽으려한 자신의 명분보다 더 올바른 것이라고 여겼기 때문이었다.

후에, 이생의 본질을 보고 그 당장 이생과의 관계를 단절했던 것도 자신이 견지해온 지음인과의 포의지교 명분이 지탱될 수 없기 때문이었다. 자신의 믿음이 모두 착각이었음을 깨달은 이상, 자신이 세운 명분에 맞지 않는 이생과의 교제는 더 이상 정행일 수 없었던 것이다.

명분을 중시하는 초옥의 모습은 그녀가 여령으로 차출되었다가 이생의 도움으로 그 곳을 빠져나오면서 만난 평양기생 화옥花玉과의 논쟁에서도 다시 명확하게 보인다. 초옥의 '정행貞行'에 대해 논리적으로 공격하는 화옥의 말이다.

> …아름다운 자질을 타고났으며 뛰어난 재주까지 가지고 있으면서도 무지한 집안으로 보내지고 만 것은 진흙 속에 옥이 묻혀있는 것 같아 진실로 애석하게 여겼습니다. 그러나 시골의 보잘것없는 선비[腐儒]와 몰래 정을 통한 것을 스스로는 정행으로 여겼으니 이것이 옳습니까? 도리에 맞지 않는 행동을 하고 싶었으면 우리들을 따라 신세를 벗어버리고 초안楚岸에서 대나무를 구하고 남전藍田에서 옥을 구하는 것이 옳았을 것입니다. 늘 영웅호걸들과 자리를 같이 하고, 기화 보배를 마음대로 손에 넣고, 은 안장한 말을 타고 외출하고, 비단 장막과 수놓은 화려한 집에서 거주하니…죽어도 여한이 없고 살아서는 빛났을 것입니다. 그런데 어찌 구구하게 속박되

> 어 정숙함을 구하고자 하다 도리어 남들의 비웃음거리가 된단 말입니까?[23]

초옥이 고집했던 명분과 실상의 괴리가 가져온 우스꽝스러움을 가감 없이 냉철하게 비판한 대목이다. 스스로 정행이라는 명분으로 자처한 이생과의 교제는 실상 추하기 짝이 없는 통정에 불과했으니 차라리 화옥 자신처럼 기녀 신분으로 공공연하게 현실적인 실리를 취하면서 가진 재능을 펼치는 것이 더 현명한 삶이라는 요지이다. 이에 대한 초옥의 답변이다.

> 일식 월식이 있다 해서 어찌 밝음을 손상시킬 것이며, 강과 바다가 탁하다 하여 어찌 그 큰 규모에 해가 되겠습니까. 저의 언행이 칭찬하기에는 부족해도 그렇다고 어찌 정貞에 해가 되겠습니까. 떳떳함[常]에 대한 의지가 변하지 않았으니 그 행동이 우활해도 근본을 이을 수 있는 것이며, 말이 이치에 어긋나지 않았으니 일삼은 바가 그릇되었어도 하늘을 어기지는 않았습니다. 지금 당신들이 이 세상에서 화려한 것은 옛날 포사와 양귀비가 했던 것입니다. 이익를 보면 은혜를 배반하고 재화를 추구하느라 덕을 잃어, 크게는 나라를 망하게 했고 작게는 집안을 망하게 했으니 저절로 누를 끼친 바가

---

23 旣稟 天生之麗質 又有拔萃之妙才 坐送無知之家 猶塵土之埋玉 誠爲可惜 然而潛交外鄕之一腐儒自以爲貞行 可乎 若欲爲非分之行 則可以隨俺等 擺脫身世 求竹於楚岸求玉於藍田 英雄豪傑 無不接席 奇貨異寶 無不接手 出則銀鞍白馬 入則錦帳繡戶 ... 死無可恨 生可有光 豈可區區掬束 欲求貞靜 反爲人笑耶.

적지 않지요. 내 어찌 그런 것을 취하겠습니까.[24]

화옥의 공격이 사실적이어서 그 의미가 분명하고 이해하기 쉬운 반면, 초옥의 방어는 추상적이어서 구체적이지 않을뿐더러 전거에 의존하는 특성이 강하다. 논지는 그렇다. 추구하는 명분과 이치가 떳떳하고 올바르므로 행동이 우활하다 해도 근원을 이을 수 있고 천리에 합당하다는 것이다. 일시적으로 나온 결과는 중요하지 않고, 그 근본 이념과 도리에 위배되지 않으면 정당하다는 논리이다. 비유 또한 형이상학적이며 다분히 주리적이다. 여색으로 남성을 사로잡았던 여성들을 집안과 나라를 망친 주범, 즉'여화女禍'[25]로 몰고 가는 대목은 가부장 중심적인 사대부 남성의 관점과 조금도 다를 바 없다.

화옥이 초옥에 대해 안타깝게 여겼던 것은 뛰어난 미모와 시재를 지니고서도 보잘 것 없는 선비와 교제하여 추문을 남긴 것이었다. 초옥의 명분이 아무리 고결하다 해도 그 누구도 이생과의 사귐을 진지하게 정행으로 인정해주지 않았다. 본래적 의미의 포의지교를 인정해줄 수 있는 것은 더욱 아니었다. 초옥은 거의 교조적인 수준으로 자신이 정한 명분 논리에 매몰되어 현실을 직시할 수 없었다. 화옥, 순옥과 만나 논쟁한 뒤 예조를 나오는 초옥을 바라보며 오입자들이 모여 초옥에 대해 애석해하며 탄식하는 대목은 그래서 의미심

24 日月雖飾 何損於明 河海雖濁 何害於大 吾之言行 雖不足稱道 亦何害於貞耶 志不變常 故其行雖迂 可以續原也 言不悖理 故所事雖非 亦不違天也 今君背之繁華於此世乃昔日褒姒楊妃之所爲也 見利背恩 向貨失德 大可亡國 小可亡家 自然爲累之不小也吾何取之哉.

25 본 책 2장 2)여화女禍로 매도된 신라의 여왕 통치, 참고.

장하다.

> 양파楊婆를 거의 삼킬 뻔 했는데 다시 토해내고 말았으니 정말 절통하다.[26]

초옥에 대해 스스럼없이 내뱉는 이 남성들의 성적 농담 앞에서 초옥의 정행 명분은 그야말로 무색할 뿐이다. 무색하다 못해, 초옥의 그 당당함이 오히려 초라하게 희화되고 만다. 이들 관점에서 보면 이생은, 운 좋게도 초옥을 '삼킬' 수 있었던 유일한 행운아일 뿐이다. 초옥 사랑의 비극이 바로 이 지점에 있다. 이생은 성적 욕망의 목적을 달성했고 초옥의 포의지교 욕망은 자기 안에 갇힌 초옥의 망상일 뿐이었기 때문이다.

초옥이 주체성 강한 여성이었지만 그 주체성의 든든한 힘이었던 포의지교 명분은 과거 남성 중심 사회에서 남성들 사이에 행해지던 특수한 종류의 미행美行에 근거한 것으로, 초옥은 그 과거 회귀적인 특수한 선비 의식에 매료되었던 것이다. 여성인 초옥은 자신 존재의 주체성을 문제 삼으려면 더 본질적인 방법으로 접근했어야 했다. 남성 중심적인 선비 의식의 틀로 자신의 존재를 규정했으니 오히려 더욱 보수적이었다고 말할 수 있다. 기실 자신의 육체적인 욕망[27]조차

---

26 楊婆旣呑而復吐 那不切痛.

27 초옥이 이생과의 사랑을 '포의지교'로 규정하고 있지만, 둘 사이의 견인력으로 작용한 것은 성애적인 사랑이었다. 일예로 과거준비를 위해 산사에 간 이생을 그리워하며 아무 것도 먹지 않고 먼 산만 바라보며 수심에 잠겨있었던 것은 성애적인 열망일 수밖에 없다.

도 정행이라는 명분으로 재단했으며 그 때문에 더욱 망설임 없이 그 욕망에 투신할 수 있었다. 초옥에게 포의지교 이념은 신앙이었으며, 그 신앙심이 지속되는 한 그 명분에 입각한 이생과의 교제는 그 실상과 관계없이 정행이었던 것이다. 그러나 포의지교가 아님이 확인된 순간 그 질긴 관계의 끈을 또 단칼에 자를 수도 있었다.

소설 속의 초옥을 처음부터 마지막까지 지배하고 있는 것은 이처럼 모순적이게도 남성 중심적인 포의지교 이념이었다. 그래서 새로운 사회적 풍조[西風]가 닥치자 그 형해만 존재하던 초옥의 포의지교 명분은 저절로 소멸될 수밖에 없었다. 이를 작가는 "서양풍에 날아가 버렸다."[28]라고 표현하였다. 서구 문명의 도래 앞에서 보수적 명분주의가 소멸되는 마당에, 사실 그곳에도 동승할 수 없었던 초옥의 자의적인 명분은 영영 자취를 감추고 만 것이다.

초옥은 유가적인 남성 중심 이데올로기가 여전히 지배하는 조선조 말기 사회 속에서, 선비 문화를 접했던 뛰어난 재주를 지닌 천민 여성이 자신의 능력을 구현하고 싶은 욕망 때문에 굴절되어 존재한 인물 유형으로 볼 수 있다. 조선조 선진적인 여성들은 초옥과는 달리 탈 이념적이었다. 허난설헌이 그렇고, 매헌梅軒이 그렇고 야담문학에 등장하는 많은 선진적인 여성들[29]이 그렇다. 그들의 적극성을 지지하는 힘은 탈이념이었다. 그런데 초옥은 복고적인 남성 중심 이념으로 자신 존재의 신분적 한계를 극복하고자 했으니, 그 어려움이

---

28 …時洋賊之報甚急 京師諸家皆避亂上外鄕 楊婆之家亦在其中 從此永斷 可謂飛去西洋風矣.

29 앞에서 다룬 야담집에 실린 탈이념적 여성담들을 참고할 것.

가중되었을 뿐만 아니라 결국 희화적인 인물로 형상됨을 면하지 못했다. 포의지교 명분은 그야말로 축자적인 의미의 '포의(벼슬도 못한 범인)와의 사귐'으로 추락하고 말았으며, 그녀의 고집스럽고 오만하던 정행 또한 부패한 선비와의 추문으로 종결되었다. 그녀가 자신의 정행을 아무리 강변했어도 그 누추한 비극적 종결은 어쩔 수 없이 초옥 자신의 몫이었다.

참고문헌

• 자료 •

『한어대사전』

『설문해자』

박지원, 『연암집』, 한국문집총간, 고전번역원.

이 옥, 『완역이옥전집』, 실시학사 고전문학연구회 역, 휴머니스트. 2009.

이우성·임형택, 『이조한문단편집』, 일조각, 1973.

이월영·시귀선 역, 『청구야담』, 한국문화사, 1995.

유화수·이은숙 역, 『계서야담』, 국학자료원, 2003.

이월영·유화수 편역, 『고금소총』, 전통문화연구회, 2014.

이월영 역주, 『삼의당 김부인 유고』, 신아출판사, 2004.

이월영 역, 『어우야담』1, 2, 3, 달섬세계고전, 2019.

김경미·조혜란 역주, 『19세기 서울의 사랑』, 도서출판 여이연, 2003. 9.

• 저서 •

葉慶柄, 『中國文學사』, 弘道文化事業有限公司, 1967.

吳存存,『明淸社會性愛風氣』, 人民文學出版社, 2000.
陳平原,『中國散文小說史』, 上海人民出版社, 2004.
邦英德 過常寶,『明人奇情』, 北京師範大學出版社, 1993.
우춘춘,『명청시대 성애풍조』, 이월영 옮김, 소리내, 2014.
조세핀 도노번,『페미니즘 이론』, 이월영·김익두 역, 문예출판사, 1993.
주디스 버틀러,『젠더트러블』, 조현준 옮김, 문학동네, 2008.
게일 루빈,『일탈』, 신혜수 외3인 옮김, 현실문화, 2015.
이능화,『조선여속고』, 한국학연구소, 1977,
강남순,『페미니즘과 기독교』, 동녘, 2017.
______,『배움에 관하여』, 동녘, 2017.
강명관,『열녀의 탄생』, 돌베게, 2009. 5.
전경목,『고문서, 조선의 역사를 말하다』, 휴머니스트, 2013.
유동식,『한국 무교의 역사와 구조』, 연세대학교출판부, 1986.
송재소,『이조후기한문학의 재조명』, 창작과 비평, 1983.
이월영, 장미영, 이희경,『여성문학의 어제와 오늘』, 태학사,2001.
이월영,『꿈과 고전문학』, 태학사, 2011.
이혜순·정하영 역편,『한국 고전 여성 문학의 세계』, 이화여자대학교출판부, 1998.
정희진,『페미니즘의 도전』, 교양인, 2013.
한국고전문학연구회,『고전소설연구의 방향』, 새문사, 1985.

• 논문 •

강명관,「열녀함양박씨전 재론」,『동양한문학연구』32, 동양한문학회,

2011.

김덕수, 「김삼의당의 시문학 연구」, 전북대학교 박사학위논문, 1989.

권도경, 「포의교집의 애정갈등과 비극적 결말의 현실적 의미」, 『국어국문학』132, 국어국문학회, 2003.

김명희, 「김삼의당 詩와 文의 고찰」, 『온지논총』제9집, 온지논총 연구회, 2003.

김미란, 「김삼의당의 시문에 나타난 부부사랑의 양상」, 『기전어문학』제17집, 기전어문학연구회, 2005.

김석배, 「추노계(推奴系) 한문단편 연구」, 『문화와 융합』7집, 문학과 언어연구회, 1986.

김세라, 「탈규범적 남녀지정담 연구」, 전북대학교 대학원 국어국문학과 박사학위논문, 2018.

김수중, 「〈열녀함양박씨전〉에 나타난 정절의식 분석」, 『한국언어 문학』76, 한국언어문학회, 2011.

김영미, 「연암 박지원의 '소문'활용 양상 연구」, 『한국언어문학』108집, 한국언어문학회, 2019.

김영진, 「이옥 문학과 명청 소품: 신자료의 소개를 겸하여」, 『고전문학연구』 제123집, 2003.

김혈조, 「연암의 '열녀함양박씨전'재고」(새토운 자료를 겸하여), 『대동한문학연구』24, 대동한문학회, 2006.

박무영, 「여성화자 한시를 통해본 역설적 '남성성'–〈이언〉의 경우를 중심으로」, 『이화어문론집』제17집, 이화여대국문학과, 1999.

______, 「19세기 향촌사족의 여성 형상: '김삼의당'(1)」, 『고전문학 연구』 제25집, 한국고전문학회, 2004.

박영민, 「所志類의 여성의 性 인식과 그 의미」, 『어문논집』 제73.

박현숙, 「김삼의당 문학을 통해 본 유교적 부부관계의 균열의 징후」, 『한중일문학연구』14, 한중일문학연구회, 2005.

손병국, 「李鈺의 한시 『이언』의 미적 특질」, 『한민족문화연구』제 46집, 2014.

신상필, 「〈포의교집〉 연구」, 『한문학보』3, 우리한문학회, 2001.

신은경, 「조선조 여성텍스트에 대한 페미니즘적 조명 시고(1)」, 『석정(石靜) 이승욱(李承旭)선생 회갑기념논총』 원일사, 1991.

이가원, 「〈열녀함양박씨전〉연구」, 『연암소설연구』, 을유문화사, 1966.

이상란, 「여성의 침묵과 어두움」, 『아세아연구』33집, 1994.

이승복, 「한문소설 〈포의교집〉의 인물 형상과 소설사적 의의」, 『규장각』 21, 1998.

이신복, 「김삼의당 한시고」, 『한문학논집』제2집, 단국대학교한문 학회, 1984.

이우성, 「실학파의 문학과 사회관」, 『한국의 역사상』, 창작과 비평사, 1982.

이월영, 「야담집 소재 여성담 연구」, 『한국언어문학』39집, 한국 언어문학회, 1997. 12.

______, 「야담집 소재 여성 신분 상승담 연구」, 『한국언어문학』45집, 한국언어문학회, 2000. 12.

______, 「야담집소재 여성신분상승담 연구」, 『한국언어문학』54집, 한국언어문학회, 2000.

______, 「유몽인의 명실론과 그 문학적 수용」, 『한국한문학연구』제29집, 한국한문학회, 2002.

이지양, 「이옥의 문학에서 '남녀 진정'과 '열절'의 문제」, 『한국한 문학연구』제29집, 한국한문학회, 2002.

임형택, 「한문단편 형성 과정에서의 강담사(講談師)」, 『창작과 비평』 133권 3호, 1978.

전경목, 「조선후기에 서당학동들이 읽은 탄원서」, 『고문서연구』제48호, 2016.

정환국, 「이옥에게 있어서 '여성'」, 『한국고전여성문학연구』제27집, 2013.

조혜란, 「俠娼奇聞에 나타난 죽음의 성격」, 『한국고전연구』제20집, 2009.

조혜련, 「〈포의교집〉 여성주인공 초옥에 대한 연구」, 『한국여성고 전문학연구』, 한국여성고전문학회, 2001.

최지녀, 「열녀함양박씨전 연구」, 『국문학연구』16, 국문학회, 2007.

고전문학과 여성

지은이 이월영
펴낸이 김동원
펴낸곳 전북대학교출판문화원

초판 1쇄 인쇄 2020. 8. 10.
초판 1쇄 발행 2020. 8. 15.

전북대학교출판문화원 전라북도 전주시 완산구 어진길 32 (풍남동2가)
전화 (063) 219-5321~2
FAX (063) 219-5323
출판등록 2012년 8월 20일 제465-2012-000021호

값 17,000원

ISBN 979-11-6372-094-2 93810

이 도서의 국립중앙도서관 출판예정도서목록(CIP)은 서지정보유통지원시스템 홈페이지(http://seoji.nl.go.kr)와 국가자료공동목록시스템(http://www.nl.go.kr/kolisnet)에서 이용하실 수 있습니다. (CIP제어번호 : CIP2020030468)